MARXISMO, HUMANISMO E DIREITO
ALTHUSSER E GARAUDY

JULIANA PAULA MAGALHÃES

MARXISMO, HUMANISMO E DIREITO
ALTHUSSER E GARAUDY

EDITORA
IDEIAS&
LETRAS

DIREÇÃO EDITORIAL:
Marlos Aurélio

CONSELHO EDITORIAL:
Fábio E. R. Silva
Márcio Fabri dos Anjos
Mauro Vilela

COORDENADOR DA SÉRIE:
Alysson Leandro Mascaro

COPIDESQUE E REVISÃO:
Luiz Filipe Armani
Pedro Paulo Rolim Assunção

DIAGRAMAÇÃO E CAPA:
Tatiana Alleoni Crivellari

ILUSTRAÇÃO DA CAPA:
Súplica e luta
Gravura de Alysson Leandro Mascaro

Série Direito & Crítica

Todos os direitos em língua portuguesa, para o Brasil, reservados à Editora Ideias & Letras, 2018.

1ª impressão

EDITORA
IDEIAS &
LETRAS

Rua Barão de Itapetininga, 274
República – São Paulo /SP
Cep: 01042-000 – (11) 3862-4831
Televendas: 0800 777 6004
vendas@ideiaseletras.com.br
www.ideiaseletras.com.br

Dados Internacionais de Catalogação na Publicação (CIP)
(Câmara Brasileira do Livro, SP, Brasil)

Marxismo, humanismo e direito: Althusser e Garaudy/Juliana Paula Magalhães
São Paulo: Ideias & Letras, 2018.
Bibliografia.
ISBN 978-85-5580-036-8
1. Althusser, Louis, 1918-1990 2. Filosofia do direito
3. Garaudy, Roger, 1912-2012 4. Humanismo 5. Marxismo 6. Marx , Karl,
1818-1883 I. Mascaro, Alysson Leandro. II. Título. III. Série.
18-12532   CDU-34:32

Índice para catálogo sistemático:
1. Humanismo marxista: Leitura garaudyana e althusseriana:
Filosofia, Direito e política 34:32

SUMÁRIO

PREFÁCIO 7
APRESENTAÇÃO 13
INTRODUÇÃO 17

1. A QUESTÃO DO HUMANISMO NO SÉCULO XX 25
1.1. Sartre e Heidegger: entre a subjetividade e a dessubjetivação 26
    1.1.1. Jean-Paul Sartre: *O existencialismo é um humanismo* 26
    1.1.2. Heidegger e a *Carta sobre o humanismo* 32
1.2. A polêmica sobre o humanismo no Partido Comunista Francês 35

2. O HUMANISMO MARXISTA DE ROGER GARAUDY 61
2.1. Marxismo é humanismo 62
2.2. Alienação, transcendência e moral 71
2.3. A subjetividade e o "homem total" 82
2.4. Diálogo com as religiões 90

3. O MARXISMO ANTI-HUMANISTA DE LOUIS ALTHUSSER 99
3.1. O corte 101

3.2. Anti-humanismo 110
3.3. Sujeito e ideologia 127
   3.3.1. A ideologia e a categoria sujeito 127
   3.3.2. A crítica ao "sujeito consciente" 130
   3.3.3. O processo sem sujeito 131
   3.3.4. Os aparelhos ideológicos de Estado 135
   3.3.5. O sujeito de direito 139

4. A QUERELA DO HUMANISMO: O CONFRONTO TEÓRICO ENTRE GARAUDY E ALTHUSSER — 141
4.1. A propósito dos *Manuscritos de 1844* 149
4.2. Marxismo, história e sujeito 158

5. O DIREITO NO DEBATE MARXISTA SOBRE O HUMANISMO — 169
5.1. Humanismo e ideologia jurídica 169
5.2. Sujeito de direito e capitalismo 173
5.3. Forma jurídica e forma política estatal 184
5.4. Forma política estatal e capitalismo 187
5.5. Sujeito de direito, Estado e capitalismo 194
5.6. Humanismo, direito e transição socialista 201

CONCLUSÃO 213
REFERÊNCIAS 223

PREFÁCIO

Raras vezes os debates filosóficos têm emparelhamento imediato com as ações e estratégias políticas concretas do seu tempo. Um desses especiais momentos floresceu nos meados do século XX, tratando tanto de fundamentos teóricos quanto de implicações de luta: o chamado debate sobre o humanismo envolveu vastos campos do marxismo, mas ecoou para além de suas fronteiras. O diálogo entre cristãos e marxistas representa, de algum modo, uma derivação desse contexto, gerando horizontes teóricos e de prática política próprios.

Esta obra de Juliana Paula Magalhães, *Marxismo, humanismo e direito: Althusser e Garaudy*, investiga, de modo pioneiro entre nós, a construção da reflexão a respeito do humanismo e de suas críticas no campo do marxismo. Ao tempo, Roger Garaudy, então importante líder político e teórico dos comunistas franceses, atualiza a voga existencial para propósitos socialistas. No mesmo momento, surge na França a figura central de Louis Althusser, propondo uma leitura distinta e radical do marxismo, profundamente calcada na compreensão das estruturas e dos mecanismos de reprodução social e, portanto, na crítica da subjetividade e do ser humano tomado como horizonte genérico de valores. Polarizam-se, a partir daí, o humanismo e o anti-humanismo teórico como dois polos distintos de estratégia e compreensão filosófica. O impacto de tal clivagem será enorme.

Juliana Paula Magalhães reconstitui o longo itinerário do debate humanista na filosofia do século XX, chegando até suas fontes mais basilares: Martin Heidegger e Jean-Paul Sartre. Na primeira parte deste livro, investiga já a semente da distinção entre humanismo e anti-humanismo nos dois filósofos da existência. Sartre, em *O existencialismo é um humanismo*, e Martin Heidegger, na *Carta sobre o humanismo*, já apontam, de um lado, para uma trilha de aposta política na humanidade e, de outro lado, para as arestas de uma crítica da subjetividade.

A partir do largo cenário do debate filosófico das correntes existenciais, Magalhães aprofunda as posições políticas do Partido Comunista Francês nos meados do século XX e a correspondente liderança teórica de Roger Garaudy, junto com pensamentos como os de Lucien Sève e Jorge Semprún, dentre outros. O modelo soviético pós-stalinista – cuja crise se explicava pelos comunistas por meio de uma crítica moral à personalidade de Stálin – buscou ser contrastado pela valorização do "humano". O socialismo, assim, deveria se orientar para a dignidade dos indivíduos em sociedade, evitando caminhos dolorosos de superação do capitalismo. Tomando tal sentido como vertente filosófica de explicação de mundo, Garaudy apresenta o emparelhamento entre marxismo e cristianismo. Um mesmo humanismo de base anima a escatologia de uma sociedade de irmãos e a construção de uma sociedade de camaradas.

Louis Althusser capitaneia uma visão filosófica radicalmente distinta desta então arraigada no ambiente comunista francês e mesmo mundial. Para tanto, proporá uma leitura científica do pensamento de Marx, estabelecendo um corte epistemológico entre sua obra de juventude e aquela de maturidade. Tal ruptura torna ideológico e insuficiente o movimento humanista marxista, que se baseava, fundamentalmente, nos escritos juvenis. Tais obras não logravam alcançar as descobertas científicas propostas em *O capital*. Althusser opera uma mudança de estatuto teórico no marxismo: não apenas mais um olhar em favor dos explorados e da mudança social, mas uma ciência da sociabilidade do capital, suficiente e necessária para a revolução.

O humanismo proposto por Garaudy e pelo Partido Comunistas Francês revela-se, pela leitura de Althusser, uma reinvestida das próprias categorias burguesas no pensamento crítico. Contra isso, exatamente a radicalidade das descobertas científicas de Marx em *O capital* estava em ultrapassar os domínios de juízos morais – ainda que de esquerda – que operam a transformação social. A materialidade de conceitos como mercadoria, valor, acumulação, trabalho abstrato e mais-valor funda uma ação política calcada em cientificidade. Os apelos à humanidade do homem, em que pesem suas boas intenções e suas confortáveis gentilezas às consciências incomodadas, reiteram apenas o ambiente ideológico burguês. Para Althusser, há determinações sociais e estas presidem, pelas costas dos indivíduos isolados, a reprodução do capitalismo.

Assim, mais do que falar dos seres humanos genéricos, como foi o caso do apelo humanista de Garaudy, a subjetividade é posta em questão. Neste sentido, além de atrelar o sujeito à produção, como vendedor e comprador de força de trabalho e mercadorias, Althusser lança mão das ferramentas da psicanálise, inscrevendo o inconsciente como constituinte incontornável da esfera subjetiva. Estará na ideologia, então, a chave de entendimento da armação do sujeito no capitalismo. Suas práticas e suas condições compulsórias dentro da estrutura social, além dos aparelhos que formam seu entendimento de mundo, constituem, em positivo, o arcabouço ideológico que orienta a subjetividade. A ideologia nem é lavagem cerebral nem é ausência de sentimentos morais de fraternidade aos demais seres humanos. É exatamente o talhe, no nível do inconsciente, das próprias práticas materiais que formam as subjetividades, portando todas as contradições da existência sob o capitalismo.

Os termos humanismo e anti-humanismo teórico revelam, no principal, uma disputa sobre o antropológico como categoria básica da análise marxista. Pela velha tradição assentada nos meados do século XX, tratava-se do ser humano tomado como centro da ação política. Em Althusser, lança-se o marxismo como um deslocamento científico da questão antropológica. Não é o indivíduo humano que está em causa nem tampouco é tal átomo que orienta os melhores desejos de transformação social, mas sim as estruturas que constituem os sujeitos no interior de sociabilidades específicas como a capitalista. Por isso, não cabe o pleito moralista por um homem novo. Estruturas constituem seres humanos ao seu modo; a mudança revolucionária é estrutural. Althusser resgata exatamente tal leitura nos textos de Marx da maturidade, erodidos que foram, ao longo do tempo, pelas conciliações dos marxistas e das lutas de esquerda com o pensamento burguês.

O texto de Juliana Paula Magalhães conecta todo o debate do humanismo, no marxismo, às suas implicações jurídicas e políticas. O direito é elemento decisivo para a articulação do discurso humanista. Os direitos subjetivos são seu núcleo. A propriedade privada, garantida por direito aos sujeitos proprietários, encontra no humanismo filosófico uma válvula de continuidade nos tempos em que a reprodução do capital se põe em causa. Baseada em Althusser e Pachukanis, avança Magalhães no sentido de confirmar a ideologia do humanismo como parelha necessária da ideologia jurídica.

Juliana Paula Magalhães lega, com esta obra, importante e valiosa reflexão acerca da filosofia contemporânea. Sua originalidade envolve tanto a sistematização de um debate vasto e pouco conhecido em seus meandros quanto, ainda, a proposição de perspectivas teóricas e políticas plenamente frutíferas para a atualidade. Tenho a alegria de acompanhar a trajetória de Magalhães desde os tempos em que foi minha aluna na graduação da Faculdade de Direito da Universidade de São Paulo (USP), no Largo São Francisco. Desde então, pude ver a feliz união de uma inteligência de alta ponta com um sentimento e um posicionamento político sólidos e vigorosos em favor da transformação social. Suas pesquisas sob minha orientação na USP, tanto no mestrado – que originou o presente livro – quanto no doutorado, além de suas excepcionais qualidades como professora universitária, põem-na no quadro das grandes descobertas do cenário intelectual atual.

Acompanhar o trajeto dos debates sobre o humanismo no século XX, pelas competentes mãos da autora, é valer-se de excelente bússola para os debates e as lutas no século XXI.

São Paulo, 2018.

Alysson Leandro Mascaro
Professor da Faculdade de Direito da USP

APRESENTAÇÃO

Marxismo, Humanismo e Direito: Althusser e Garaudy é originalmente a dissertação de mestrado por mim defendida, na Faculdade de Direito da Universidade de São Paulo (USP), no Largo São Francisco, na tarde do dia 9 de novembro de 2016, perante banca composta pelo professor Alysson Leandro Barbate Mascaro, meu orientador, e pelos professores Armando Boito Junior, Luís Fernando Massonetto e Ricardo Musse. Deixo registrados os meus profundos agradecimentos pelas valiosas contribuições dos membros da banca, bem como pela oportunidade de ter o meu trabalho avaliado e aprovado por tão ilustres e brilhantes mestres.

Dedico este livro ao meu querido mestre Alysson, ser humano ímpar, o maior paradigma de intelectual e educador que conheço nesta jornada. Faltariam linhas para externar o meu imenso afeto e a minha eterna gratidão por tudo o que fez por mim. É uma honra poder seguir seus passos no caminho da luta por um mundo transformado.

A presente obra trata especialmente do debate marxista sobre o humanismo, protagonizado pelos filósofos franceses Roger Garaudy e Louis Althusser. O estudo dessa controvérsia e de suas implicações tem por escopo trazer uma elucidação acerca do papel do direito no âmbito da sociedade capitalista.

Abordamos, de início, a divergência relativa ao humanismo nas filosofias da existência, com fulcro em dois importantes textos de Jean-Paul Sartre e Martin Heidegger, respectivamente, produzidos na década de 1940. Em Sartre encontramos a identificação entre humanismo e existencialismo e a valorização da subjetividade, em Heidegger, a seu turno, temos a postulação de uma superação da dicotomia sujeito-objeto e uma crítica expressa ao próprio uso do vocábulo humanismo. Essa discussão possui relevância para nosso tema, haja vista que terá certa repercussão naquela que se dará entre os marxistas, em momento posterior.

Já na esfera do marxismo, traçamos um sucinto panorama da polêmica teórica e política ocorrida no Partido Comunista Francês a respeito da temática do humanismo, na segunda metade do século XX. Passamos, então, a examinar a querela entre Garaudy e Althusser. Empreendemos um mergulho nas filosofias desses dois pensadores, de maneira a compreendermos em minúcias as razões do embate entre ambos.

Para Garaudy, o marxismo é um humanismo, embora peculiar e afastado de qualquer caráter metafísico, que busca a realização do homem total. Na leitura garaudyana, a raiz de todas as formas de alienação – consubstanciada no despojamento da dimensão propriamente humana do indivíduo – encontra-se no trabalho, tal como ele se apresenta no capitalismo. O socialismo, portanto, representa não somente uma expansão das forças produtivas e uma mudança nas relações de produção, mas, além disso, um processo transformador da própria consciência humana.

Para Althusser, por sua vez, o marxismo é um anti-humanismo teórico. O filósofo propugna a existência de um corte epistemológico no percurso intelectual de Marx, o qual se deu mediante um processo em que o pensador alemão deixou para trás as construções humanistas, estritamente ideológicas, e fundou uma nova ciência, em bases totalmente distintas daquelas presentes em suas obras de juventude. Logo, é na obra de maturidade de Marx que se encontram os conceitos fundamentais do marxismo, tais como mercadoria, modo de produção, forças produtivas, relações de produção, dentre outros.

A questão da subjetividade é um ponto central no antagonismo entre os filósofos franceses. Garaudy assevera que o marxismo é o único caminho teórico e prático capaz de colocar o homem na condição de sujeito da história. Althusser, no entanto, sustenta que a história é um processo sem sujeito, cujo motor é a luta de classes. Nesse contexto, a subjetividade é constituída ideologicamente, exsurgindo da materialidade das relações sociais. Destarte, no capitalismo, a ideologia jurídica é basilar, constituindo sujeitos de direito livres e iguais para a compra e a venda da força de trabalho.

A concepção garaudyana do marxismo, ao não vislumbrar a mudança de problemática entre o jovem Marx e o Marx maduro e ao se manter atrelada às categorias ideológicas, não é apta a fornecer o ferramental teórico necessário para que possamos efetivamente captar o fenômeno jurídico em sua integralidade. Apenas a leitura althusseriana permite que alcancemos tal apreensão, por se desvencilhar dos obstáculos epistemológicos humanistas e destrinchar os meandros da ideologia jurídica.

A partir da investigação do debate sobre o humanismo chegamos, então, ao entendimento da subjetividade jurídica em nossa sociedade, cuja especificidade está imbricada inexoravelmente ao modo de produção capitalista, garantindo-lhe a reprodução. Salientamos que o pensamento do jurista russo

Evgeny Pachukanis embasa nossas reflexões, no que tange à forma jurídica.

Assim, considerando a intrínseca ligação entre humanismo, direito e capitalismo, constatamos, nesta obra, que as lutas revolucionárias por transformação social, enquanto se movimentarem no estreito horizonte humanista e jurídico, não lograrão romper com a estrutura exploratória que caracteriza nosso tempo.

INTRODUÇÃO

Visões humanistas perpassaram toda a história do marxismo, considerando, inclusive, a existência de textos do próprio Karl Marx, que foram inegavelmente concebidos no âmbito de uma perspectiva humanista.

Vários pensadores marxistas discutiram e discutem a questão, no entanto, ater-nos-emos, fundamentalmente, ao embate teórico entre os filósofos franceses Roger Garaudy e Louis Althusser, por serem, talvez, os mais emblemáticos defensores de pontos de vista completamente opostos em relação ao tema, tendo, inclusive, protagonizado um debate acerca da controvérsia no âmbito do Partido Comunista Francês. De um lado, Garaudy, preconizando o humanismo marxista, ou seja, defendendo a ideia de que o marxismo é um novo e peculiar humanismo e o único capaz de efetivamente colocar o homem como sujeito e construtor da própria história. De outro lado, Louis Althusser, defensor de que o marxismo se constitui, na realidade, num anti-humanismo teórico, pois localiza o humanismo não no plano da ciência ou da teoria, mas no plano da ideologia, a qual, a seu turno, apresenta-se como constituinte das subjetividades.

O debate entre Garaudy e Althusser, ocorrido no século XX, chegou a ser denominado de "calcanhar de Aquiles do marxismo".[1] Tal alcunha ao debate justifica-se, em parte, na medida em que a depender da posição a ser adotada, ou seja, ao se "tomar partido" da leitura garaudyana ou althusseriana do pensamento marxista, o próprio conceito do que seja marxismo se altera, haja vista que o grande núcleo da divergência entre os estudiosos franceses consubstancia-se na identificação ou não do marxismo com um humanismo.

Nosso objetivo central, na presente obra, é buscar compreender o papel desempenhado pelo direito, no contexto da sociabilidade capitalista, a partir do arcabouço teórico fornecido pelo estudo do debate sobre o humanismo na esfera do marxismo, através da análise do pensamento e do confronto de ideias de Garaudy e Althusser.

A temática é de fundamental relevância para um adequado entendimento do próprio marxismo e possui implicações diretas e extremamente importantes no que tange à visão marxista sobre o direito, possibilitando uma percepção bastante ampla do fenômeno jurídico.

No primeiro capítulo, para iniciarmos o nosso estudo, julgamos conveniente trazer, em sede preliminar, o debate em torno do humanismo nas filosofias da existência, destacando os principais protagonistas desse duelo de ideias no horizonte existencial, que são Jean-Paul Sartre e Martin Heidegger.

A breve análise desse debate, nas linhas iniciais de nossa dissertação, justifica-se diante da conexão que ele possui com aquele ocorrido, posteriormente, no âmbito do marxismo. Tal ligação se estabelece na medida em que Althusser admite expressamente certa influência heideggeriana na construção de seu anti-humanismo teórico. Além disso, tanto Althusser quanto Garaudy chegam a dialogar com o pensamento sartreano, em alguns

---

[1] BAPTISTA, Pedro. *Althusser ou Garaudy? O calcanhar de Aquiles do marxismo*. Disponível em: <http://hojemacau.com.mo/?p=66184>. Acesso em: 30 ago. 2014. Pedro Baptista foi fundador e dirigente da Organização Comunista Marxista-Leninista Portuguesa (OCMLP).

momentos de suas respectivas obras, de modo a combatê-lo. Para Garaudy, o humanismo propugnado por Sartre possui um caráter eminentemente burguês, não se coadunando, portanto, com o humanismo marxista. Já Althusser, por sua vez, mostra-se expressamente contrário a toda espécie de humanismo, logo, também ao sartreano, ao qual se reporta de maneira direta, em diversos momentos, tecendo-lhe duras críticas. No mais, a questão da subjetividade, vista de forma antagônica por Sartre e Heidegger, será também um dos grandes núcleos da divergência teórica entre Garaudy e Althusser, porém, numa perspectiva marxista.

Um fator relevante é que Jean-Paul Sartre, em um determinado momento de seu percurso intelectual, foi influenciado pelo marxismo, aproximando-se do Partido Comunista Francês (PCF) e das lutas socialistas, contemporaneamente a Garaudy e a Althusser.

O foco no humanismo e na importância da subjetividade identificada com a liberdade foram as características marcantes do pensamento sartreano, embora com alterações ao longo de sua trajetória filosófica.

Já o pensamento de Martin Heidegger, bastante peculiar e inovador em muitos aspectos, permite as mais variadas leituras e, até mesmo, um diálogo com o marxismo. Questões como o ser, o sentido do ser e a linguagem como morada do ser são os grandes motes do pensamento heideggeriano.

O filósofo alemão se afastou das filosofias de caráter metafísico idealista e procurou trilhar um caminho que se fundamenta na compreensão do ser, ou seja, sua filosofia é lastreada numa busca de caráter ontológico.

Tanto na obra de Sartre como na de Heidegger, a questão do humanismo foi, de certo modo, tratada em vários momentos. Inclusive, produziram textos específicos sobre esse tema, em que há, praticamente, um confronto direto entre suas ideias.

A controvérsia acerca do humanismo, no que tange especificamente ao debate entre esses dois filósofos, foi trazida, primeiramente, por Jean-Paul Sartre. Em seu texto *O existencialismo é um humanismo,* o filósofo francês é vigoroso defensor das noções humanistas, embora procurando revesti-las de um caráter peculiar e distintivo de "outros humanismos". Por sua vez, o pensador alemão desenvolve uma argumentação frontalmente oposta à de Sartre, em sua *Carta sobre o Humanismo*, escrita em resposta ao questionamento de Jean Beaufret, mas constituindo, na realidade, uma resposta velada ao texto de Sartre. Nela, Heidegger apresenta uma proposta filosófica, a qual pode ser interpretada como uma espécie de anti-humanismo teórico, na medida em que questiona o próprio uso da palavra humanismo, bem como postula uma superação da dicotomia sujeito-objeto, adotando, assim, uma postura filosófica oposta ao subjetivismo sartreano.

Traçadas essas breves linhas sobre o debate acerca do humanismo entre Sartre e Heidegger, passaremos a uma sucinta contextualização da controvérsia – agora no terreno marxista, no âmbito do Partido Comunista Francês – que se deu de forma bastante contundente na década de 1960, envolvendo diversos intelectuais e membros do partido, tais como Michel Simon, Lucien Sève, Michel Verret e Jorge Semprún, dentre outros.

Nesse período foram publicados vários textos abordando a questão, tanto em periódicos vinculados ao partido quanto fora dele. A querela em torno do humanismo, inclusive, foi objeto de análise em jornadas de estudos de filósofos comunistas, ocorridas em Choisy-le-Roy e em sessão do Comitê Central do PCF, realizada em Argenteuil, em março de 1966, da qual resultou uma resolução específica sobre o tema.

Os grandes protagonistas do debate no PCF foram Roger Garaudy e Louis Althusser. Garaudy era, à época, filósofo oficial do Partido e membro do *Bureau* político, além de ser um nome bastante conhecido, dentro e fora da França. Por sua vez, Althusser, professor da tradicional *École Normale Superieure*, alcançava também grande notoriedade, especialmente após a publicação de suas obras *Pour Marx* e *Lire Le Capital*, nas quais, inclusive, discutia a questão do humanismo.

Garaudy sai formalmente vencedor do debate, considerando que a Resolução exarada pelo PCF, após a reunião de Argenteuil, aponta para a identificação entre marxismo e humanismo, com um texto bastante próximo das proposições de Garaudy e de Louis Aragon, esse último, poeta francês e um dos redatores do documento, igualmente defensor do humanismo marxista.

Contudo, pode-se dizer que após a polêmica e os duros ataques a Althusser, a imagem de Garaudy desgastou-se no seio do Partido. Além disso, as posições políticas do filósofo, ao longo do tempo, foram se distanciando daquelas adotadas pelo Partido. O PCF, embora tenha "tomado partido" do humanismo marxista em termos teóricos, na prática agia de modo diverso. O Partido, por exemplo, não se opôs à invasão da Hungria pela União Soviética, bem como não apresentou objeção à destituição de Alexander Dubcek, defensor do "socialismo com rosto humano", na Tchecoslováquia. Desse modo, Garaudy terminou por ser expulso do PCF em 1970.

No segundo capítulo passaremos ao estudo humanismo marxista, tal como concebido pelo filosófo Roger Garaudy. Pontos fundamentais presentes no pensamento garaudyano, tais como, a busca do "homem total", o papel da subjetividade, a alienação e sua superação pela transcendência, bem como sua peculiar proposta de diálogo entre marxistas e cristãos, serão os objetos de nossa análise.

No terceiro capítulo o foco estará no anti-humanismo marxista do filósofo Louis Althusser. Examinaremos sua inovadora concepção de um corte epistemológico na produção intelectual de Marx e as sofisticadas construções teóricas acerca da ideologia e do sujeito, dentre outras questões fundamentais para a compreensão do anti-humanismo althusseriano.

Esse estudo do pensamento de ambos permitir-nos-á extrair as premissas e ferramentas conceituais que nos possibilitarão entender e confrontar suas visões sobre o humanismo e, consequentemente, sobre o próprio marxismo. Tal cotejo mais direto dar-se-á no quarto capítulo. A compreensão de cada um deles no que tange aos *Manuscritos de 1844* é uma das chaves principais para elucidarmos o cerne da divergência teórica entre os pensadores. Outro ponto fundamental são suas peculiares e distintas concepções em relação ao papel da subjetividade.

A intelecção das diferenças teóricas entre os dois filósofos franceses, especialmente no que tange ao humanismo marxista, reveste-se de capital importância para que nos seja facultado tratar com a devida propriedade o ponto nodal de nossa dissertação, a ser abordado no quinto capítulo. Tal questão consubstancia-se na procura de uma adequada elucidação a respeito de qual é a visão sobre a subjetividade jurídica e, por conseguinte, acerca do próprio direito que se apresenta mais consentânea com o pensamento marxista, considerando que, a depender da maneira pela qual se compreenda o marxismo – se como um novo e peculiar humanismo, como quer Garaudy, ou como um anti-humanismo teórico, tal como sustenta Althusser –, chegar-se-á a entendimentos diversos no que diz respeito ao fenômeno jurídico no contexto da sociabilidade capitalista, bem como das vias de transição socialista.

Impende destacar que, nossa abordagem, no que concerne à forma jurídica, terá como lastro a formulação teórica empreendida pelo jurista marxista russo Evgeny Pachukanis. Em relação à forma política estatal, além de Pachukanis, também teremos como referencial teórico as obras do cientista político alemão Joachim Hirsch e do jusfilósofo brasileiro Alysson Leandro Mascaro.

Desvendar o papel do direito e da ideologia jurídica a ele atrelada para a reprodução do modo de produção capitalista, numa perspectiva de leitura marxista, bem como em que medida se pode ou não falar de um "socialismo jurídico", tais são as grandes contribuições que o estudo do debate acerca do humanismo marxista nos propiciará.

1
A QUESTÃO DO HUMANISMO NO SÉCULO XX

O humanismo é tema largamente debatido ao longo da história do pensamento filosófico ocidental, causando sempre discussões candentes.[1]

No século XX, os debates sobre o humanismo ganharam fôlego mormente diante das inúmeras atrocidades cometidas no período da Segunda Guerra Mundial, dentre as quais, o holocausto, em que milhões de pessoas foram torturadas e assassinadas impiedosamente. Nesse quadro de horrores, sentiu-se a necessidade de se retomar as velhas noções de homem, essência humana, sujeito humano, direitos do homem etc.

Uma das mais vivas e representativas discussões acerca da questão, no período posterior ao conflito mundial, foi aquela

---

[1] Conforme esclarece Nicola Abbagnano, o termo humanismo pode indicar tanto o movimento filosófico que despontou na Itália, na segunda metade do século XIV, e expandiu-se para o restante da Europa, quanto "qualquer movimento filosófico que tome como fundamento a natureza humana ou os limites e interesses do homem". Abbagnano destaca ainda que o léxico filosófico, atualmente, reporta-se ao humanismo para se referir às "doutrinas que vêem no homem – e não fora do homem – o centro da realidade e do saber", bem como às "teorias que visam salvaguardar a 'dignidade' do homem diante das forças que a ameaçam". Nessa última acepção, ele inclui os humanismos existencialistas, cristão e marxista (ABBAGNANO, Nicola. *Dicionário de Filosofia*. Tradução de Alfredo Bosi. 6. ed. São Paulo, 2012, p. 602-603). Por sua vez, o anti-humanismo é definido por Abbagnano como "a recusa a ver no homem – entendido nos termos modernos de *sujeito* e *consciência* – o centro da realidade e do saber" (Ibid., p. 68).

protagonizada, numa perspectiva filosófica existencial, por Jean-Paul Sartre e Martin Heidegger.

1.1. Sartre e Heidegger: entre a subjetividade e a dessubjetivação

Jean-Paul Sartre, o notável filósofo existencialista francês, em seu texto *O existencialismo é um humanismo*, fruto de uma famosa conferência proferida em 29 de outubro de 1945, retoma essa problemática. Por sua vez, Martin Heidegger, o célebre filósofo alemão, trabalhando numa perspectiva existencial, considerando que ele próprio recusava o rótulo de existencialista, contrapor-se-á ao pensamento sartreano.

1.1.1. Jean-Paul Sartre: *O existencialismo é um humanismo*

O existencialismo sartreano, em seu aspecto básico, pode ser resumido nos seguintes termos: "prioridade da existência, ausência de propósito predestinado para o ser humano, uma capacidade existencialista do ser humano definir a si mesmo, responsabilidade e liberdade existencialista de vontade que ultrapassa o conceito de vontade de Kant".[2]

Na esteira da constatação de Leena Kakkori e Rauno Huttunen, tem-se que:

> Antes de 1945, Sartre não utiliza o termo num sentido positivo, embora sua filosofia ocupe-se centralmente do ser humano e de sua consciência. Na novela de Sartre *Náusea*, o personagem principal define muitas formas diferentes de humanismo de uma maneira cínica.[3]

---

[2] No original: "priority of existence, no predestined purpose for being human, a human's existentialist ability to define himself, responsibility, and existentialist freedom of will which reaches beyond Kant's concept of will." (KAKKORI, Leena; HUTTUNEN, Rauno. The Sartre-Heidegger Controversy on Humanism and Concept of Man in Education. *Educational Philosophy and Theory*, v. 44, n. 4, 2012, p. 352).

[3] No original: "Before 1945, Sartre did not use the term humanism in a positive sense, even though his philosophy dealt centrally with the human and its consciousness. In Sartre's novel *Nausea*, the main character defines many different forms of humanism in a cynical way [...]" (Ibid., p. 354).

Com efeito, em obras como *La Nausée* e *Le Mur*, o existencialismo sartreano aparece com um toque de pessimismo, de absurdo e até mesmo, para alguns, de um certo "anti-humanismo".[4] Na realidade, conforme destaca Tom Rockmore, o humanismo, embora já se mostrasse presente, não ocupava ainda uma posição central na filosofia de Sartre.[5] Contudo, essa perspectiva muda com a leitura feita pelo filósofo de seu próprio texto intitulado *O existencialismo é um humanismo*, em Paris, no dia 29 de outubro de 1945.

Nele, consubstancia-se uma defesa da importância do humanismo, ao asseverar, por exemplo, que "não há outro universo senão um universo humano, um universo da subjetividade humana",[6] sustentando, além disso, que:

> Esta ligação da transcendência, como constitutiva do homem [...] no sentido de superação – e da subjetividade, no sentido em que o homem não se encontra encerrado nele mesmo, mas sempre presente num universo humano, é o que denominamos de humanismo existencialista.[7]

Sartre propugna uma visão peculiar de humanismo, o humanismo existencialista. Nas palavras dele:

> Humanismo, porque lembramos ao homem que não há outro legislador senão ele mesmo, e que é no desamparo que ele decidirá por si mesmo; e porque mostramos que não é voltando-se para si mesmo, mas sempre buscando fora de si um fim que consiste nessa liberação, nesta realização particular, que o homem se realizará precisamente como ser humano.[8]

---

4   Ibid., p. 354.
5   ROCKMORE, Tom. *Heidegger and French Philosophy: Humanism, antihumanism and being*. Londres: Routledge, 1995, p. 82-83.
6   SARTRE, Jean-Paul. *O existencialismo é um humanismo*. Tradução de João Batista Kreuch. Rio de Janeiro: Vozes, 2014, p. 43.
7   Ibid., p. 43-44.
8   Ibid., p. 44.

Afasta-se, porém, de uma visão de humanismo que preconize valores absolutos ou eternos. Para Sartre, o foco está no homem, no sentido de que o ser humano é o responsável por suas escolhas e, consequentemente, pelo que ele é. A subjetividade é posta, assim, em primeiro plano.

O célebre existencialista destaca que a subjetividade possui um sentido que vai além da individualidade, pois, quando um indivíduo faz uma escolha, ela gera efeitos para toda a humanidade.

Para o filósofo, não há determinismo, pelo contrário, há identidade total entre o homem e a liberdade. Assevera, por conseguinte, que o homem é sempre o responsável por suas escolhas e por suas paixões.

No entanto, o pensador francês reconhece também a existência de condições gerais e objetivas de determinação da conduta humana, sendo que os indivíduos expressam as condições objetivas que pesam, por assim dizer, sobre eles, de acordo com a subjetividade que lhes é inerente.

Sartre destaca a existência de "duas espécies de existencialistas": os cristãos, dentre os quais ele cita Karl Jaspers e Gabriel Marcel; e os ateus, dos quais ele menciona como exemplos Heidegger e os existencialistas franceses. Sartre inclui a si mesmo no grupo de existencialistas ateus. O filósofo afirma, ao referir-se aos dois grupos, que suas visões convergem tão somente no fato de "considerarem que a existência precede a essência ou, se preferirem, que é preciso partir da subjetividade.[9] Sobre o pensamento dos existencialistas ateus, ele destaca a valorização do homem nessa concepção, da qual ele comunga, conforme se verifica na argumentação desenvolvida no excerto a seguir:

---

9 Ibid., p. 18.

> [...] mesmo que Deus não exista, há ao menos um ser cuja existência precede a essência, um ser que existe antes de poder ser definido por algum conceito, e que tal ser é o homem ou, como diz Heidegger, a realidade humana. [...] Se o homem, na concepção do existencialismo, não é definível, é porque ele não é, inicialmente, nada. [...] não há natureza humana, pois não há um Deus para concebê-la. O homem é, não apenas como é concebido, mas como ele se quer, e como se concebe a partir da existência, como se quer a partir desse elã de existir, o homem não é nada além do que ele se faz. Esse é o primeiro princípio do existencialismo. É isso também o que se denomina subjetividade [...].[10]

Em relação à palavra subjetividade, ele ressalva que se deve ter cuidado com o sentido pelo qual ela deve ser compreendida:

> Por um lado, subjetivismo expressa a escolha do sujeito individual por ele mesmo e, por outro, significa a impossibilidade humana de ultrapassar essa subjetividade. É o segundo sentido que é o sentido profundo do existencialismo. Quando dizemos que o homem faz a escolha por si mesmo, entendemos que cada um faz essa escolha, mas, com isso, queremos dizer também que, ao escolher por si, cada homem escolhe por todos os homens.[11]

Um fator relevante é que Jean-Paul Sartre, em sua trajetória filosófica, foi influenciado pelo marxismo. Ele chegou mesmo a declarar: "a única posição progressista que conhecemos é a do marxismo. É o marxismo que aponta os verdadeiros problemas da atualidade".[12]

O filósofo engajou-se na luta socialista, aproximou-se do Partido Comunista Francês e, inclusive, chegou a destacar o

---

10 SARTRE, Jean-Paul. *O existencialismo é um humanismo*. Tradução de João Batista Kreuch. Rio de Janeiro: Vozes, 2014, p. 19.
11 Ibid., p. 20.
12 Ibid., p. 53.

horizonte filosófico marxista como o mais avançado de nossa época. Nesse sentido, ele afirma, textualmente, por ocasião de uma carta a Roger Garaudy: "o marxismo, como quadro formal de todo pensamento filosófico de hoje, é insuperável".[13]

Também nessa esteira, exemplificativamente, podemos colher o seguinte excerto de uma das obras sartreanas:

> Com frequência tenho observado o seguinte: um argumento "antimarxista" não passa do rejuvenescimento aparente de uma ideia pré-marxista. Uma pretensa "superação" do marxismo limitar-se-á, na pior das hipóteses, a um retorno ao pré-marxismo e, na melhor, à redescoberta de um pensamento já contido na filosofia que se acredita superar.[14]

Sartre assevera ainda, em missiva a Garaudy, o quanto segue:

> Parece-me, portanto, que o pensamento da existência, enquanto se reconhece como marxista, isto é, enquanto não ignora seu arraigamento no materialismo histórico, continua sendo – por humildes que sejam as verdades de pormenor que pode dar à luz – a única investigação marxista a ser ao mesmo tempo fundada e concreta.[15]

Na visão dele, porém, "o marxismo está por fazer. Marx e Engels deram tarefas infinitas a todos os intelectuais de seu tempo e do nosso".[16] Para ele, os marxistas, no entanto, estavam se distanciando de sua tarefa, e os existencialistas estavam à frente. Inclusive, o filósofo conclui uma de suas cartas a Garaudy nos seguintes termos:

---

13 Id. Uma Carta de Jean-Paul Sartre. "Marxismo e Filosofia da Existência". In: GARAUDY, Roger. *Perspectivas do Homem*. Tradução de Reinaldo Alves Ávila. 3. ed. Rio de Janeiro: Civilização Brasileira, p. 113.
14 Id. "Questões de método". *Crítica da razão dialética*. São Paulo: DP&A, 2002, p. 21.
15 Id. Uma Carta de Jean-Paul Sartre. "Marxismo e Filosofia da Existência". In: GARAUDY, Roger. *Perspectivas do Homem*. Tradução de Reinaldo Alves Ávila. 3. ed. Rio de Janeiro: Civilização Brasileira, p. 114.
16 Ibid., p. 113.

De minha parte, estou convencido de que só investigações concretas permitirão à filosofia que produz todos os nossos pensamentos manifestar dialeticamente seus verdadeiros problemas. Parece-me, além disso, que neste domínio tomamos a dianteira: ocupamo-nos dos homens, e receio que vocês os tenham esquecido um pouco.[17]

Aqui fica, mais uma vez, claro o viés humanista da filosofia de Jean-Paul Sartre.

No que tange ao humanismo marxista proposto por Garaudy, pode-se dizer que, de certo modo, apresenta-se como uma resposta à provocação sartreana.[18]

---

17 Ibid., p. 114.
18 O diálogo entre Garaudy e Sartre deu-se em vários momentos. Um dos exemplos encontra-se na obra *Perspectives de l'Homme* de Garaudy, na qual ele dedica um capítulo à filosofia sartreana, citando, inclusive, a carta que lhe foi enviada por Sartre já mencionada em nosso texto, intitulada *Marxisme et philosophie de l'existence*. Outro exemplo é a obra *Marxisme et Existencialisme (Controverse sur la dialectique)*, a qual é fruto da estenografia dos debates entre Sartre, Hyppolite, Vigier e Garaudy acerca da dialética. Sobre esse evento, Étienne Balibar se manifestou em entrevista publicada em 13/03/2015 pelo jornal francês *L'Humanité*: "Je ne dis pas que tout travail philosophique en France se passait autour de Marx. Ce serait complètement faux. Mais disons que le débat sur le marxisme était vraiment à la fois très visible, très intense, très passionné et très intéressant. C'était aussi l'époque où le Parti communiste avait décidé d'organiser un centre d'étude de recherche marxiste avec des revues comme la Pensée ou la Nouvelle Critique. Il avait décidé d'organiser des Semaines de la pensée marxiste. Pour donner l'idée de l'époque, j'évoquerai 1961, l'année qui a suivi la publication du livre de Sartre. Le principal événement de la Semaine de la pensée marxiste de cette année 1961, c'était le débat qui avait opposé Sartre et notre propre directeur à l'ENS, Jean Hippolyte, le fameux spécialiste de Hegel d'un côté puis, de l'autre côté, Roger Garaudy, représentant la ligne officielle du PCF en philosophie, et Jean-Pierre Vigier, résistant, physicien et philosophe, membre du Comité central. Ce débat s'était déroulé dans la grande salle de la Mutualité archicomble. L'événement était énorme." (Disponível em: <http://www.humanite.fr/etienne-balibar-une-periode-dintense-debat-autour-de-la-philosophie-marxiste-568351>. Acesso em: 7 set. 2016).

1.1.2. Heidegger e a *Carta sobre o humanismo*

Num percurso de rejeição ao humanismo,[19] a proposta filosófica de Martin Heidegger consubstancia-se no afastamento de toda a metafísica, que apregoa a essência universal ou eterna e das "filosofias da consciência, baseadas num corte entre sujeito e objeto". Destarte, tem-se que "Heidegger não era um filósofo da subjetividade". Para ele, "a existência é necessariamente imbricada com os outros, sem fazer a distinção de um sujeito cognoscente em face do resto da totalidade do mundo".[20]

O combate ao idealismo caracteriza o pensamento de Heidegger, cuja filosofia busca lastrear-se em bases ontológicas. Cabe indicar que "a palavra *ontologia* vem do grego *ontós*, ser, e a petição heideggeriana é pela filosofia do ser". Portanto, "compreender o que é, o que existe, torna-se o fundamento da filosofia heideggeriana".[21]

O conceito mais importante da filosofia de Heidegger é o de *Dasein*, sendo que "a tradução literal de *Dasein* para a língua portuguesa é 'ser-aí'". Por esse conceito, ele "exprime a manifestação necessária da existência como uma *situação existencial*. Impende salientar que "*Dasein* não é 'um ser humano aí', e sim a existência como fenômeno situacionado".[22]

Outro conceito relevante no pensamento do filósofo alemão é o de *Mitsein*, cuja tradução pode ser expressa em "ser-com". Nesse sentido, "a existência se manifesta como

---

19 Ao referir-se a uma das acepções do termo humanismo, assinala Abbagnano o vocábulo pode referir-se à "toda filosofia que tome o homem como 'medida das coisas', segundo as antigas palavras de Protágoras. [...] Foi com o mesmo sentido que Heidegger entendeu o H., mas para rejeitá-lo; viu nele a tendência filosófica a tomar o homem como medida do ser e a subordinar o ser ao homem, em vez de subordinar, como deveria, o homem ao ser (*Holzwege*, 1950, p. 101-2). Referindo-se a um sentido análogo, Sartre aceitou a qualificação de H. para o seu existencialismo (*L'existencialisme est um humanisme*, 1949)" (ABBAGNANO, Nicola. *Dicionário de Filosofia*. Tradução de Alfredo Bosi. 6. ed. São Paulo, 2012).
20 MASCARO, Alysson Leandro. *Filosofia do Direito*. 5. ed. São Paulo: Atlas, 2016, p. 380.
21 Ibid., p. 380.
22 Ibid., p. 379-380.

sociabilidade, isto é, numa ligação necessária com os demais. O 'com' não quer dizer que os outros, o mundo, sejam distintos do eu".²³

Desse modo, pode-se concluir que:

> O *Dasein*, assim sendo, revelando-se também como *Mitsein*, representa, na filosofia de Heidegger, um rompimento definitivo com a perspectiva do individualismo. Não há de se analisar um ente em si nem um ser em si: acima de tudo, o ser-aí é também ser-com. [...] O ser é necessariamente com. A sociabilidade é marca inexorável da existência.²⁴

A *Carta sobre o humanismo* opõe-se ao humanismo sartreano.²⁵ O texto de Heidegger é baseado em uma carta aberta escrita, em 23 de novembro de 1946, como resposta ao filósofo francês Jean Beaufret.²⁶ Dentre outras questões, Beaufret houvera indagado como se poderia tornar a dar sentido à palavra humanismo. O filósofo alemão, então, por sua vez, começa por trazer uma crítica à intenção de se insistir nesse vocábulo. Nas palavras dele: "essa pergunta provém do propósito de conservar a palavra 'humanismo'. Pergunto-me se é necessário. Será mesmo que ainda não está bastante clara a desgraça que provocam todos os títulos dessa espécie? [...] há muito se desconfia dos 'ismos'".²⁷

Heidegger traça um breve panorama histórico a respeito do humanismo e sustenta que "todo humanismo ou se funda numa metafísica ou se converte a si mesmo em fundamento de

---

23 Ibid., p. 380.
24 Ibid., p. 381.
25 Nesse sentido: KAKKORI, Leena; HUTTUNEN, Rauno. The Sartre-Heidegger Controversy on Humanism and Concepty of Man in Education. *Educational Philosophy and Theory*, v. 44, n. 4, p. 352, 2012.
26 Ibid., p. 357.
27 HEIDEGGER, Martin. *Sobre o Humanismo*. Tradução de Emmanuel Carneiro Leão. 3. ed. Rio de Janeiro: 2009, p. 28.

uma metafísica."²⁸ O filósofo, ainda ao tratar do humanismo, observa que "restituir-lhe um sentido só pode significar: redimensionar o sentido da palavra".²⁹ Então, ele traz uma nova visão sobre o humanismo, conceituada com base na existência, dissociada das anteriores visões. Nesse ponto, ele questiona:

> Será que ainda se pode chamar de "humanismo" esse "humanismo", que se pronuncia contra todo humanismo vigente, mas sem advogar, de maneira alguma, o inumano? [...] Ou não será que o pensamento, por meio de uma oposição aberta ao humanismo, não deve antes suscitar um escândalo, capaz de despertar, primeiro, a atenção sobre a *humanitas* do *homo humanus* e sua fundamentação?³⁰

À vista disso, o texto heideggeriano, escrito em resposta à Beaufret, expressa uma postura filosófica que pode ser classificada como anti-humanista. Nesse sentido, Leena Kakkori e Rauno Huttunen:

> Heidegger respondeu à pergunta a seu modo, mas a carta é melhor compreendida como uma crítica ao existencialismo de Sartre e da interpretação francesa da sua filosofia [...]. *Carta sobre o Humanismo* é um texto complicado e, pelo menos, três diferentes temas podem ser encontrados nele. Heidegger queria mostrar a diferença entre o seu pensamento e o existencialismo de Sartre, ele queria esclarecer sua própria noção não-metafísica de humanismo (que pode ser chamado de anti-humanismo) e, em terceiro lugar, o texto indica um novo foco no pensamento de Heidegger.³¹

---

28 Ibid., p. 37.
29 Ibid., p. 72.
30 Ibid., p. 73.
31 No original: "Heidegger answered the question in his own way, but the letter is better known as Heidegger's critique of Sartre's existentialism and of the French interpretation of his philosophy. [...] *Letter on Humanism* is a complicated text, and at least three different themes can be found in it. Heidegger wanted to show the difference between his thinking and Sartre's existentialism, he wanted to clarify his own non-metaphysical notion of humanism (which

O filósofo alemão argumenta que, ao se falar contra o humanismo, não se está procurando, de modo algum, defender o cruel e desumano, mas sim o que se busca é evitar se afogar no subjetivismo metafísico.

No que tange à diferenciação das filosofias heideggeriana e sartreana, cabe destacar a observação de Silvio Luiz de Almeida:

> A mais marcante distinção é que a filosofia da existência de Heidegger se forma em oposição radical à *tradição metafísica*; sua ontologia constitui-se como proposta de superação da dicotomia sujeito-objeto. Sartre, em oposição, considera o *cogito* como o incontornável ponto de partida da filosofia [...].[32]

Por fim, interessante observar que o filósofo francês Louis Althusser chegou a admitir a influência heideggeriana no seu anti-humanismo: "de Heidegger eu li apenas tardiamente a Carta a Jean Beaufret sobre o humanismo que não deixou de influenciar minhas teses sobre o anti-humanismo *teórico* de Marx".[33]

1.2. A polêmica sobre o humanismo no Partido Comunista Francês

No âmbito do marxismo, os debates acerca do humanismo foram destaque no século passado, mormente após o "discurso secreto" de Nikita Khrushchov durante o XX Congresso do Partido Comunista da União Soviética, em 25 de fevereiro de

---

can be called anti-humanism), and, thirdly, the text indicates a new focus in Heidegger's thinking" (KAKKORI, Leena; HUTTUNEN, Rauno. The Sartre-Heidegger Controversy on Humanism and Concepty of Man in Education. *Educational Philosophy and Theory*, v. 44, n. 4, 2012, p. 357).

32 ALMEIDA, Silvio Luiz de. *Sartre*: direito e política. 2011. Tese (Doutorado em Filosofia e Teoria Geral do Direito) - Faculdade de Direito, Universidade de São Paulo, São Paulo, 2011, p. 18. Disponível em: <http://www.teses.usp.br/teses/disponiveis/2/2139/tde-19092012-144850/>. Acesso em: 7 jul. 2016.

33 No original: "De Heidegger, je ne lus que tardivement la Lettre à Jean Beaufret sur l'humanisme qui ne fut pas sans influencer mes thèses sur l'antihumanisme *théorique* de Marx." (ALTHUSSER, Louis. *L'avenir dure longtemps suivi de Les faits*. Paris: Stock, IMEC, 1992, p. 168).

1956, no qual ele denuncia o culto à personalidade e a violência da repressão perpetrada no período em que a União Soviética teve como líder máximo Josef Stalin.[34] O discurso teve repercussão entre os Partidos Comunistas ao redor do mundo, dentre eles, o Partido Comunista Francês.[35]

O debate acerca do humanismo no PCF, portanto, deu-se num período de crise do marxismo, haja vista que "a União Soviética não poderia mais ser identificada com a verdade do Marxismo".[36] Assim sendo, as discussões no Partido Comunista Francês contextualizam-se historicamente no processo de "desestalinização" soviética. No mais, tem-se que o XX Congresso do PCUS marca o início de um período de transição no movimento comunista internacional.[37]

---

34 "For the late 1950s and early 1960s were characterised throughout the continent by a return to the young Marx among Marxist intellectuals, both Communist and non-Communist. [...] If the Communist movement was in political peril, Marxist theory was ostensibly experiencing a renaissance. But it was a humanist revival. In France classics were rediscovered, new works produced. Georg Lukács's History and Class Consciousness (1923), condemned by the Comintern the year after its publication and hitherto known to a French audience largely through Merleau-Ponty's Adventures of the Dialectic, was at last translated into French in 1960. [...] Karl Korsch's contemporaneous Marxism and Philosophy likewise emerged from oblivion courtesy of the Arguments series at Éditions de Minuit. Works by the Frankfurt-school thinker Herbert Marcuse began to appear in translation. Henri Lefebvre's Dialectical Materialism (1939), a product of the first encounter with the Paris Manuscripts, was reprinted in 1961 with a new foreword in which the author asserted that amid the dissolution of 'dogmatism' Marx's early writings became 'of the first importance'. [...] Of new works, Lucien Goldmann's The Hidden God had appeared in 1956; Sartre's Search for a Method and the monumental study it prefaced, Critique of Dialectical Reason, at the beginning of the decade. Not to be outdone by non- or ex-Communists, Garaudy contributed Humanisme marxiste in 1957 and Perspectives de l'homme two years later." (ELLIOTT, Gregory. Althusser: *The detour of the theory*. Boston: Brill, 2006, p. 24-25).
35 "Un débat théorique et politique à l'échelle planétaire [...]: de Fedoseiev à Roger Garaudy, de Della Volpe à Adam Schaff, d'Umberto Cerroni à Karel Kosik, de Paris à Moscou, de Londres à Pekin, le débat été engagé et ne semble pas prêt d'être achevé. Au sein du Parti communiste français, le débat sur l'humanisme a connu une ampleur et un ton polemique exceptionnels." (GEERLANDT, Robert. *Garaudy et Althusser - Le débat sur l'humanisme dans le parti communiste français et son enjeu*. Paris: PUF, Travaux et Recherches de l'Université du Droit et de la Santé de Lille, série Droit Public et Science Politique, 1978, p. 9).
36 LEWIS, Willian S. Louis. *Althusser and the Traditions of French Marxism*. Oxford: Lexington Books, 2005, E-Book, cap. 6.
37 "Le XXe. Congrès ouvre donc une période de transition dans l'histoire du mouvement ouvrier international [...] En posant les questions du rétablissement de la légalité socialiste et

Nesse contexto, o PCF foi o cenário de acaloradas disputas acerca do tema do humanismo marxista, especialmente na década de 1960. Pode-se dizer que o caráter ambíguo e equívoco da noção de humanismo, de certo modo, contribuiu para o acirramento do debate no PCF, conforme assinala Robert Geerlandt,[38] tendo a discussão envolvido nomes como Lucien Sève, Michel Simon, Waldeck-Rochet, Louis Aragon, dentre outros. Em meio a diversos intelectuais e militantes do PCF, no entanto, é permitido assinalar que os nomes de Roger Garaudy e Louis Althusser se destacam como protagonistas desse debate.

Garaudy e Althusser, ambos filósofos e membros do PCF, apresentavam posições diametralmente opostas acerca da possibilidade de se identificar o marxismo com um humanismo.

Garaudy apresenta-se como defensor de que o marxismo é um humanismo revestido de uma peculiaridade intrínseca, portanto, diverso de todos os outros humanismos, na medida em que é o único efetivamente capaz de dar ao homem o papel de protagonista da história, bem como por se apresentar dotado de uma concretude que lhe é inerente, distanciando-se, desse modo, de qualquer caráter metafísico. Para ele, o humanismo marxista é o único apto a propiciar a realização do "homem total".

Althusser, por sua vez, contrapõe-se à visão garaudyana, haja vista que, para ele, o marxismo se constitui num anti-humanismo teórico, pois os conceitos que embasam a ciência marxista não possuem nenhuma ligação com os conceitos humanistas, tais como homem e essência humana, por exemplo. Sob esse prisma, tem-se que o marxismo não visa colocar o homem

---

celles du programme d'édification de la société communiste, le XXe Congrès, puis surtout le XXIIe Congrès du PCUS, ont posé les thèmes de l'humanisme socialiste; désormais le mot d'ordre sera: *Tout pour l'homme*. (GEERLANDT, Robert. *Garaudy et Althusser: Le débat sur l'humanisme dans le parti communiste français et son enjeu*. Paris: PUF, Travaux et Recherches de l'Université du Droit et de la Santé de Lille, série Droit Public et Science Politique, 1978, p. 18).

38 Ibid., p. 15.

como sujeito da história, como quer, por exemplo, Garaudy, pois para Althusser, as próprias noções de homem e sujeito são ideológicas. Na perspectiva althusseriana, o marxismo se apresenta como ciência e o humanismo como ideologia.

Roger Garaudy era o filósofo oficial do PCF, membro titular do *Bureau* político, editor da revista *Cahiers du Communisme* e diretor do *Centre d'Études et de Recherches Marxistes*. Além disso, Garaudy era um pensador de destaque na França e mesmo fora do país, tendo também exercido mandatos de deputado. Por sua vez, Louis Althusser era membro do Partido, além de filósofo bastante conhecido e respeitado na França e em outros países do mundo, bem como professor da prestigiosa *École normale supérieure* de Paris, situada na *rue d'Ulm*.

Conforme relata Walter Evangelista, são as obras *Pour Marx* e *Lire Le Capital* que "irão tornar Althusser conhecido e mundialmente famoso". Aduz ainda que:

> A filosofia marxista francesa, até 1965, não passava por Althusser. O Partido Comunista perdera Politzer, fuzilado pelos nazistas, Sartre insistia naquela posição ambígua de "compagnon de route", Henri Lefebvre o abandonara, deixando um certo vazio, dada sua irrecusável importância. Restava Roger Garaudy, que, tornando-se mundialmente conhecido, foi reconhecido como porta-voz da filosofia marxista francesa.[39]

Importante observar que a produção intelectual de Garaudy, no período em que ele esteve filiado ao PCF, pode ser melhor compreendida se analisada conjuntamente com os momentos políticos pelos quais o partido passou. Nesse ponto cabe destacar a interessante observação de William S. Lewis, ao referir-se a Garaudy:

---

39 EVANGELISTA, Walter José. Althusser e a psicanálise. In: ALTHUSSER, Louis. *Freud e Lacan. Marx e Freud*. Rio de Janeiro: Graal, 1991, p. 22-23.

Em 1948, o "Filósofo do Partido" seguiu a linha stalinista e argumentou que "humanismo" era a ideologia de senhores de escravos e capitalistas. [...] Um ano após o Vigésimo Congresso do PCUS, no entanto, ele foi fortemente envolvido no Projeto pelo qual ele se tornaria mais conhecido: mostrando como o marxismo não é apenas um humanismo, mas uma teoria da libertação humana compatível com noções judaico-cristãs da emancipação.[40]

Assim, é possível perceber que o processo de desestalinização soviética teve influência direta na mudança de postura intelectual de Roger Garaudy. Para ele e para outros intelectuais do partido, o humanismo surge, de certo modo, como alternativa ao stalinismo.

Já para Althussser, no entanto, tanto as posições humanistas quanto as stalinistas estavam equivocadas e mostravam-se inconsistentes do ponto de vista da teoria marxista. Ele busca demonstrar isso em obras como *Pour Marx* e *Lire le Capital*, bem como em outros textos não publicados, embora alguns deles tenham circulado na época.[41]

Tal como esclarece Lewis, "contra tendências stalinistas, Althusser insiste na crucial importância da Teoria para a ação política e argumenta claramente que a Filosofia Marxista não é uma teoria da evolução econômica teleológica".[42] Por sua vez, a luta contra o humanismo aparece na definição de caráter científico dada ao materialismo histórico e no esforço para demonstrar

---

40 No original: "In 1948, the PCF's 'Party Philosopher' followed the Stalinist line and argued that 'humanism' was the ideology of slaveholders and capitalists. [...] A year after the Twentieth Congress of the CPSU, however, he was heavily involved in the Project for which he would become most well known: that showing how Marxism is not only a humanism but a theory of human liberation compatible with Judeo-Christian notions of emancipation." (LEWIS, Willian S. Louis. *Althusser and the Traditions of French Marxism*. Oxford: Lexington Books, 2005, E-Book, cap. 6).
41 Id., Ibid.
42 No original: "contra Stalinist tendencies, Althusser insists on the crucial importance of Theory for political action and argues plainly that Marxist Philosophy is not a theory of teleological economic evolution" (Id., Ibid.).

que as concepções de "homem total", "fim da alienação", "liberdade criadora", dentre outras desse jaez ligadas à uma problemática humanista, tratavam-se, na realidade, de noções ideológicas. O caminho encontrado por Althusser para empreender tais críticas foi uma releitura de Marx.[43]

Althusser enxerga o movimento do humanismo marxista, capitaneado especialmente por Garaudy, no seio do PCF, como um retrocesso teórico que remonta a uma fase pré-marxista. Por outro lado, Althusser parece conceber seus próprios esforços inseridos numa tradição marxista de combate, que remonta às polêmicas entre Marx e Feuerbach, Engels e Dühring e entre Lênin e os populistas russos e o empiriocriticismo e, no caso althusseriano, de luta para diferenciar idealismo e materialismo.[44]

Cabe salientar, conforme assinala Lewis, que além das críticas fundadas num substrato teórico altamente refinado e consistente, pode-se dizer que algumas das reprovações que Althusser endereça ao humanismo são de caráter retórico, haja vista que o humanismo estava em evidência na época e, na perspectiva althusseriana, era necessário combatê-lo. Na realidade, para Lewis, "a principal intenção de Althusser ao escrever artigos como 'Marxisme et Humanisme' era provocar mudanças no Partido Comunista Francês".[45]

No que tange à postura do PCF, na visão de Lewis, ela se apresentou como paradoxal, considerando que, ao lado de um "esforço retórico para distanciar-se do legado stalinista" – do qual se pode citar como exemplo o texto de Maurice Thorez e Roger Garaudy, intitulado *Les tâches des philosophes communistes et la critique des erreurs de Staline*, publicado nos *Cahiers du Communisme*, n. 7 e n. 8 de julho/agosto de 1962 –, na prática o

---

43 LEWIS, Willian S. Louis *Althusser and the Traditions of French Marxism*. Oxford: Lexington Books, 2005, E-Book, cap. 6.
44 Id., Ibid.
45 Id., Ibid.

partido permanecia "stalinizado", considerando-se que em eventos como a invasão da Hungria pela União Soviética, "o PCF limitou suas objeções ao uso da força militar e não objetou a intervenção em si mesma", bem como não se opôs "à instalação de um regime linha dura para substituir Dubcek", no caso da Tchecoslováquia.[46]

O debate sobre o humanismo na esfera do PCF deu-se de modo direto e indireto, em momentos diversos. A *Nouvelle Critique*, revista do Partido, chegou mesmo a abrir suas colunas ao debate, intitulado *Marxisme et Humanisme*, de março de 1965 a fevereiro de 1966. Louis Althusser publicou alguns de seus trabalhos sobre a questão na revista, dentre os quais *Les manifestes philosophiques de Feuerbach* (1960), *Note complémentaire sur l'humanisme "réel"* (1965), republicados posteriormente em 1965, na obra *Pour Marx*. Roger Garaudy não publicou na *Nouvelle Critique*, porque "considerava que a *Nouvelle Critique* estaria animada por uma corrente *sectária* que defendia Louis Althusser", tendo, por sua vez, tido seus textos publicados nos *Cahiers du Communisme*, revista teórica mensal do Comitê Central do PCF.[47]

Jorge Semprún, em artigo publicado originalmente na revista *Clarté*, de janeiro de 1965, e republicado na *Nouvelle Critique*, n. 164, de março de 1965, apresentou duras críticas ao stalinismo. Para ele, o debate marxista, cujo núcleo se encontrava na

---

46 "While in its rethoric the party admitted that Stalinist dogmatism could no longer serve as a theoretical guide, its actions – specially in regard to the Soviets – belied this conviction and showed the party to still be quite Stalinized. [...] For instance, in regard to the invasion of Hungary the PCF limited its objections to the use of military force and did not object to the intervention itself or to the installation of a hard-line regime to replace Dubcek. [...] Also on the PCF's rhetorical efforts to distance itself from its Stalinist legacy see Maurice Thorez and Roger Garaudy, *Les Tâches des philosophes communistes et la critique des erreus philosophiques de Staline*, supplement to *Cahiers du Communisme*, n. 7-8 (July/August 1962)." (Id., Ibid.).
47 GEERLANDT, Robert. *Garaudy et Althusser: Le débat sur l'humanisme dans le parti communiste français et son enjeu*. Paris: PUF, Travaux et Recherches de l'Université du Droit et de la Santé de Lille, série Droit Public et Science Politique, 1978, p. 29-31.

questão do humanismo, fora reaberto por força do XX Congresso do PCUS, "como se abre uma ferida, com todos os riscos da hemorragia e da infecção",⁴⁸ marcando o início de um momento de transição no movimento da classe trabalhadora.

O intelectual espanhol mostra-se contrário à postura teórica de Althusser no que tange à temática do humanismo. Nesse sentido, ele se manifesta de maneira expressa, afirmando que "a crítica e a liquidação por Marx do mito da essência do homem, da antropologia especulativa, não conduzem em nenhum caso a um 'anti-humanismo' teórico".⁴⁹ Para ele, a crítica marxista conduz "à teoria e à prática do humanismo real", ou seja, "da liberação do homem concebido como 'o conjunto das relações sociais'".⁵⁰ Semprún reconhece a possibilidade de "ideologização" dos "temas do humanismo" e aponta que "um fenômeno desse tipo se produziu na época do stalinismo".⁵¹ No entanto, ele destaca que o humanismo real é diverso, pois "não é um dado formal jurídico, senão a expressão de certo estado das relações sociais".⁵² Aduz ainda que "ao restabelecer-se a legalidade socialista e o programa de edificação de uma sociedade comunista", após a ultrapassagem do período stalinista, haveria a concreta possibilidade de realização do humanismo socialista, não meramente ideológico, mas em um "nível superior", ainda

---

48 SEMPRÚN, Jorge. Marxismo y Humanismo. In: *Polémica sobre Marxismo y Humanismo*. Traducción de Martha Harnecker. México: Siglo Veintiuno, 1968, p. 37.
49 Id., Ibid.
50 Ibid., p. 40.
51 "Todo retroceso, paro, proceso de involución (y la historia nos ha mostrado que esto es posible) en el desarrollo de sa sociedad socialista puede implicar la ideologización de los temas (de las realidades) del humanismo. Y es, sin duda, un fenómeno de este tipo lo que se produjo en la época del stalinismo. Los temas del humanismo socialista llegaron a ser estrictamente ideológicos (es decir, alienantes y mistificadores) en la época del discurso de Stalin sobre 'el hombre, el capital más precioso', en la época de la celebratión teórica de la Constitución de 1936, que es la época en la cual se desencadena la represión masiva, la liquidación de todos los elementos institucionales que premitían los progresos materiales del humanismo real." (Ibid, p. 45).
52 Id., Ibid.

que tal não fosse simples de ser logrado.⁵³ Tal humanismo real, a ser construído por meio de lutas de caráter ideológico e político, apresenta-se como "o futuro do homem".⁵⁴

Na realidade, o artigo de Semprún pode ser entendido, em grande parte, como uma contraposição ao artigo *Marxisme et Humanisme*, escrito por Althusser, e publicado nos *Cahiers do ISEA* de junho de 1964.⁵⁵

Em resposta ao artigo de Semprún, Althusser escreveu *Note complémentaire sur l'humanisme réel*, publicado na *Nouvelle Critique* de março de 1965, no qual ele sustenta que o apregoado humanismo real permanece no plano da ideologia, não possuindo caráter teórico.

O sociólogo Michel Simon, outro participante do debate, apresentou posições teóricas, em muitos pontos, próximas ao pensamento de Althusser, porém com peculiaridades.⁵⁶ Em seu artigo

---

53 Ibid., p. 45.
54 Id., Ibid.
55 Em texto de 1967, Althusser assim se manifesta: "Então, tive, num dia de janeiro de 1965, a surpresa de ler na revista mensal *Clarté*, órgão da UEC [*Union des Étudiants Communistes*] da época, uma crítica, cortês, mas bastante dura de meu texto, assinada por Jorge Semprún, escritor conhecido por um belíssimo romance sobre a deportação. [...] Sua refutação residia no que se pode chamar de argumentação marxista 'italiana'. [...] um adjetivo da geografia *política* [...]. Desde então, as coisas se precipitaram. Com o assentimento de Jorge Semprún e o meu, *La Nouvelle Critique* publicou o 'dossiê' do debate, e abriu a discussão (março de 1965). Ela durou meses: intervenções de Francis Cohen, Michel Simon, Geneviève Navarri, M. Brossard, Michel Verret, Pierre Macherey etc. A discussão foi relançada pela aparição do *Pour Marx* e de *Lire le Capital* na coleção 'Théorie' das Edições François Maspero (novembro de 1965). Ela prosseguiu por ocasião de uma assembléia geral dos filósofos comunistas ocorrida em Choisy-le-Roy em janeiro de 1966, onde certos oradores, por exemplo Roger Garaudy, atacaram violentamente meus ensaios. O Comitê central de Argenteuil discutiu, em março de 1966, o Humanismo e tomou, direta ou indiretamente, partido sobre as teses presentes na 'discussão', declarando-a, em todos os sentidos do termo, 'aberta'. Doravante, resta claro que ela não está perto de se 'fechar'". (ALTHUSSER, Louis. A querela do humanismo. Tradução de Laurent de Saes. *Crítica Marxista*, n. 9. São Paulo: Xamã, 1999, p.11).
56 "M. Simon a exposé son interprétation de l'humanisme marxiste dans *La Nouvelle critique* (NC, n. 165, avril 1965) et à la tribune du CC d'Argenteuil; cet exposé constitue un examen particulièrement critique des travaux de R. Garaudy et de L. Althusser. M.S. affirme la réalité de l'humanisme marxiste; mais, sur le fond, son exposé est plus proche de celui de L.A. que de celui de R.G. [...] En ce qui concerne R.G., M.S. enregistre avec satisfaction la critique en trois points de l'idée abstraite d'essence humaine produite par le

Marxisme et Humanisme, publicado na *Nouvelle Critique*, n. 165, em abril de 1965, ele aponta o humanismo como efeito da filosofia burguesa de modo a colocar o homem como "'centro' do universo filosófico",[57] no lugar de Deus. Nesse sentido, o humanismo burguês possui um caráter revolucionário. Para ele, a filosofia humanista "implica sempre como pressuposto uma essência do homem".[58] Contudo, o perigo dessa concepção reside no fato de que, ao se substituir uma teologia por uma antropologia, "temos permanecido sempre num mesmo elemento, que se trata sempre de dar um fundamento absoluto à dominação de uma classe exploradora", sendo que "a consciência burguesa ou pequeno burguesa, em lugar de reconhecer a existência das classes para trabalhar concretamente em sua supressão, prefere aboli-las".[59]

Simon salienta que a filosofia burguesa traz sob uma forma universal os ideais burgueses, "apresentando a revolução burguesa como emancipação do homem".[60] Desse modo, ao se tomar o humanismo no seu sentido burguês, o marxismo não é um humanismo. Para ele, o objeto específico do materialismo histórico não é o homem, mas "a prática social de grupos humanos determinados".[61] Ele aduz que não é com fulcro em uma pretensa essência humana que se explica o comportamento dos homens, pelo contrário, a "essência humana", manifestando-se em figuras sucessivas, só pode ser compreendida enquanto atrelada a práticas sociais estruturadas em formações sociais determinadas.[62]

---

philosophe, critique énoncée par Lucien Sève à Argenteuil [...]." (GEERLANDT, Robert. *Garaudy et Althusser: Le débat sur l'humanisme dans le parti communiste français et son enjeu*. Paris: PUF, Travaux et Recherches de l'Université du Droit et de la Santé de Lille, série Droit Public et Science Politique, 1978, p. 50-51).
57 SIMON, Michel. Marxismo y Humanismo. In: *Polêmica sobre Marxismo y Humanismo*. Traducción de Martha Harnecker. México: Siglo Veintiuno, 1968, p. 61.
58 Ibid., p. 64.
59 Ibid., p. 63.
60 Ibid., p. 63.
61 Ibid., p. 66.
62 Ibid., p. 67.

O sociólogo francês reconhece a proximidade de Marx com o humanismo, em suas primeiras reflexões, contudo, salienta que ao longo do tempo, o pensador alemão "cessa [...] de justificar o comunismo por meio do humanismo, para ver neste último a expressão e o disfarce do movimento histórico real".[63] Simon chega a afirmar textualmente: "estou muito de acordo com Althusser sobre o seguinte: o conceito de humanismo não é um *operador teórico*, senão uma '*senha*' (um indicador) prática".[64] No entanto, ele ressalva não concordar plenamente com os critérios de distinção entre ciência e ideologia propostos por Althusser.[65] Salienta ainda Simon que o humanismo "'permite pensar' [...] algo que em seu fundo é essencial ao marxismo como teoria e ao comunismo como prática".[66] Não obstante, Simon ressalta a importância de não se perder o foco da luta de classes.

Michel Verret, que teve seu artigo publicado na *Nouvelle Critique*, n. 168, de agosto de 1965, sustenta que conceitos como os de alienação e de essência humana não são teoricamente úteis.[67] O autor sustenta que o programa metodológico de Marx, ultrapassada a fase dos escritos de juventude, "supõe uma crítica teórica não apenas do homem como essência *a priori*, mas também de *todas as categorias que podem ser referidas a esta essência* e tratadas de maneira metafísica".[68]

Verret salienta que, no Ocidente, podem ser apontadas, pelo menos, quatro formas de humanismo: "o humanismo

---

63 Ibid., p. 66.
64 Ibid., p. 98.
65 Ibid., p. 101-102.
66 Ibid., p. 108.
67 "Este humanismo – Althusser lo subraya en forma notable – no puede sino sufrir el destino *teórico* de la alienación. ¿Qué designaba la alienación? El movimiento de exteriorización de la esencia humana, su pérdida en la objetivación y la reapropiación, de ella por el subjeto individual o social. Si este movimiento no presta más servicios teóricos, la esencia del hombre no tiene tampoco más posibilidad de prestarlos." (VERRET, Michel. Marxismo y Humanismo. In: *Polêmica sobre Marxismo y Humanismo*. Traducción de Martha Harnecker. México: Siglo Veintiuno, 1968, p. 129).
68 Ibid., p. 131.

greco-romano, o humanismo cristão em suas diferentes formas, o humanismo metafísico ou ateu dos direitos do homem, o humanismo socialista utópico".[69] Ele destaca a existência de peculiaridades próprias aos humanismos da economia mercantil, contudo, categoriza-os como ideológicos.[70]

O sociólogo salienta que o marxismo se apresenta como uma dupla crítica ao humanismo, ou seja, tanto sob o plano filosófico quanto político. Assim, tem-se uma "Crítica ao conteúdo de classe burguês dos ideais formais dos direitos do homem e da imaturidade de classe do proletariado", ao consentir ideologicamente com esses "ideais inadequados".[71] Contudo, ele admite a existência de um humanismo socialista,[72] o qual se apresenta como "um humanismo da desigualdade, devido a ser um humanismo concreto",[73] ou seja, busca a compensação

---

69   Ibid., p. 140.
70   "Sería necesario, evidentemente, profundizar y diferenciar este análisis de los humanismos proprios de la economía mercantil. Por muy insuficiente que este sea, es suficiente, sin embargo, para hacernos comprender su *status* cultural: *status ideológico*. Althusser tiene razón al subrayarlo. [...] Ideológico negativamente, ya que no tiene valor teórico. [...] Ideológico positivamente, porque responde perfectamente a las funciones históricas de las ideologías: sistematizar, al nível de la consciencia social, la experiencia correspondiente a una práctica económica determinada sancionándola, justificándola y reforzándola por ello mismo" (Ibid., p. 142-143).
71   "El socialismo científico – fundado en la ciência de la lucha de classe – no podía, en efecto, constituirse y afirmarse sino a través de la critica de los ideales que derivaban del humanismo político burgués. En este sentido, no es solamente en el plano de la teoría filosófica, como dice Althusser, sino también en el plano de la teoría política, que el marxismo se presenta como una crítica del humanismo tradicional: de uma critica al contenido de clase burgués de los ideales formales de los derechos del hombre, y de la relación que establece entre la inmadurez de clase del proletariado (por lo tanto, de un momento transitorio de su desarrollo histórico y sus consecuencias en el dominio de la reflexión teórica, particularmente en los ideólogos), y su consentimiento y el consentimiento ideológico de ellos a estos ideales inadecuados." (Ibid., p. 144-145).
72   "El humanismo socialista no responde solamente a las necessidades funcionales de la lucha del proletariado, expresión de su vocación liberadora *universal*; no responde solamente a las exigencias de lucha y de protesta contra las deformaciones burocráticas del Estado socialista; expressa, también y, sobre todo, según nosotros, la contradicción fundamental entre los modos de producción capitalista y socialista. [...] Humanista, el socialismo lo es primeiramente debido a que él es el sepulturero del capitalismo, es decir, des modo de producción más destructor del factor humano que la historia haya conocido" (Ibid., p. 146).
73   Ibid., p. 168.

social das desigualdades. Aduz ainda que tal humanismo não implica um retrocesso a uma ordem feudal ou algo do gênero, bem como é diverso daquele propugnado pela doutrina social da Igreja. Não obstante, ele admite a possibilidade do diálogo de marxistas e cristãos com vistas a uma ação comum.[74]

Paralelamente a essas publicações, as obras de Althusser *Pour Marx* e *Lire le Capital* e de Garaudy, *Perspectives de l'homme*, *De l'anathème au dialogue*, *Karl Marx* e *Le problème chinoise*, dentre outras, também abordaram a questão.

Garaudy defende o humanismo marxista, com fulcro em vários textos de Marx, como por exemplo, nos *Manuscritos de 1844*, nos quais o pensador alemão sustenta que a supressão da propriedade privada permitirá que o homem se aproprie de seu "ser universal", atingindo a condição de "homem total".

Althusser, a seu turno, apresenta a existência de um corte epistemológico nos textos de Marx, separando os textos do jovem Marx, de caráter pré-científico, dos textos de maturidade, nos quais Marx funda uma nova ciência, o materialismo histórico.

Retomaremos, mais adiante, numa análise mais detalhada, as questões efetivamente contrapostas no pensamento dos dois filósofos. Por ora, continuaremos tratando do debate no âmbito do PCF, o qual se desenvolveu em diversas etapas, desde os trabalhos individuais de Garaudy e Althusser, dentre outros pensadores, bem como aqueles desenvolvidos tanto em Choisy--le-Roy quanto em Argenteuil e posteriormente a esses eventos.

A questão do humanismo marxista, não obstante abstrata e complexa, não ficou restrita a uma minoria, mas ganhou relativa notoriedade, tanto nos meios intelectuais, envolvendo diversos nomes célebres na época, quanto mesmo fora desses círculos. Conforme assevera Geerlandt, em certa medida, ela adquiriu "l'affaire des masses".[75] Além disso, as divergências

---
74 Ibid., p. 170-171.
75 GEERLANDT, Robert. *Garaudy et Althusser: Le débat sur l'humanisme dans le parti*

sobre a questão, de certo, prejudicavam a própria imagem do partido, ante a ausência de uniformidade.[76] Isso motivou o PCF a dedicar a sessão do Comitê Central, realizada em Argenteuil, nos dias 11, 12 e 13 de março de 1966, "aos problemas ideológicos e culturais". Na realidade, sobre esse título, a querela do humanismo era o foco principal.

A sessão do Comitê Central em Argenteuil foi precedida das jornadas de estudos dos filósofos comunistas em Choisy-le-Roy, entre 22 e 26 janeiro de 1966, a qual se tratava fundamentalmente de preparação para a reunião do Comitê Central.

Importa salientar que Althusser nunca participou do Comitê Central do PCF, nem interveio, de modo direto, nos trabalhos preliminares de Choisy-le-Roy, nem em Argenteuil. A participação de Althusser deu-se apenas de forma indireta em Choisy-le-Roy, por meio da leitura de excertos de seu texto *Théorie, pratique et formation théorique: Idéologie et lutte idéologique* (1965),[77] o qual tivera sua publicação recusada pela revista *Les Cahiers du Communisme*, ligada ao Comitê Central do PCF. No entanto, Althusser se fazia presente durante todo o debate, como uma espécie de espectro que rondava o humanismo marxista, apregoado por Roger Garaudy, Louis Aragon, Lucien Sève, dentre outros. Por sua vez, Garaudy ganha destaque nesse contexto, haja vista ter forte influência no Comitê Central, do qual era membro, tendo, inclusive, o posto de filósofo oficial do Partido.

---

communiste français et son enjeu. Paris: PUF, Travaux et Recherches de l'Université du Droit et de la Santé de Lille, série Droit Public et Science Politique, 1978, p. 22.
76   Ibid., p. 27.
77   "Ainda nos anos 1960, esse artigo foi publicado em três países latino-americanos com o título: 'Teoría, práctica teórica y formación teórica. Ideología y lucha ideológica', na revista Casa de las Americas, número 34, Havana (Cuba), 1966; 'Marxismo, ciência e ideologia' no livro *Marxismo segundo Althusser*. São Paulo: Sinal Editora e Distribuidora, 1967; e 'Práctica teórica y lucha ideológica', no livro *La filosofia como arma de la revolución*. Córdoba (Argentina): Ediciones Pasado y Presente, 1968" (MARTUSCELLI, Danilo Enrico. Apresentação do documento "Carta aos camaradas do Comitê Central do PCF". *Crítica Marxista*, n. 41, 2015, p. 133).

Em Choisy, não houve participação ativa do *Bureau* político do PCF. Ele permaneceu em silêncio durante os encontros. A polêmica principal foi entre Garaudy e o pensamento de Althusser. Garaudy fez discursos inflamados na ocasião. Althusser não compareceu, em razão de uma crise de depressão, mas deixou a cargo de Michel Verret fazer a leitura de trechos de seu já citado artigo.

Nele, o mestre da *rue d'Ulm* destaca o caráter científico da doutrina marxista. Nas palavras dele:

> O materialismo histórico é a ciência da história. Pode ser definido ainda com maior precisão como a ciência dos modos de produção, de sua estrutura própria, de sua constituição e de seu funcionamento, e das formas de transição que fazem passar de um modo produção a outro. *O Capital* representa a teoria científica do modo de produção capitalista.[78]

Ele também chama a atenção para a necessidade da formação teórica dos militantes. Define-a como sendo "um estudo e uma assimilação aprofundada de todas as obras científicas de primeira importância sobre as quais repousam os conhecimentos da teoria marxista",[79] tendo como objetivo último "formar militantes capazes de se tornarem um dia homens de ciência [...], isto é, capazes de fazer progredir algum dia a investigação teórica marxista".[80]

Quanto ao papel do Partido, ele ressalta a importância da teoria e prática estarem atreladas:

> O Partido não se contenta em proclamar sua fidelidade aos princípios da ciência marxista-leninista. O que o distingue radicalmente das outras organizações operárias

---

78 ALTHUSSER, Louis. Marxismo, Ciência e Ideologia. In: *Marxismo Segundo Althusser.* Sinal, 1967, p. 13.
79 Ibid., p. 52.
80 ALTHUSSER, Louis. Marxismo, Ciência e Ideologia. In: *Marxismo Segundo Althusser.* Sinal, 1967, p. 53.

não é esta simples proclamação: é a aplicação concreta, prática, da teoria científica marxista em suas formas de organização, em seus meios de ação, em suas análises científicas das situações concretas. [...] O Partido quer, em conformidade com a própria teoria marxista, unir o mais amplamente possível a teoria com sua aplicação prática, em proveito não só da prática mas também da teoria [...]. [81]

No mais, ele apregoa a distinção entre ciência e ideologia, bem como se empenha em combater toda a espécie de idealismo.

Uma das marcas da reunião em Choisy-le-Roy foi a longa exposição de Garaudy com duros ataques ao pensamento althusseriano.[82] Para ele:

[...] o "anti-humanismo teórico" é definido como uma pura e simples "aberração", e o conceito de "prática teórica" é interpretado como uma tentativa deliberada para rejeitar o famoso "critério da prática", quer dizer de fidelidade à linha política do partido.[83]

Em Argenteuil, o comitê central reuniu-se em 11 de março de 1966, tendo o encontro perdurado até 13 de março. Em 04 de março de 1966, na primeira página do jornal *L'Humanité*, foi estampado o anúncio da sessão.[84]

---

81 Ibid., p. 54.
82 "'Garaudy nous a ataques avec une violence et une mauvaise fois difficile à égaler: le requisitoire a dure trois heures; nous y sommes touts passes: idéalistes, formalistes, liquidateurs,., sur la base de citations tronquées, d'interprétations malveillants. Un vrai festival... L'autre n'avait avec lui (avec l'ineffable Mury) que les plus beau défilé de cons que j'aie vus depuis longtemps' (Lettre de P. Macherrey à É. Balibar, 26 janvier 1966)" (MATHERON, François. Louis Althusser et Argenteuil: de la croisée des chemins au chemin de croix. Disponível em: < http://www.caute.lautre.net/spip.php?article769>. Acesso em: 22 dez. 2015).
83 No original: "l'antihumanisme théorique" y est défini comme une pure et simple "aberration", et le concept de "pratique théorique" est interprété comme une tentative délibérée pour rejeter le fameux "critère de la pratique", c'est-à-dire de fidelité à la ligne politique du parti." (MATHERON, François. Louis Althusser et Argenteuil: de la croisée des chemins au chemin de croix. Disponível em: <http://www.caute.lautre.net/spip.php?article769>. Acesso em: 22 dez. 2015).
84 GEERLANDT, Robert. *Garaudy et Althusser: Le débat sur l'humanisme dans le parti*

Na reunião será o *Bureau* político, do qual Garaudy fazia parte, que proporá a ordem do dia da sessão. Nela, os debates sobre o humanismo marxista terão também destaque.

Althusser também esteve ausente em Argenteuil, porque não era membro do Comitê Central do Partido. Entretanto, conforme assinala François Matheron, "tratava-se de uma ausência tipicamente althusseriana: ausência determinada, ou melhor, sobredeterminada", haja vista que, não obstante "sua falta de reações públicas, seus arquivos testemunham uma atenção muito viva ao debate do Comitê Central, aos seus preparativos e consequências".[85]

Dos trabalhos realizados em Argenteuil, resultou uma resolução denominada *Resolution sur les problemes ideologiques et cultureles*, a qual foi publicada em 15 de março de 1966 pelo jornal *L'Humanité*,[86] cujo papel principal na redação foi desempenhado pelo poeta francês Louis Aragon.[87]

O texto da resolução demonstra claramente que a posição do humanismo marxista foi a vencedora. A todo momento são colocadas questões como a crença na democracia, bem como na possibilidade de desenvolvimento dos valores criativos do

---

communiste français et son enjeu. Paris: PUF, Travaux et Recherches de l'Université du Droit et de la Santé de Lille, série Droit Public et Science Politique, 1978, p. 32-33.

85 No original: "il s'agit d'une absence typiquement althusseriénne: absence determinée, ou plutôt surdéterminée [...] par delà son manque de réaction publique, ses archives témoignent d'une attention três vive aux débats du Comité Central, à leur préparatifs et à leur conséquences" (MATHERON, François. Louis Althusser et Argenteuil: de la croisée des chemins au chemin de croix. Disponível em: <http://www.caute.lautre.net/spip.php?article769>. Acesso em: 22 dez. 2015).

86 GEERLANDT, Robert. *Garaudy et Althusser: Le débat sur l'humanisme dans le parti communiste français et son enjeu*. Paris: PUF, Travaux et Recherches de l'Université du Droit et de la Santé de Lille, série Droit Public et Science Politique, 1978, p. 35.

87 "Un projet de résolution a été présenté au Comité central. Pour l'elaboration de ce projet, une Commission fut désignée et ne comprenait évidemment que des membres du Comité central. La Comission, réunie dans la salle du Bureau politique, comprenait à notre connaissance: H. Krasucki, J. Chambaz, G. Besse, J. Suret-Canale, R. Garaudy, L. Aragon, V. Joannes, L. Sève, M. Simon et Congniot. [...] La responsabilité de cette Commission fut confiée à Henri Krasucki. En réalité, la redaction du projet a été colletive et la tâche repartie entre des groupes plus restreints. Selon R. Garaudy, L. Aragon joua un rôle déterminant dans cette rédaction." (Ibid., p. 34).

homem, desde a infância, através de uma mudança no caráter da educação. É propugnada a democratização dos meios de comunicação com a finalidade de garantir a "objetividade da informação".[88]

Nele são apontados os diversos e crescentes problemas e contradições do mundo capitalista, bem como a mercantilização da ciência e da cultura, trazendo limitações ao "poder emancipador da ciência e da arte". Nesse contexto, o problema da "passagem ao socialismo" se coloca "na ordem do dia" e, para isso, "a intervenção dos homens é necessária e, em uma primeira etapa, ela tem por objetivo o estabelecimento de uma democracia verdadeira".[89]

A resolução assinala que o homem deve ser colocado como criador, na medida em que "conceber e criar é o que distingue os homens dos animais". Portanto, é necessário libertar-se de todos os dogmatismos e valorizar as heranças culturais do passado de modo a poder utilizá-las no presente, permitindo a libertação das constrições impostas pela burguesia.

No que tange à definição de marxismo, eis o texto da resolução:

> O marxismo é uma concepção do mundo fundada sobre o conhecimento das leis do desenvolvimento da natureza e da sociedade. Teoria da luta de classes e da revolução socialista, o marxismo é inseparavelmente a expressão filosófica coerente e lúcida das necessidades e dos poderes de uma humanidade que não tem outro fim que ela mesma e apenas encontra nela mesma os meios de conhecimento e de ação. [...] O marxismo é hoje o fermento de uma reflexão e de uma pesquisa coletivas [...] O marxismo, ciência em constante desenvolvimento, enfrenta todos

---

[88] RESOLUTION SUR LES PROBLEMES IDEOLOGIQUES ET CULTURELS (Comité central d'Argenteuil du PCF, le 13 Mars 1966). – P. 149-160 – Resolução disponível em: <https://pandor.u-bourgogne.fr/ead.html?id=FRMSH021_00008&c=FR-MSH021_00008_FRMSH021_00008_de-603>. Acesso em: 16 abr. 2016, p. 151.
[89] Ibid., p. 150-151.

os problemas de nosso tempo. As situações novas exigem análises e ideias novas, que enriqueçam o pensamento e fecundem a ação.[90]

O viés humanista está presente a todo o momento, como, por exemplo, no destaque dado à necessidade de o marxismo estar atrelado aos demais ramos da cultura e do saber humanos, desenvolvidos historicamente: "o marxismo não é um corpo estranho ao universo da cultura, ele nasceu de seu próprio desenvolvimento e deu sentido a todas as aquisições da humanidade".[91]

A tomada de posição em favor do humanismo marxista é explícita, na esteira das proposições de Garaudy e Aragon, conforme se verifica em todo o texto.[92] O excerto abaixo é um cristalino exemplo:

> Há um humanismo marxista. Diferente do humanismo abstrato pelo qual a burguesia mascara as relações sociais e justifica a exploração e a injustiça, ele resulta da tarefa histórica da classe operária. [...] o marxismo é o humanismo do nosso tempo porque ele funda seu método sobre uma concepção rigorosamente científica do mundo, mas não se separa seu esforço de compreensão do real e de sua vontade de mudá-lo para o bem de todos os homens.[93]

---

90 No original: "Le marxisme est une conception du monde fondée sur la connaissance des lois du développement de la nature et de la société. Théorie de la lutte de classes et de la révolution socialiste, le marxisme est inséparablement l'expression philosophique cohérente et lucide des besoins et des pouvoirs d'une humanité qui n'a d'autre fin qu'elle-même et ne trouve qu'en elle même les moyens de connaissance et d'action. [...] Le marxisme est aujourd'hui le fermente d'une réflexion et d'une recherche collectives. [...] Le marxisme, science en constant développement, afronte tous les problèmes de notre temps. Les situations nouvelles exigente des analyses et des idées neuves, qui enrichenssent la pensée et fécondent l'action." (Ibid., p. 154-156).
91 No original: "le marxisme n'est un corps étranger à l'univers de la culture; il est né de son développement même et donne sens à tout l'acquis de l'humanité" (Ibid, p. 155).
92 "A resolução advogava claramente em favor das teses defendidas pelo próprio Aragon e por Garaudy na medida em que sustentava o caráter humanista do marxismo e enquadrava toda a reflexão sobre arte e cultura na problemática humanista. [...] As análises feitas por Althusser e seus discípulos foram ignoradas por tal resolução" (MARTUSCELLI, Danilo Enrico. Apresentação do documento "Carta aos camaradas do Comitê Central do PCF". *Crítica Marxista*, n. 41, 2015, p. 133).
93 No original: "Il y a um humanisme marxiste. A la différence de l'humanisme abstrait

A resolução também retoma as palavras de Maurice Thorez, proferidas por ocasião do XV Congresso do PCF em 1959:

> Lutar pelo comunismo – dizia Maurice Thorez – não é somente lutar por um nível mais elevado da sociedade e por uma sociedade mais feliz. É igualmente lutar por um degrau superior de evolução moral da humanidade e pelo desenvolvimento de cada personalidade.[94]

O Partido assume uma postura claramente reformista, destaca ainda as diversas vias de passagem ao socialismo, inclusive, de modo pacífico. E tratando especificamente do caso francês, defende uma "transição ao socialismo", por meio das instituições e da democracia burguesa:

> Nosso país desempenha um grande papel pela salvaguarda da paz. Rico de uma longa tradição democrática e de um movimento operário experiente, nosso povo pode criar as condições de uma passagem pacífica ao socialismo. É nessa perspectiva que nosso Partido rejeita a ideia que a existência de um Partido único seja uma condição obrigatória. [...] A unidade da classe operária e a união de todas as forças interessadas no estabelecimento de uma democracia verdadeira se prolongam, pela conquista, a edificação e a manutenção do socialismo pelas vias democráticas.[95]

---

par lequel la bourgeoisie masque les rapports sociaux et justifié l'explotation et l'injustice, il découle de la tâche historique de la classe ouvrière. [...] le marxisme est l'humanisme de notre temps parce qu'il fonde sa démarche sur une conception rigoureusement scientifique du monde; mais il ne separe pas son effort de compréhension du réel de sa volonté de le changer pour le bien de tous les hommes." (RESOLUTION SUR LES PROBLEMES IDEOLOGIQUES ET CULTURELS (Comité central d'Argenteuil du PCF, le 13 Mars 1966). Disponível em: <https://pandor.u-bourgogne.fr/ead.html?id=FRMSH021_00008&c=FR-MSH021_00008_FRMSH021_00008_de-603>. Acesso em: 16 abr. 2016, p. 155).

94 No original: "Lutter pour le communisme, disait Maurice Thorez, ce n'est pas seulement lutter pour un niveau plus élevé de la société et pour une société plus heureuse. C'est également lutter pour un degré supérieur de l'évolution morale de l'humanité et l'épanouissement de chaque personalité." (Id., Ibid.).

95 No original: "Notre pays peut jouer un grand rôle pour la sauvegarde de la paix. Riche d'une longue tradition démocratique et d'un mouvement ouvrier experimente, notre peuple peut créer les conditions d'une passage pacifique au socialisme. C'est dans cette perspective

A resolução também destaca a necessidade de diálogo entre comunistas e cristãos, haja vista que ambos trazem consigo as "aspirações milenares dos homens a uma vida melhor".[96] Nesse ponto, é patente a influência de Garaudy, grande defensor de uma postura de maior proximidade com os cristãos na luta pelo socialismo.

Em resposta ao texto da resolução de Argenteuil, Althusser escreveu uma "carta aos camaradas do comitê central do PCF", a qual, porém, ao que parece, nunca chegou a ser enviada.[97] Nela, o filósofo francês aponta diversos problemas que atravessam a resolução.

De início, ele destaca a contradição exarada na resolução, cujo texto, ao mesmo tempo em que defende a imparcialidade acerca de questões teóricas ainda não plenamente esclarecidas, toma partido do humanismo marxista, propugnado por Garaudy e Aragon. Nas palavras dele:

> [...] as Resoluções não suspendem seu julgamento, mas "decidem" de fato sobre uma pesquisa teórica e discussões em curso, a favor das concepções defendidas por alguns camaradas (Garaudy, Aragon), contra outras concepções, defendidas por outros camaradas (entre os quais o autor desta carta). [...] Formalmente, essa tomada de posição põe as Resoluções em contradição com elas mesmas, visto

---

que notre Parti rejette l'idée que l'existence d'un Parti unique em soit une condition obligatoire. [...] L'unité de la classe ouvrière et l'union de toutes les forces intéressées à l'établissement d'une démocratie véritable se prolongeront, comme il est souhaitable, pour la conquête, l'edification et le maintien du socialisme par les voies démocratiques." (Ibid., p. 156).
96 Ibid., p. 157.
97 "A elaboração da Carta aos camaradas do Comitê Central do PCF vincula-se às polêmicas em torno do humanismo teórico e da evolução do pensamento de Marx. Não há registros de que essa Carta tenha sido efetivamente enviada aos seus destinatários. O que sabemos é que ela se encontra disponível para consulta nos arquivos do IMEC e que sua primeira publicação/tradução foi viabilizada por Willian S. Lewis na revista marxista inglesa Historical Materialism, n. 15 (2007). Recentemente, outra publicação desta Carta apareceu na revista espanhola chamada Res Publica: Revista de Filosofia Política, n. 29 (2013)". (MARTUSCELLI, Danilo Enrico. Apresentação do documento "Carta aos camaradas do Comitê Central do PCF". *Crítica Marxista*, n. 41, 2015, p. 132).

que não se pode conciliar o princípio de não intervenção em pesquisas e discussão ditas em curso, com a intervenção nas mesmas pesquisas e discussão.[98]

Em seguida, ele passa a destacar o que ele denomina de "três erros teóricos" presentes na resolução, quais sejam, a omissão acerca do anti-humanismo marxista, a supressão da tese do corte epistemológico e o idealismo na abordagem das questões da arte e da cultura.[99]

O filósofo tece duras críticas ao posicionamento adotado na resolução, apontando que ela fora "redigida em termos que exprimem um compromisso teórico feito com a ideologia humanista do nosso camarada Garaudy",[100] bem como apresentava-se como fruto de "uma falta de vigilância teórica". E conclui de modo peremptório: "lamento que essas Resoluções se tenham aventurado numa empreitada em que nossos camaradas Garaudy e Aragon comprometeram todo o Comitê Central".[101]

Com efeito, não obstante o fato de Garaudy ter saído "vencedor", na medida em que o partido tomou posição a favor do humanismo marxista,[102] a inconsistência teórica do filósofo

---

98 ALTHUSSER, Louis. Carta aos camaradas do Comitê Central do PCF. *Crítica Marxista*, n. 41, 2015, p. 137. Faz-se aqui bastante pertinente o esclarecimento constante na nota de rodapé da tradução em língua inglesa feita por Willian S. Lewis: "The official title of the document has 'resolution' in the singular and most documents that refer to the resolution follow this pattern. Idiosyncratically, Althusser sometimes refers to the resolution in the plural, as a series of resolutions. He is not, however, consistent and, by the end of the letter, begins referring to the whole document in the singular" (ALTHUSSER, Louis. Letter to the Central Committee of the PCF, 18 March, 1966 PCF, p. 1).
99 ALTHUSSER, Louis. Carta aos camaradas do Comitê Central do PCF. *Crítica Marxista*, n. 41, 2015, p. 131-151.
100 Ibid., p 141.
101 Ibid., p. 150.
102 Althusser relata, em sua autobiografia, que Garaudy lhe enviou um telegrama, após o Congresso de Argenteuil, conforme se verifica nesse curioso excerto: "Está muito claro que realizei no Partido meu desejo de iniciativa, meu desejo de oposição feroz à direção e ao aparelho, mas dentro do próprio Partido, isto é, sob sua proteção. Com efeito, nunca me coloquei em situação, salvo talvez por volta de 1978, e ainda assim, de correr o risco de ser excluído. Nem mesmo Roger Garaudy, que depois do congresso de Argenteuil, no qual só se

tornou-se patente, pelo menos, na visão de muitos membros do PCF, conforme a narrativa de François Matheron.[103]

O aguerrido combate de Garaudy em relação às posições teóricas de Althusser rendeu-lhe sérias consequências, a longo prazo, como também destaca Matheron:

> [...] criticar publicamente, mesmo com precaução, um membro do *Bureau* político, é naturalmente muito diferente que atacar, veementemente, um intelectual como Althusser, cuja intransigência teórica é sempre acompanhada pela ausência deliberada de tomada de posição diretamente política, e se Althusser permanecerá toda sua vida membro do Partido Comunista, é justamente Garaudy que será excluído alguns anos mais tarde.[104]

---

falou, a propósito de problemas culturais, dele e de mim, e que no dia seguinte mandou um telegrama: "Você perdeu, venha me ver", me fez ceder. Nunca o havia encontrado, nunca o vi. Provavelmente, além da força de nossas divergências, sentia-me bastante seguro com meus argumentos e a proteção do Partido para mandá-lo, ele, o "vencedor" de Argenteuil, plantar batatas" (ALTHUSSER, Louis. *O futuro dura muito tempo*. São Paulo: Companhia das Letras, 1992, p. 178).

103 "Si l'on croit Michel Verret, qui n'est pas althussérien, le discours de Garaudy fut assez mal reçu: 'La discussion a devoilé à presque tous les participants, je pense, sauf à une poignée de fidèles, [...] l'inconsistence théorique de Garaudy [...]'" (MATHERON, François. Louis Althusser et Argenteuil: de la croisée des chemins au chemin de croix. Disponível em: <http://www.caute.lautre.net/spip.php?article769>. Acesso em: 22 dez. 2015).

104 No original: "[...] critiquer publiquement, même avec précaution, un membre du Bureau Politique, est naturellement tout autre chose qu'attaquer, même vivement, un intellectuel comme Althusser, dont l'intransigeance théorique est toujours allée de pair avec l'absence délibérée de prise de position directement politique: et si Althusser restera toute sa vie membre du parti communiste, c'est bien Garaudy qui en sera exclu quelques années plus tard." (Id., Ibid.).

De fato, em 1970, Garaudy foi excluído do PCF,[105] "devido às posições teóricas e políticas que foi assumindo após o movimento de Maio de 1968", tais como, "aproximação com a esquerda autogestionária, condenação da ocupação da antiga Checoslováquia pelas tropas do Pacto de Varsóvia e negação do caráter socialista da antiga União Soviética".[106] Na realidade, isso, em parte, corrobora as constatações de William S. Lewis de que o PCF, não obstante, no plano retórico, ter "tomado partido" das ideias garaudyanas acerca do humanismo marxista, na prática, permanecia ainda no âmbito de uma forte tendência stalinista.

A última fala do filósofo na tribuna do PCF ocorreu em 6 de fevereiro de 1970, por ocasião, do XIX Congresso do Partido. A esse episódio, inclusive, ele se refere de maneira bastante pesarosa, em sua obra *Parole d'Homme*.[107]

---

105 "In the spring of 1970, Garaudy was expelled from the PCF. Already in the early 1960's he had come to be regarded with growing suspicion by some French Communists, even though he remained a member of the party of the Politiburo. Then, in August 1968, when the Soviet Union and four other Warsaw Pact countries invaded Czechosolovakia, he openly and bitterly condemned the invasion. He had already greeted with enthusiasm the effort of the Dubcek regime in Czechosolovakia to "give socialism a human face". And now he did note ven wait to learn the oficial party line on the invasion before he called for similar reforms elsewhere. But this time he went too far. At the PCF Congress at Nanterre in February 1970, Garaudy was treated with icy hostility. In the assembly hall, he was banished from the seats reserved for members of the Politburo. When he gave a speech – a very moderately-worded speech designed to disarm his critics – he was Heard in utter silence, and not a single delegate clapped when he sat down. No one greeted him, note ven his personal Friends. It was obviously the end of his party career. A short while later his expulsion was formally decided" (CRANSTON, Maurice. The Thought od Roger Garaudy. *Problems of Communism* 19, n. 5, September/October 1970, p. 11).
106 MARTUSCELLI, Danilo Enrico. Apresentação do documento "Carta aos camaradas do Comitê Central do PCF". *Crítica Marxista*, n. 41, 2015, p. 133.
107 "Quando a sessão é suspensa, todos se afastam de mim como um leproso. Ouço apenas o crepitar das câmaras fotográficas de uma matilha de jornalistas [...]. Essa matilha me acompanha quando tomo o volante de meu carro. Arranco sem saber aonde vou, pois, pela primeira vez na minha vida, tenho a tentação de suicidar-me: o que me leva ao desespero é ver o que fez esse Partido, ao qual dei o melhor de minha vida, desses 2000 homens dos quais conheço, em outras circunstâncias, a coragem e a honestidade, e que aceitaram ser manipulados a ponto de não ousar – sequer um deles – dizer uma palavra. Sei, a partir de agora, que um partido – seja qual for – é uma máquina para confiscar as iniciativas da base" (GARAUDY, Roger. *Palavra de Homem*. Tradução de Rolando Roque da Silva. São Paulo:

No que se refere às implicações políticas do debate sobre o humanismo no PCF, na leitura de Gerard Belloin, "*grosso modo* Garaudy continuava a encarnar 'a abertura', enquanto Althusser aparecia como o defensor de um retorno a uma tática 'classe contra classe' tanto no plano interior quanto internacional".[108]

DIFEL, 1975, p. 18).
108 No original: "*grosso modo* Garaudy continuait à incarner 'l'overture', tandis qu'Althusser apparaissait comme le tenant d'un retour à une tactique 'classe contre classe' tant sur le plan intérieur qu'internacional" (BELLOIN, Gerard. Le Comité Central d'Argenteuil. *Le parti communiste français: archives et objet d'histoire*, n. 76/77, 2003/2004, p. 81, Gerard Belloin).

2
O HUMANISMO MARXISTA DE ROGER GARAUDY

A produção intelectual de Roger Garaudy (1913-2012) é bastante vasta e carregada de múltiplas influências.
Julián Rodríguez V. divide a produção intelectual do filósofo francês em três fases principais: período stalinista a-crítico, período do marxismo crítico-humanista dialogal[1] e período aberto.[2] Conforme destaca Rodríguez, especialmente no segundo e no terceiro período, o filósofo francês propõe uma leitura antidogmática do marxismo, de caráter pluralista e com ênfase no diálogo.[3] José Rui da Costa Pinto segue basicamente a

---

[1] "La revisión de un planteamiento crítico y maduro del marxismo abre a Garaudy al diálogo, a la aceptación de lo que en otras corrientes filosóficas podían y pueden aportar en la construcción del socialismo. La búsqueda, pues, en manera radical, de las raíces del mal en el marxismo dogmático staliniano abre a Garaudy al diálogo. Aparece por primera vez en 1959 una obra importante: *Perspectivas del hombre*. En esta obra se perfila ya claramente una de aquellas líneas fundamentales que constituye el acentuarse de la subjetividad, que en Garaudy significa iniciativa histórica del hombre en la creación continua de todo el hombre y de todos los hombres. Es la reflexión, en diálogo, del momento subjetivo de la dialéctica revolucionaria. En el problema del hombre, por tanto, y concretamente en su acción subjetiva y creadora, desemboca los otros problemas, humanos, religiosos, artísticos, políticos, sociales, científicos." (RODRÍGUEZ V., Julián. *La transcendencia en el marxismo de Roger Garaudy*. Caracas: Salesiana, 1984, p. 51-52).
[2] Ibid., p. 47-66.
[3] Ibid., p. 253-257.

mesma divisão proposta por Rodríguez, mas aponta a existência de quatro fases, pois subdivide a última fase em dois períodos.[4]

O nosso principal foco, nesse capítulo, serão as obras publicadas a partir de 1957, passando pela década de 1960 até o final da década de 1970. Algumas obras posteriores a esse período serão mencionadas apenas quando tratarem de modo direto das questões aqui abordadas. A temática fulcral a ser tratada aqui será a concepção de marxismo humanista de Garaudy e suas implicações no que tange, por exemplo, ao papel da subjetividade, bem como à proposta de diálogo entre cristãos e marxistas.

Impende salientar que o humanismo possui importância capital no legado intelectual do filósofo francês no que tange à sua leitura do marxismo, na medida em que, para ele, o marxismo é um humanismo.

2.1. Marxismo é humanismo

A identificação do marxismo com um humanismo teórico e prático é presença constante na produção teórica de Garaudy,[5]

---

[4] José Rui da Costa Pinto divide a trajetória de pensamento de Garaudy em: a) de 1949 a 1957: período caracterizado pela forte influência do pensamento de Lenin e de Stálin, na qual já se encontra presente uma antropologia marxista; b) de 1959 a 1969: o interregno mais fecundo de produção intelectual de Garaudy no que tange ao marxismo, além disso, é marcada pelo diálogo com outras correntes filosóficas, bem como com as religiões, sendo que "deste confronto, emerge já o que irá constituir o tema central da obra de Garaudy: o problema da *subjetividade*"; c) em 20 de maio de 1970 ocorre a ruptura de Garaudy com o PCF, por sua expulsão do partido, a qual marcou definitivamente a trajetória intelectual e a própria vida do filósofo, nesse contexto, "retoma assim Garaudy a tradição do socialismo utópico", embora ainda se façam presentes referenciais marxistas; d) a partir de 1972, aparece "a etapa da "utopia" e do "profetismo": caracterizada pela crescente religiosidade, sendo que a subjetividade e a transcendência adquirem novas dimensões, haja vista que, para ele, a concretização da nova sociedade não se trata apenas de um problema meramente político, econômico, científico ou filosófico, mas é também "essencialmente religioso" (PINTO, José Rui da Costa. Marxismo e subjetividade: O contributo de Roger Garaudy. *Revista Portuguesa de Filosofia*. T. 40. Fase 1/2, Marxismo-III (jan. – jun. 1984), p. 103-130).

[5] GEERLANDT, Robert. *Garaudy et Althusser: Le débat sur l'humanisme dans le parti communiste français et son enjeu*. Paris: PUF, Travaux et Recherches de l'Université du Droit et de la Santé de Lille, série Droit Public et Science Politique, 1978, p. 37.

principalmente após o XX Congresso do PCUS.⁶ Para ele, no humanismo reside especialmente o caráter peculiar e revolucionário do marxismo.

Segundo o filósofo francês, o ponto de partida da teoria marxista é o homem, não o homem abstrato da metafísica tradicional, mas o homem inserido na concretude das relações sociais. O humanismo marxista, portanto, é diverso de qualquer outra forma anterior de humanismo,⁷ como, por exemplo, o humanismo de Descartes, Rousseau e Kant, pois não trabalha com uma noção idealista, individualista e metafísica de essência do homem.⁸

Para Garaudy, o humanismo marxista se caracteriza tanto pelo materialismo quanto pelo comunismo. Materialista, porque sustenta a necessidade de transformar as condições materiais, apontando que não há meios para a realização plena do homem sem a transformação da economia. Comunista, porque o homem só pode lograr as transformações necessárias à sua

---

6 "Con il XX Congresso de P.C.U.S. e il processo di 'destalinizzazione' Garaudy attraversa una 'crisi di coscienza' che lo conduce, come è noto, da posizioni rigidamente ortodosse ad un marxismo umanistico e 'aperto'" (AZZARO, Salvatore. Garaudy e gli "ortodossi". In: *Althusser e la critica*. Roma: Studium, 1979, p. 291).
7 "L'humanisme grec avait formule l'ideal d'un plein épanouissement humain et de rapports harmonieux entre l'individu et la société, mais la majorité des hommes – les esclaves – étaient exclus de cet humanisme, privilège des hommes libres. Le christianisme a exalté l'amour universel et la valeur infinie, divine de chaque homme, mais la terre où on l'enseignait demeurait une 'vallée de larmes' et le pouvoir spirituel fournissait ses justifications au désordre établi. La chevalerie cultivait d'admirables vertus: honneur, fidélité, courage, mais les serfs étaient en dehors de cette sphère. Le grand humanisme bourgeois, de Rabelais à Descartes et de Diderot à Goethe, etait pénêtre de la grandeur de l'homme, de confiance en sa raison, mais il faisait abstraction des formes nouvelles d'exploitation et d'esclavage salarié sur lesquelles repose la société bourgeoise. Le commmunistes utopiques, de Babeuf à Fourier, ont pressenti la possibilité d'un humanisme libéré de ces limitations de classe, mais sans pouvoir montrer les voies concrètes de sa réalisation. Et voici qu'aujourd'hui, à partir de la science fondée par Marx, Engels, Lénine, et grâce à la lutte victorieuse de la clase ouvrière et des peuples, tout ce que les hommes avaient imaginé de plus grand, et de plus généreux se trouve enraciné en plein realité et à la portée non plus de quelques-uns mais tous" (GARAUDY, Roger. *Qu'est-ce que la morale marxiste*. Paris: Éditions Sociales, 1963, p. 197-198).
8 GEERLANDT, Robert. *Garaudy et Althusser: Le débat sur l'humanisme dans le parti communiste français et son enjeu*. Paris: PUF, Travaux et Recherches de l'Université du Droit et de la Santé de Lille, série Droit Public et Science Politique, 1978, p. 41.

realização humana por meio da luta coletiva, de modo a transformar as relações sociais que o caracterizam.[9]

Assim, na ótica garaudyana, o marxismo é um humanismo radicalmente diferente de todas as outras formas de humanismo, inclusive, daquele propugnado por Sartre, o qual ele categoriza como de caráter idealista e burguês, entre outras razões, por não dar a devida importância ao contexto histórico e à luta de classes.

O marxismo também se distingue de todas as formas anteriores de materialismo, justamente pelo seu peculiar humanismo, que "toma, como ponto de partida, *o ato criador do homem*".[10] No entanto, segundo o filósofo francês, Marx, ao analisar o ato criador do trabalho do homem, não o faz num viés reducionista típico do idealismo, que restringe a atividade humana à atividade espiritual. Para Garaudy, o pensador alemão faz uma descoberta fundamental, ao conceber o trabalho do homem, numa perspectiva materialista, percebendo a "ligação do ato de pensar com o conjunto da prática social" e, por conseguinte, "ter elaborado um novo método de crítica buscando fora do pensamento em si as fontes e as condições do pensamento e a verificação experimental de seu valor".[11] Portanto, uma das peculiaridades do materialismo marxista é sua ligação com a prática.[12]

Ele destaca o caráter singular do materialismo dialético, em relação a "todas as formas anteriores do materialismo".

---

9 "Assim se afirma em toda a sua força a solidariedade concreta dos homens: só podem *salvar-se* todos juntos" (GARAUDY, Roger. *Perspectivas do Homem*. Tradução de Reinaldo Alves Ávila. 3. ed. Rio de Janeiro: Civilização Brasileira, 1968, p. 321).
10 GARAUDY, Roger. *Do anátema ao diálogo*. Tradução de Maria Helena Kühner. 2. ed. Rio de Janeiro: Editora Paz e Terra, 1969, p. 30.
11 Ibid., p. 41.
12 "Le marxisme n'est pas un hégélianisme naturalicé qui se contenterait de dire 'matière' là où Hegel dit 'esprit' et de prêter à cette matière les lois dialectiques immuables que Hegel attribuait à l'esprit. Le marxisme n'est pas un matérialisme spéculatif qui s'installerait dogmatiquement dans l'être et prétenderait dire ce qu'il est, 'en soi' et définitivement, légiférer en son nom dans l'absolu au nom d'une dialectique spéculative de type hégélien. [...] Exposer le matérialisme sans partir de la pratique c'est inévitablement l'exposer d'une manière non-dialectique et revenir à une conception prémarxiste, dogmatique, de la philosophie." (GARAUDY, Roger. *Karl Marx*. Paris: Seghers, 1964, p. 109-110).

Isso ocorre, "sobretudo pelo fato de que ele dá conta das relações dialéticas entre as verdades relativas e as verdades absolutas". Para ele, no âmbito do marxismo, "todas as verdades são relativas e absolutas".[13] Logo, não se deve ter "como verdade absoluta e acabada um certo número de leis da dialética que, na realidade, são o balanço sempre provisório das conquistas da racionalidade".[14]

No que concerne ao materialismo histórico, ele salienta que, caso se considere como "verdade absoluta e acabada o esquema das cinco fases do desenvolvimento histórico", chegar-se-á mesmo à mutilação do pensamento de Marx, na medida em que haverá problemas para nele enquadrar, por exemplo, as sociedades africanas e asiáticas.[15]

Tratando ainda materialismo histórico, no que tange ao método, Garaudy assevera:

> O materialismo histórico de Marx não é, pois, nem um método de dedução nem um método de redução: não se pode deduzir as superestruturas a partir da base e não se pode reduzir as superestruturas à base. Pode-se dizer apenas que a superestrutura e a base são momentos de uma mesma totalidade orgânica na qual as relações da sociedade (considerada como um sistema ou uma totalidade viva) com o meio natural que o cercam são relações que desempenham um papel de máxima importância.[16]

O filósofo apregoa o caráter científico do marxismo, o qual "renunciou à pretensão especulativa e dogmática de ser uma filosofia especulativa que "pairasse acima das ciências" e escapasse às suas vicissitudes".[17] Nas palavras dele:

---

13 GARAUDY, Roger. *O Marxismo do Século XX*. Tradução de Leandro Konder e Giseh Vianna Konder. Rio de Janeiro: Paz e Terra, 1967, p. 36.
14 Ibid., p. 40.
15 Ibid., p. 40.
16 Ibid., p. 50.
17 Ibid., p. 35.

> O marxismo é uma concepção científica do mundo e, como tal, um instrumento de pesquisa científica, não no sentido de que ele permite antecipar, em nome de seus princípios filosóficos, a experiência científica, senão a título de simples hipóteses de trabalho ou de pesquisa e sim precisamente no sentido de que nos adverte, por princípio, contra o dogmatismo de qualquer teoria que pretenda ser exclusiva e definitiva. [18]

Não obstante, o autor francês contrapõe-se a uma "interpretação positivista" do marxismo, a qual, para ele traz uma abordagem equivocada do socialismo e do comunismo. Tal interpretação positivista falharia ao deixar de lado o caráter específico da história humana em relação à evolução dos animais, bem como ao retirar do homem o papel de protagonista da própria história. Para Garaudy, ao contrário dessa interpretação objeto de sua crítica, "são os homens que fazem sua própria história, desde que inventaram o instrumento e, pelo trabalho, transformaram-se a si mesmos, transformando a natureza".[19]

O pensador marxista também tece duras reprimendas ao que ele chama de "cientificismo", cujo reducionismo, na condição de "religião dos meios", "exerce perfeitamente o papel de ópio do povo".[20] Ele busca contrapor-se ao que ele denomina de "uma racionalidade puramente analítica, parcial, esterilizada e esterilizante".[21]

Em nenhum momento ele nega a importância do papel das ciências,[22] contudo ele destaca que "a história 'científica' é

---

18 Ibid., p. 41.
19 GARAUDY, Roger. O Marxismo do Século XX. Tradução de Leandro Konder e Giseh Vianna Konder. Rio de Janeiro: Paz e Terra, 1967, p. 46.
20 GARAUDY, Roger. Apelo aos vivos. Tradução de H. P. de Andrade. Rio de Janeiro: Nova Fronteira, 1981, p. 51.
21 Ao referir-se a tal racionalidade, ele afirma: "retém apenas um fragmento de nós mesmos e lança para as trevas exteriores a suas 'luzes' tudo o que faz o sentido e a alegria de viver. Uma razão, digna desse belo nome, não deve ser o nexo entre o homem total e a realidade total?" (Ibid., p. 55).
22 "Enquanto as ciências da natureza exigem que o sujeito se apague o mais possível diante do objeto, para a percepção das criações humanas (artes, misticismo, profetismos, iniciativas revolucionárias, como também poesia ou amor) exige-se que o sujeito, que tenta 'compreender', identifique-se com o sujeito ator e criador: não se compreende o objeto

a história do homem alienado". E isso tem implicações para a compreensão do próprio socialismo, na medida em que "o 'socialismo científico' é o prolongamento dessa história e de sua alienação". Ele esclarece:

> Porque o socialismo pode ser científico pelos meios empregados (técnicas de organização ou de estratégia, funções das alienações existentes), mas a escolha para que alguém se torne um militante, a escolha de aceitar o sacrifício da vida no combate pelo socialismo não se impõe por motivos demonstrativos ou pela via científica. É uma opção, um ato de fé, um postulado.[23]

Ao identificar marxismo e humanismo, o filósofo se mostra contrário a toda e qualquer interpretação positivista, mecanicista ou anti-humanista, as quais ele aponta como leituras deformadas do marxismo.[24]

O humanismo marxista, na visão de Garaudy, contudo, não traz conceitos como os de essência humana, de caráter metafísico, por exemplo, ou seja, não é um humanismo idealista. Para ele, o humanismo marxista é atrelado ao real e ao concreto, possuindo um caráter histórico,[25] sem limitação de horizonte, e trata-se de uma espécie de invenção perpétua.[26] Assim sendo, o humanismo marxista pode ser definido como "metodologia

---

a não ser pelo conceito; o sujeito pode ser alcançado pelo amor; o projeto não pode ser indicado senão pelo mito, a utopia ou o poema. De modo ainda mais prosaico: uma coisa é conhecer as causas e efeitos químicos ou biológicos da embriaguez, outra bem diferente é sentir a embriaguez. Uma coisa é escrever um *Tratado das paixões*, outra bem diferente é amar. Uma coisa é fazer teorias sobre a revolução, outra é mudar o curso da história. Em cada caso, não se trata de excluir um dos termos, mas de estar consciente de suas diferenças" (Ibid., p. 53-54).
23 Ibid., p. 53.
24 Ibid., p. 150.
25 PEROTTINO, Serge. *Garaudy e o Marxismo do Século XX*. Lisboa: Estudios Cor, 1972, p. 38.
26 DOMESGUE, Raymond. O Marxismo é um Humanismo? In: *Marxismo Segundo Althusser*. Sinal, 1967, p. 62.

da iniciativa histórica para realização do homem total".²⁷ Nas palavras dele:

> Diferentemente de todas as formas anteriores de humanismo que definem o desenvolvimento do homem a partir de uma essência metafísica do homem, o humanismo de Marx é a atualização de uma possibilidade histórica. [...] A contradição primordial entre as possibilidades de um desenvolvimento sem limites do homem e do esmagamento de fato da maioria dos homens se desenvolve em três níveis diferentes. A análise dessas contradições e a busca dos meios capazes de superá-los são: a economia política marxista, a política marxista e a filosofia marxista.²⁸

Ele esclarece ainda:

> Para um marxista, existir é criar. Ao contrário do humanismo do século XVIII, fundamentado em uma concepção metafísica da "essência do homem", a existência para o marxista precede a essência. Significa isso que ele se identifica com o existencialismo? De modo algum: primeiro, porque a liberdade tem um caráter histórico, depois porque a subjetividade não é para ele ignorante de suas determinações.²⁹

Conforme assinala Raymond Domesgue, Garaudy não traz uma mera apologética do humanismo, mas "uma tal *démarche* implica numa concepção do humanismo", a qual se caracteriza

---

27 GARAUDY, Roger. *Do anátema ao diálogo*. Tradução de Maria Helena Kühner. 2. ed. Rio de Janeiro: Editora Paz e Terra, 1969, p. 30.
28 No original: "A la différence de toutes les formes antérieures de l'humanisme définissant l'épanouissement de l'homme à partir d'une essence métaphysique de l'homme, l'humanisme de Marx est l'actualisation d'une possibilite historique. [...] La contradiction primordiale entre les possibilites d'un épanouissement sans limite de l'homme et l'ecrasement de fait de la majorité des hommes se développe à trois niveaux différents. L'analyse ces contradictions et la recherche des moyens capables de les surmonter constituent: l'economie politique marxiste, la politique marxiste et la philosophie marxiste" (GARAUDY, Roger. *Perspectives de l'homme*. 4. ed. Paris: Presses Universitaires de France, 1969, p. 374-375).
29 GARAUDY, Roger. *Do anátema ao diálogo*. Tradução de Maria Helena Kühner. 2. ed. Rio de Janeiro: Editora Paz e Terra, 1969, p. 30.

pela rejeição de "uma visão 'essencialista' dos homens e do mundo", bem como pela ausência de ortodoxia e dogmática. Tal humanismo mostra-se como um movimento, como "uma busca, o exercício histórico da capacidade humana de assimilação e de síntese, sempre em vista de uma superação ulterior".[30] A importância fundamental do "diálogo" no pensamento garaudyano – como "instrumento necessário" dos movimentos, tanto do método dialético quanto do homem em busca do "homem total" –, explicar-se-ia justamente por conta disso. As contradições e confrontos, ainda que insolúveis, apresentar-se-iam como meios de "emulação e crescimento".[31]

Com efeito, para Garaudy, "o humanismo é a reconciliação em marcha entre o homem e a natureza e entre os homens".[32] A especificidade da atividade humana é afirmada pelo humanismo marxista, enquanto "criadora de projetos, que se propõe fins".[33]

Em diversos momentos de sua produção intelectual, como, por exemplo, na quarta edição de sua obra *Perspectives de l'homme*, Garaudy se esforça para aprofundar sua visão de que o marxismo é um humanismo, calcando sua análise, em diversas obras de Marx, desde os *Manuscritos de 1844* até *O Capital*, de modo a demonstrar a importância dos conceitos de homem e de alienação do trabalho no pensamento de Marx e, portanto, construindo sua argumentação no sentido de demonstrar o caráter humanista do marxismo.[34]

---

30 DOMESGUE, Raymond. O Marxismo é um Humanismo? In: *Marxismo Segundo Althusser*. Sinal, 1967, p. 62.
31 Ibid., p. 63.
32 Ibid., p. 62.
33 GARAUDY, Roger. *Do anátema ao diálogo*. Tradução de Maria Helena Kühner. 2. ed. Rio de Janeiro: Editora Paz e Terra, 1969, p. 42.
34 "Nous avons, à dessein, multiplié les citations du *Capital* de Marx, pour souligner la continuité de la préoccupation humaniste de Marx, des ouvres de jeunesse à celles de la maturité. La différence tient à ce que la dialectique parfois encore spéculative des *Manuscrits de 1844* devient la dialectique matérialiste du *Capital*, assurée de sa démarche grâce à une analyse économique de plus en plus rigoureuse de la structure du système capitaliste, et, aussi par une étude de plus en plus profonde des luttes de la classe ouvrière qui marque le passage entre les *Grundrisse* (Fondements de la critique de l'économie politique), et *Le Capital* lui-même." (GARAUDY, Roger. *Perspectives de l'homme*. 4. ed. Paris: Presses Uni-

O filósofo francês, com fulcro nos textos de Marx, aduz que no capitalismo se dá a "mutilação do homem, diante das condições pelas quais se dá a produção, consubstanciada em algumas peculiaridades", quais sejam, "na separação do trabalho intelectual do trabalho manual, na crescente mecanização e na dominação do trabalho vivo pelo trabalho morto, fazendo com que o trabalho perca seu "caráter especificamente humano", de modo a que "o homem sujeito do trabalho e da história se encontre transformado em objeto".[35] Assim sendo:

> O homem, o ser que em seu trabalho coloca os fins (cf. *Capital*, I, p. 181) é aqui reduzido ao nível de meio. Como trabalhador, ele é sujeito da história, em que é agora objeto. [...] Esta metamorfose histórica, Marx, nas obras de juventude, designa-a sobre o nome de *alienação*. Nos *Manuscritos de 1844*, a alienação não é apenas um fenômeno espiritual; ela tem seu fundamento objetivo nas condições mesmas da vida do trabalhador.[36]

Garaudy, no âmbito de sua perspectiva humanista, aponta que o homem é o motor da história. Ele aduz ainda que esse homem "não é o sujeito abstrato, o espírito hegeliano", "também não é o indivíduo egoísta e solitário exaltado pelo anarquista Stiner". Portanto, para ele, "o indivíduo se define em Marx pelo conjunto de suas relações sociais".[37]

Assim, ele busca se opor ao individualismo burguês, no qual "todos os homens, concebidos sob o modelo do átomo,

---

versitaires de France, 1969, p. 384-385).
35 Ibid., p. 380.
36 No original: "L'homme, l'être qui dans son travail pose des fins (cf. *Capital*, I, p. 181) le voici ravalé au rang de moyen. Comme travailleur, il est sujet de l'histoire; il en est désormais objet. [...] Cette métamorphose historique, Marx, dans ses oeuvres de jeunesse, la designe sous le nom *d'aliénation*. Dans les *Manuscrits de 1844*, l'alienation n'est pas seulement um phénomène spirituel; elle a son fondement objetictif dans les conditions mêmes de la vie du travailleur." (Ibid., p. 380).
37 GARAUDY, Roger. *O Marxismo do Século XX*. Tradução de Leandro Konder e Giseh Vianna Konder. Rio de Janeiro: Paz e Terra, 1967, p. 149.

têm uma 'natureza' comum que permanece idêntica em todas as situações". Ele retoma o pensamento de Marx expresso nos *Manuscritos de 1844*, destacando a importância das relações sociais para o enriquecimento do indivíduo.[38]

Garaudy critica a definição do indivíduo pela concepção de universalidade abstrata exarada na Declaração dos Direitos do Homem de 1789. Para ele, o indivíduo se define pelo "universal que abarca toda a riqueza do particular, o universal concreto".[39]

Para o filósofo, a sociedade capitalista caracteriza-se pela desumanização do homem, ou seja, "o homem perde-se de si mesmo".[40] Assim, apenas o socialismo possibilitará a superação dessa situação de alienação e a construção do "homem total", que se realizará plenamente com a chegada ao comunismo, no qual a vida do indivíduo não se oporá à vida da sociedade, ante a abolição das classes.

2.2. Alienação, transcendência e moral

Para Garaudy, a alienação se mostra no despojamento da dimensão propriamente humana do homem, fazendo dele "um meio, um objeto" da classe dominante, que "se atribui o monopólio das decisões e do comando", "além de possuir o privilégio da cultura". Nesse contexto, "do ponto de vista das necessidades e dos meios para satisfazê-las", "a repartição é determinada pelas relações de produção, as quais determinam, igualmente, os valores".[41] Ele sustenta que Marx jamais abandonou o conceito de alienação, pelo contrário, o que ele fez foi aprofundá-lo e reconfigurá-lo ao longo do tempo.[42] Contudo, Garaudy

---

38   Id. *Humanisme Marxiste: Cinq Essais Polémiques.* Paris: Editions Sociales, 1957, p. 195.
39   Ibid., p. 195.
40   GEERLANDT, Robert. *Garaudy et Althusser: Le débat sur l'humanisme dans le parti communiste français et son enjeu.* Paris: PUF, Travaux et Recherches de l'Université du Droit et de la Santé de Lille, série Droit Public et Science Politique, 1978, p. 37.
41   GARAUDY, Roger. *O Marxismo do Século XX.* Tradução de Leandro Konder e Giseh Vianna Konder. Rio de Janeiro: Paz e Terra, 1967, p. 95.
42   Id. *Perspectives de l'homme.* 4. ed. Paris: Presses Universitaires de France, 1969, p. 382.

adverte que a alienação apontada pelo marxismo é uma noção peculiar e atual, pois se afasta das concepções das antropologias humanistas do passado.[43]

A alienação tem seu fundamento objetivo nas condições de vida do trabalhador, logo, não se trata de um fenômeno espiritual. Portanto, para que ela possa ser superada, é necessário que ocorram mudanças concretas no mundo, de modo que as ilusões engendradas pelas condições de vida capitalistas possam ser dissipadas.[44]

Garaudy aponta que a raiz de todas as formas de alienação encontra-se no trabalho, tal como ele se apresenta no capitalismo, no qual o trabalhador se encontra despojado dos meios de produção e tem como propriedade unicamente a sua força de trabalho. Nesse contexto, o trabalho – que o define como homem, ou seja, constitui o "ato criador" humano por excelência – torna-se simplesmente o meio de sua existência e não mais a sua finalidade. No mais, por conseguinte, o consumo material e espiritual, ou seja, tanto de bens quanto de "cultura de massa", por exemplo, passa a ser "o fim no qual o homem alienado espera se realizar".[45] Portanto, a alienação do trabalho mutila o homem de sua "humanidade essencial", originando assim todas as formas de "despersonalização do homem".[46]

A transformação do trabalho em mercadoria está imbricada à exploração do homem pelo homem e a todas as formas de alienação que dela decorrem. Nesse processo de degradação do trabalho tem-se a desumanização tanto do trabalho quanto do lazer, sendo que o consumo surge como "religião dos meios".[47]

---

43 GARAUDY, Roger. *Pour un modèle français du socialisme*. Paris: Gallimard, 1968, p. 291.
44 Id. *Karl Marx*. Paris: Seghers, 1964, p. 77; 79.
45 Id. *Pour un modèle français du socialisme*. Paris: Gallimard, 1968, p. 286-287.
46 Ibid., p. 291.
47 "L'aliénation de la consommation consiste à rechercher as satisfaction dans l'acquisition de moyens sans fins. Comme l'avait montré Marx dès 1844, l'abstraction de l'argent permet cette inversion et cette perversion: acquérir pour *avoir* et non pour *être*. Acheter une bibliothèque ou une collection de tableaux, aménager un atelier de peintre ou

Diante de tais condições, a revolução proletária adquire importância fundamental. Nas palavras do filósofo: "a revolução proletária se torna valor fundamental e fim válido [...], não como fim último ou valor derradeiro, mas como meio necessário de libertação e desenvolvimento do homem.[48] Para ele, "a política, no sentido verdadeiro e forte da palavra [...] é a vontade de criar uma sociedade com face humana".[49]

Logo, a revolução deve estar atrelada à transformação do homem, de modo a que não se restrinja numa "mera transferência de poder". Ele é categórico, inclusive, ao afirmar: "que fique bem claro: uma verdadeira revolução tem de significar para sociedade o mesmo que a conversão representa para o indivíduo: mudança das finalidades da vida e da história".[50]

Na leitura garaudyana no marxismo, o trabalho ocupa papel central:

> O trabalho é, como superação do ser, a primeira categoria da moral. [...] Tal superação e a forma crítica da transcendência, a dimensão propriamente humana que nos permite sairmos da animalidade, rompermos o círculo da espécie do instinto, passarmos da evolução biológica à história propriamente humana. Neste sentido é que Marx escrevia: o homem nasce com o trabalho.[51]

Nessa esteira, "a história é apenas a produção do homem por ele mesmo, através do trabalho social". Porém, tem-se que, nesta produção, "por efeito da divisão do trabalho e da

---

une salle de musique, non pour lire les livres, apprécier les toiles, composer, ou jouer d'un instrument, mais par pure ostentation, comme on est à l'affût du dernier modele de voiture comme élement de prestigie. Le moyen est devenu un but." (Ibid., p. 292).
48 GARAUDY, Roger. *O Marxismo do Século XX*. Tradução de Leandro Konder e Giseh Vianna Konder. Rio de Janeiro: Paz e Terra, 1967. p. 95-96.
49 Id. *Apelo aos vivos*. Tradução de H. P. de Andrade. Rio de Janeiro: Nova Fronteira, 1981, p. 37.
50 Ibid., p. 43-44.
51 Id. *O Marxismo do Século XX*. Tradução de Leandro Konder e Giseh Vianna Konder. Rio de Janeiro: Paz e Terra, 1967, p. 93.

propriedade, constituem-se alienações que estão nos princípios dos conflitos e oposições das classes sociais".[52]

Acerca do trabalho alienado, Garaudy assevera que se trata da inversão das relações sujeito e objeto, ou seja, o trabalho perde seu caráter especificamente humano e transforma-se em atividade submetida a uma subjetividade estranha. A possibilidade de conceber projetos com vistas a atingir finalidades, bem como à invenção de métodos e meios consubstanciam os aspectos propriamente humanos do trabalho, portanto, com o estabelecimento da divisão do trabalho, tem-se a mutilação do homem. Nessas condições, o trabalho deixa de ser "uma necessidade interna de criação" e passa a consubstanciar-se mera necessidade de subsistência.[53]

Garaudy destaca que, nos *Manuscritos de 1844*, Marx aponta três momentos da alienação do trabalho: a alienação do produto do trabalho, a alienação do ato do trabalho e a alienação da vida genérica.

A alienação do produto do trabalho identifica-se com a despossessão. Ela resulta da propriedade privada dos meios de produção e da mercantilização da força de trabalho. Nessa situação, o trabalhador encontra-se separado do produto de seu trabalho. Assim, o homem perde sua condição humana e torna-se um momento do processo objetivo da produção, ou seja, "um meio de produzir mercadorias e mais-valor".[54]

Em relação ao próprio ato do trabalho, também se dá a alienação, apresentando-se, assim, como despersonalização. A relação de subordinação que vincula o trabalhador separa-o dos meios e métodos do trabalho e ele passa a ser tão somente uma engrenagem da produção, recebendo comandos que lhes são externos.[55]

---

52 Ibid., p. 95.
53 Id. *A grande virada do socialismo*. Tradução de José Paulo Netto e Gilvan Ribeiro. Rio de Janeiro: Civilização Brasileira, 1970, p. 23.
54 Ibid., p. 80.
55 Ibid., p. 80.

No que se refere à alienação da vida genérica, Garaudy identifica-a com desumanização. Ela ocorre na medida em que os meios de produção são propriedade privada. Nesse contexto, o homem se encontra apartado de todo o patrimônio construído pela humanidade enquanto "ser genérico", que, por meio do trabalho, produziu meios científicos e técnicos que deveriam pertencer a todos. Portanto, ele aponta a propriedade privada como "a forma suprema da alienação".[56]

Na sociedade capitalista, as relações entre homens transformam-se em relações entre coisas, haja vista que o trabalho vivo, convertido em mercadoria, nas mãos do capitalista, transforma-se em trabalho morto, acumulado sob a forma de capital.[57]

O filósofo assevera que, na concepção de Marx exarada nos *Manuscritos de 1844*, nas condições impostas pela sociedade burguesa, "o *ser* verdadeiro do homem, seu ato criador (seus atos criadores historicamente acumulados) cristalizou-se em *ter*".[58]

Destarte, a alienação do trabalho engendra todas as outras formas de alienação, por ser a antítese da criação e, desse modo, corromper a própria "essência do homem" que é o "trabalho criador". Então, como desdobramentos dessa alienação principal, no plano econômico, tem-se o "fetichismo da mercadoria"; no plano político, a mistificação do Estado e da igualdade de direitos, mascarando a desigualdade de fato entre proprietários e não proprietários; e, no plano "espiritual", as ilusórias compensações.[59]

Nos *Manuscritos de 1844*, conforme destaca Garaudy, Marx aponta o comunismo como a abolição da propriedade privada dos meios de produção e, consequentemente, da alienação. Desse modo, poderá o homem reapropriar sua própria essência,

---

56 Ibid., p. 81.
57 GARAUDY, Roger. *Karl Marx*. Paris: Seghers, 1964, p. 82.
58 Ibid., p. 81.
59 Ibid., p. 82-83.

tornando-se, então, "homem total". Assim, "a luta do proletariado é fundamentalmente simples exigência do *ser*". Tal é, portanto, "a significação *ontológica* da exigência revolucionária do proletariado". Portanto, "o comunismo não é uma generalização do ter no interior da alienação, mas uma realização do *ser* do homem", resultante da "destruição das estruturas alienantes da sociedade de classes".[60]

Garaudy ressalta que, nos *Manuscritos de 1844*, a teoria da alienação, bem como o caminho apontado para sua superação possuem um caráter teleológico e especulativo, pois Marx ainda trabalha numa concepção de homem ligada a conceitos como essência e natureza humanas.[61] Ele aponta que o referido texto de Marx possui um caráter ambíguo diante do esforço para se desembaraçar da filosofia especulativa.[62] Tal esforço apenas será bem-sucedido em *A ideologia alemã* e persistirá na construção de um humanismo concreto até em *O Capital*, obra na qual chegará a plenitude dessa concepção.[63] Ele aduz que esse esforço teórico de Marx visa justamente atender às exigências do combate para a emancipação do homem.[64]

O filósofo francês esclarece que o termo alienação será cada vez mais raro nos textos de Marx, mas jamais será abandonado. Na realidade, alienação do trabalho, ao longo dos desenvolvimentos teóricos de Marx, ganhará um conteúdo científico. Para Garaudy, "a teoria do mais-valor constitui a ultrapassagem da teoria do trabalho alienado, sua reconversão". Por sua vez, tem-se que Marx, ao deixar para trás o pensamento especulativo, caminha na

---

60 Ibid., p. 83-86.
61 Ibid., p. 87.
62 Ibid., p. 88.
63 "Le fondement économique et social de cet humanisme concret, Marx le définira dans *Le Capital*: le communisme est 'une reunión d'hommes libres, travaillant avec des moyens de production communs, et dépensant d'après un plan concerté leurs nombreuses forces individuelles comme une seule et même forcé de travail social'" (GARAUDY, Roger. *Karl Marx*. Paris: Seghers, 1964).
64 Ibid., p. 304.

direção da compreensão das estruturas sociais que engendram a alienação. Isso explica o fato do uso reduzido da palavra alienação nos últimos textos de Marx e a ênfase dada ao fetichismo.[65]

Assim sendo, o filósofo francês faz uma leitura do pensamento de Marx que pressupõe uma relativa continuidade teórica, a partir, especialmente, dos *Manuscritos de 1844*. Contudo, ele reconhece a existência de mudanças e desenvolvimentos teóricos mais bem elaborados ao longo da trajetória intelectual de Marx, num constante caminho de distanciamento de uma antropologia especulativa.

Conforme destaca Julián Rodríguez V., numa perspectiva garaudyana, a alienação exsurge atrelada à história, logo, sua superação não deve se restringir ao plano da consciência, mas apenas se torna possível por meio da modificação "do conjunto das condições materiais que a engendram, principalmente, a propriedade privada".[66] Destarte, o socialismo se apresenta como a possibilidade de superação da alienação do homem e cria as condições para o florescimento do "homem total".

Para Garaudy, o socialismo científico, apregoado pelo marxismo, possui como características fundamentais: a abolição da propriedade privada dos meios de produção; a revolucionarização da ideologia e da cultura, de modo a destruir as alienações em todas as suas formas; e a transformação da estrutura de classes, com a instauração da ditadura do proletariado, que, na prática, revela-se como uma democracia proletária, garantindo a cada trabalhador a participação real e efetiva nas gestões do Estado e da economia.[67] Esses seriam os pontos principais, mas, ele destaca que, mantidos esses pontos, o socialismo pode assumir diferentes formas, ligadas, por exemplo, à estrutura anterior, às

---

65 Ibid., p. 91.
66 RODRÍGUEZ V., Julián. *La transcendencia en el marxismo de Roger Garaudy*. Caracas: Salesiana, 1984, p. 251.
67 GARAUDY, Roger. *Pour un modèle français du socialisme*. Paris: Gallimard, 1968, p. 302.

conjunturas interiores e exteriores e às tradições históricas, políticas e espirituais de cada povo.[68]

No que se refere à possibilidade de chegada ao socialismo, o filósofo admite diversas vias de passagem, a depender da conjuntura. Tal poderá se dar de maneira pacífica ou violenta, de conformidade, principalmente, com a relação de forças existentes. Assim, sua concepção de revolução não está consubstanciada necessariamente em uma ação violenta, mas na mudança das relações de produção, a qual pode ser desencadeada das mais diferentes maneiras, de conformidade com as peculiaridades de cada situação concreta.[69]

Na leitura garaudyana, "a revolução copernicana" realizada por Marx na filosofia consiste na "passagem da especulação à prática".[70] Ele elucida que o próprio Marx, já em *A Ideologia Alemã*, destaca que se utiliza de uma terminologia emprestada da filosofia alemã para apresentar um conteúdo novo. Assim, "a noção de alienação serve para tornar claro, ao falar aos filósofos sua linguagem, a contradição entre as forças produtivas e as relações de produção e a luta de classes que disso resulta". Para Garaudy, a prática é ao mesmo tempo ponto de partida e finalidade da filosofia marxista. Portanto, o marxismo visa a transformação das relações sociais concretas de modo global.[71]

No que tange ao conceito de alienação, cabe salientar que, não obstante Garaudy o considere como ligado à filosofia especulativa nos escritos iniciais de Marx, ele entende que tal conceito pertence ao arcabouço teórico marxista, embora se deva tomá-lo de modo dissociado de sua ganga especulativa. Considerando a problemática da alienação, surge um dos

---

68 Ibid., p. 306.
69 Ibid., p. 305-306.
70 GARAUDY, Roger. *Karl Marx*. Paris: Seghers, p. 91.
71 Ibid., p. 91.

conceitos fundamentais no pensamento garaudyano[72] que é o de transcendência.[73] Para o filósofo, ela é uma dimensão inerente ao homem, pois não se apresenta nem no mundo nem na natureza,[74] e representa a possibilidade de superação da alienação,[75] portanto, de superar a realidade concreta em busca de novos horizontes possíveis.[76]

No que se refere ao conceito de transcendência, ele busca traçar uma linha demarcatória entre a concepção burguesa e a concepção marxista acerca de tal temática, destacando que "o materialismo histórico permite destruir a ilusão da transcendência de revelação ou da transcendência da razão".[77] Assim, para ele, a transcendência, na acepção marxista, não se liga ao sobrenatural.[78] Pelo contrário, "a transcendência é uma dimensão da vida comum", consubstanciada no sacrifício em favor dos semelhantes, inclusive da própria vida, e na ruptura com a

---

72 "La transcendencia es, quizás, la categoría fundamental, o al menos la más original, en el pensamento de Garaudy [...]" (RODRÍGUEZ V., Julián. *La transcendencia en el marxismo de Roger Garaudy*. Caracas: Salesiana, 1984, p. 270).
73 "A lo largo de las obras de Garaudy se percebe una tendência siempre creciente de apertura al descubrimiento del rol de la transcendência en la antropología; el horizonte de su perspectiva parece ser la transcendência como valor que hay integrar en el marxismo crítico. Es una manera – quizás la única – de libertar la interpretación del marxismo de corrientes determinísticas, mecanicísticas, cientistas que mutilen al hombre y lo reduzcan a un momento qualquiera de la evolución natural o a un puro acontecer passivo de la historia. El verdadero marxismo que reivindica para sí su función de teoría crítica, creativa y revolucionaria, debe abrirse a la transcendencia." (Ibid., p. 71).
74 Ibid., p. 270.
75 GARAUDY, Roger. *Apelo aos vivos*. Tradução de H. P. de Andrade. Rio de Janeiro: Nova Fronteira, 1981, p. 243.
76 RODRÍGUEZ V., Julián. *La transcendencia en el marxismo de Roger Garaudy*. Caracas: Salesiana, 1984, p. 270.
77 GARAUDY, Roger. *O Marxismo do Século XX*. Tradução de Leandro Konder e Giseh Vianna Konder. Rio de Janeiro: Paz e Terra, 1967, p. 45.
78 "É claro que, falando de 'transcendência', não se trata de prender a palavra ou a idéia à sua significação tradicional, ligada ao 'sobrenatural' e sim de reencontrar, sob as alienações e mistificações que atribuíram a deuses o poder que possui o homem de superar a situação imposta a ele pela natureza ou pela sociedade, essa experiência fundamental constante: o homem não se reduz ao conjunto das condições que o engendraram; ele existe, como homem, pela superação delas" (Ibid., p. 75).

animalidade e a alienação,[79] bem como com os determinismos e racionalizações.[80]

A transcendência[81] apresenta-se como uma antinomia, na medida em que "a reflexão e o ato implicam, já, a transcendência, em dualidade interna, dialética".[82] Ele esclarece:

> O ato pelo qual eu tomo consciência do que sou só é possível na medida em que implica a produção de um ser que não é mais aquilo que sou: a reflexão contém em si uma gênese. [...] Há no *eu sou* infinitamente mais do que o *eu sou*, pois o ato da afirmação transcende o conteúdo da afirmação. [...] ser consciente é, a cada instante, separar-se de seu ser; e não apenas para conhecê-lo como para transformá-lo. Existe, portanto, uma transcendência da humanidade em relação a ela mesma.[83]

O filósofo destaca que, sob esse prisma, é possível compreender que "o homem é criador, criador de si mesmo". Portanto, tal conceito situa-se na base da fundação de uma "moral social", lastreada numa justificação teórica e atrelada à possibilidade de realização prática, de modo a se criar as condições necessárias para que o homem possa ocupar o seu efetivo papel:

---

79 "A transcendência é uma dimensão da vida comum. Ela é atestada pela possibilidade constante que temos de optar por viver e morrer em favor dos outros. Esta escolha consciente, voluntária e livre nos define como homens, é o rompimento com a animalidade e com a alienação. [...] Por este arrancar-se à natureza, por esta superação do *dado* que se inicia com o trabalho e alcança a sua mais alta afirmação no momento em que a morte deixa de ser apenas a *revanche* da espécie sobre o indivíduo e passa a ser um dom do amor do indivíduo ao todo da humanidade, surgem permanentemente uma transcendência e valores" (Ibid., p. 100).
80 GARAUDY, Roger. *O Projeto Esperança*. Tradução de Virgínia Novaes da Mata-Machado. Rio de Janeiro: Salamandra, 1978, p. 98.
81 "Chamaremos transcendência a essa dimensão do homem que toma consciência de que não tem outra essência senão o seu futuro, e que para ele viver consiste em ser inacabado. [...] A transcendência é uma *abertura* que, desfatalizando a história, desfataliza o futuro" (Ibid., p. 100).
82 GARAUDY, Roger. *O Projeto Esperança*. Tradução de Virgínia Novaes da Mata-Machado. Rio de Janeiro: Salamandra, 1978, p. 93.
83 Ibid., p. 92-93.

o de criador. Assim sendo, Garaudy afirma que "para os marxistas, a estética é a ética do porvir", conforme o pensamento de Máximo Gorki.[84]

Impende esclarecer que, no pensamento garaudyano, a estética não significa uma fuga ou um distanciamento da realidade concreta e da política, mas a libertação do dado, a descoberta da subjetividade e a afirmação da transcendência.[85]

Para o filósofo, o marxismo preconiza a passagem de uma moral constituída a uma moral constituinte,[86] de sorte que os grandes desafios, na ótica marxista, no que tange à relação entre moral e sociedade, consistem no rompimento com o dogmatismo, no aprofundamento da teoria marxista da subjetividade e na elaboração de uma teoria marxista da transcendência.[87]

O socialismo, para Garaudy, representa não apenas uma expansão das forças produtivas e uma mudança nas relações de produção, mas, além disso, "representa uma transformação profunda na consciência dos homens".[88] Ele destaca a superioridade do regime socialista, em diversos aspectos, especialmente na liberação do homem de todas as formas de exploração, permitindo que ele exerça o trabalho criador.[89]

Portanto, na sociedade comunista, "a moral não cai do céu", "ela germina da terra", ou seja, "a moral torna-se uma lei objetivamente fundada", superando o egoísmo engendrado

---

84   Ibid., p. 101. Louis Althusser, cujo pensamento estudaremos no capítulo seguinte, observa: "É bastante notável que nunca, nem Marx, nem Engels, nem Lênin, nem Stálin declararam que 'o Marxismo é um humanismo'. Essa fórmula foi empregada por Gorki, mas sabemos que Lênin considerava Gorki um revolucionário pequeno-burguês pela sua ideologia" (LOUIS, Althusser. Carta aos camaradas do Comitê Central do PCF. *Crítica Marxista*, n. 41, 2015, p. 138).
85   PEROTTINO, Serge. *Garaudy e o Marxismo do Século XX*. Lisboa: Estudios Cor, 1972, p. 116.
86   GARAUDY, Roger. *O Marxismo do Século XX*. Tradução de Leandro Konder e Giseh Vianna Konder. Rio de Janeiro: Paz e Terra, 1967, p. 76.
87   Ibid., p. 74-75.
88   Id., *Qu'est-ce que la morale marxiste*. Paris: Éditions Sociales, 1963, p. 188.
89   Ibid., p. 193.

pelo capitalismo, baseado na propriedade privada, na concorrência e no lucro. Assim, no comunismo, tem-se uma sociedade em que o amor entre os homens e a responsabilidade de cada um por todos passam a ser preponderantes.[90]

Na perspectiva garaudyana, com o advento do marxismo, o socialismo deixa de ter um caráter moral, no sentido de "um ideal separado da vida e passa a ser "fundamentalmente o desenvolvimento de uma práxis".[91] Por conseguinte, comunismo deixa de ser uma utopia e "surge como a expressão de um movimento real".[92] Assim sendo, "a primeira máxima da moral marxista é participar com todas as forças da luta de classes do proletariado, cujos objetivos de classe se confundem com a liberação do homem total".[93]

2.3. A subjetividade e o "homem total"

Pode-se dizer, conforme observa Serge Perottino, que a subjetividade se apresenta como questão fundamental no pensamento de Garaudy, concebida enquanto "iniciativa do homem na permanente criação de sua história",[94] desempenhando, portanto, uma função historicamente ativa.[95]

O filósofo francês, contudo, sustenta que "o problema da subjetividade não se acha necessariamente ligado a uma concepção subjetivista e individualista".[96] Assim, a construção teórica de Garaudy, no que concerne à subjetividade, consubstancia-se numa busca de contraposição ao individualismo burguês, caracterizado pelo processo de atomização do indivíduo.[97]

---

90 Ibid., p. 195-196.
91 Ibid., p. 97.
92 Ibid., p. 96.
93 GARAUDY, Roger. *Karl Marx*. Paris: Seghers, p. 86.
94 PEROTTINO, Serge. *Garaudy e o Marxismo do Século XX*. Lisboa: Estudios Cor, 1972, p. 8.
95 GEERLANDT, Robert. *Garaudy et Althusser: Le débat sur l'humanisme dans le parti communiste français et son enjeu*. Paris: PUF, Travaux et Recherches de l'Université du Droit et de la Santé de Lille, série Droit Public et Science Politique, 1978, p. 38.
96 Ibid., p. 74.
97 GARAUDY, Roger. *Pour un modele français du socialisme*. Paris: Gallimard, 1968, p. 294.

A subjetividade, na perspectiva do marxismo garaudyano, "não é da ordem do *ser*, mas da ordem do *ato*".[98] Para ele, a própria filosofia marxista é uma filosofia do ato. Ele esclarece:

> [...] o marxismo *não é uma filosofia do ser*, isto é, não é uma filosofia semelhante à dos teólogos, ou à dos materialistas mecanicistas, na qual a consciência é, no melhor dos casos, uma imagem – sempre empobrecida – da realidade que a engendra (tanto em Platão como em Epicuro). Uma tal filosofia, identificando consciência e conhecimento, leva à eliminação da subjetividade [...]. O marxismo é *uma filosofia do ato*, quer dizer, é uma filosofia que faz da consciência e da prática humana (da prática que a engendra e incessantemente a enriquece) uma verdadeira realidade, enraizada na atividade anterior e no real; uma filosofia que reflete a atividade anterior e o real, mas supera constantemente o dado e acrescenta à realidade por um ato criador algo que não está dado pela natureza, algo cujo êxito nada garante antecipadamente. [...] Daí resulta que a moral – para nós marxistas – não é caucionada pela natureza, mas criada pela história.[99]

Nessa esteira, ele sustenta que "a subjetividade é, em princípio, a afirmação da impossibilidade da consciência se igualar a ela mesma". E arremata: "se a consciência pode, por vezes, se igualar ao *ser*, tornar o ser transparente para ela, nunca pode se igualar ao seu *ato*, ao ato pelo qual ela se transcende e cria".[100]

Na perspectiva garaudyana, Marx demonstra que "o ato do homem perseguindo na história sua própria criação é, ao mesmo tempo, indivisivelmente, necessário e livre" e, com isso, lança "o fundamento teórico de toda ação revolucionária e de toda moral".[101]

---

98 Id., *O Marxismo do Século XX*. Tradução de Leandro Konder e Giseh Vianna Konder. Rio de Janeiro: Paz e Terra, 1967. p. 81.
99 Ibid., p. 80.
100 Ibid., p. 81.
101 Ibid., p. 73.

O homem não é concebido como ser imutável ou eterno, mas como ser histórico que, com seu trabalho, cria a história humana. Assim, apenas se pode falar numa essência humana que possua um caráter histórico e social.[102] Portanto, a conquista do "homem total" passa a ter um caráter concreto, afastando-se assim das formas da antropologia especulativa, haja vista que, na leitura garaudyana do marxismo, tal conquista somente se dará no comunismo.[103]

O filósofo francês destaca que "com o capitalismo, o fetichismo da mercadoria realizou a maior inversão da história humana: as coisas regem os homens que as criaram".[104] Assim, a transição socialista e a chegada ao comunismo, ao libertarem o homem dessa condição de alienação, permitirão o desenvolvimento de suas potencialidades criadoras, pela criação de condições materiais para tanto. Destarte, o "homem comunista é esse homem total", pois "a civilização e a cultura que nascem com o comunismo são o fruto de todos os esforços da humanidade passada na totalidade de sua história".[105]

Para Garaudy, o "homem total" não é apenas o homem desalienado, mas, numa perspectiva histórica concreta, é "o homem que vive uma vida universal".[106] O conceito de "homem total", portanto, embora saído da filosofia especulativa, ao longo dos desenvolvimentos teóricos de Marx, adquire um sentido histórico e concreto. Desse modo, tem-se que esse homem novo é forjado pela modificação das circunstâncias,[107] ou seja, das estruturas sociais. Assim sendo, o "homem total" é o homem comunista.[108]

---

102 RODRÍGUEZ V., Julián. *La transcendencia en el marxismo de Roger Garaudy*. Caracas: Salesiana, 1984, p. 71.
103 Ibid., p. 252.
104 GARAUDY, Roger. *Karl Marx*. Paris: Seghers, 1964, p. 181-182.
105 RODRÍGUEZ V., Julián. *La transcendencia en el marxismo de Roger Garaudy*. Caracas: Salesiana, 1984, p. 252.
106 GARAUDY, Roger. *Karl Marx*. Paris: Seghers, 1964, p. 104.
107 Ibid., p. 103.
108 "Cet homme communiste, cet homme d'un type nouveau, engendré par les rapports

Na sociedade capitalista, marcada pela divisão em classes, o homem vive um processo de contínua alienação, de modo que o desenvolvimento do indivíduo possui um caráter meramente unilateral. Apenas o comunismo possibilitará o intercâmbio do indivíduo com a sociedade, numa situação de enriquecimento mútuo, em que as potencialidades criadoras do homem poderão ser exercidas em sua plenitude.[109]

Marx, na leitura garaudyana, aponta a necessidade de emancipação humana, a qual deve se dar nos âmbitos religioso, político e social. A condição fundamental para se lograr tal emancipação é o comunismo, caracterizado pela abolição da propriedade privada.[110]

O comunismo marca o rompimento com a pré-história caracterizada pela bestialidade do homem, desumanizado pelo processo social de produção, e o advento da história humana propriamente dita, com o fim da luta de classes, dos confrontos selvagens e das guerras.[111]

O filósofo faz uma crítica à liberdade burguesa que lastreia, por exemplo, a liberdade contratual. Essa liberdade possui caráter meramente formal para o proletário. Diferentemente do escravo e do servo, que não podiam escolher o senhor ao qual estariam vinculados, o proletário pode escolher o seu patrão. Muitos veem nisso uma conquista de liberdade. Contudo, essa

---

de production du communisme, c'est *l'homme total* dont Marx avait été l'annonciateur dans ses *Manuscrits de 1844*. [...] Cet homme est total parce qu'en surmontant l'aliénation du travail, il met fin à toutes les formes du dédoublement. [...] Dans toute société de classes où les conditions dans lequelles vit l'individu ne lui permettent de se développer que dans une seule direction, l'individu ne peut avoir qu'en développement unilateral et tronqué. [...] Le communisme seul, en surmontant toutes les contradictions qui mutilaient les hommes et cloissonnaient l'humanité, met en quelque sorte chaque homme en communication avec tous les autres, le rend capable de jouir des productions de tous et de se développer lui-même dans les créations de chacun." (GARAUDY, Roger. *Qu'est-ce que la morale marxiste?* Paris: Editions Sociales, 1962, p. 217; 219).

109 RODRÍGUEZ V., Julián. *La transcendencia en el marxismo de Roger Garaudy*. Caracas: Salesiana, 1984, p. 252.
110 GARAUDY, Roger. *Karl Marx*. Paris: Seghers, 1964, p. 58.
111 Ibid., p. 154.

escolha, na prática, limita-se a decidir vender ou não sua força de trabalho no mercado, ou seja, morrer ou não de fome, considerando que o proletário não é proprietário dos meios de produção. Sequer as condições de trabalho são passíveis de verdadeira negociação, considerando a enorme massa de trabalhadores e a constante existência de desempregados. Desse modo, tem-se que "a servidão do trabalhador nasce do próprio princípio da liberdade burguesa".[112]

No capitalismo, é patente o caráter de classe da liberdade. Nesse sentido, para que o proletariado seja liberto, é necessário que seja abolida a liberdade burguesa, ou seja, "a livre iniciativa" que na prática consiste na liberdade de exploração da classe trabalhadora pelos capitalistas. Ele sustenta que "a liberação do proletariado do jugo do capital exige que seja abolida a liberdade do burguês, ou seja, 'a livre iniciativa burguesa' que não é nada além da liberdade de exploração do trabalhador pelo capitalista".[113]

Ainda ao tratar da liberdade burguesa, Garaudy critica suas diversas facetas. A exploração do homem pelo homem encontra-se travestida de "liberdade de empresa"; o privilégio dos detentores do capital de controlar os meios de comunicação de massa se chama "liberdade de imprensa"; os obstáculos à organização da classe trabalhadora são denominados de "liberdade de trabalho". A "liberdade de opinião e de consciência", por sua vez, é uma grande falácia, na medida em que a miséria, as pressões por produtividade no trabalho, a falta de acesso à educação, fazem com que o trabalhador sequer consiga pensar e construir uma opinião. E, ainda que assim o logre, jamais poderá expressá-la com verdadeira liberdade, inclusive, por ausência de coragem, quando ela contrariar, por exemplo, os interesses do seu patrão ou a ordem estabelecida.[114]

---

112 Id. *Humanisme Marxiste: Cinq Essais Polémiques*. Paris: Editions Sociales, 1957, p. 207.
113 Ibid., p. 207-208.
114 GARAUDY, Roger. *Humanisme Marxiste : Cinq Essais Polémiques*. Paris: Editions

Ao tratar do aspecto ideológico da liberdade burguesa, Garaudy demonstra que ela se apresenta como uma arma da burguesia para se contrapor à luta de classes, mascarando-a. A ideologia da liberdade individual se manifesta tanto nas filosofias burguesas do livre-arbítrio quanto no terreno jurídico, na liberdade formal constante nas Declarações de Direitos.[115]

Para Garaudy, a liberdade burguesa, que já fora uma arma contra o feudalismo, tornou-se, no capitalismo, "uma arma contra o proletariado". Em nome da liberdade, a burguesia se opõe, por exemplo, à redução da jornada de trabalho. O filósofo sustenta que "o fundo da concepção burguesa da liberdade, é considerar que a sociedade é constituída apenas por indivíduos 'livres e iguais em direitos'".[116] Na prática, no entanto, tem-se uma sociedade de exploração.

No entanto, não obstante suas críticas à liberdade burguesa, Garaudy destaca o papel do homem "como *totalmente responsável* por tornar-se, não aquilo que ele é, mas aquilo que ele ainda não é e que não se acha escrito em parte alguma", "*obrigatoriamente consciente* das condições históricas criadas pelas criações anteriores do homem". Salienta que essas criações "obedecem a leis necessárias cujo desconhecimento ou subestimação conduzem à aventura e à impotência".[117]

Para o filósofo francês, Marx não sacrifica "o momento da subjetividade às leis rigorosas do desenvolvimento". Nesse sentido, ele assevera:

> O estudo das leis do desenvolvimento social, a própria possibilidade de, pelo menos no essencial, antecipar a trajetória de um futuro próximo ou longínquo mais ou menos provável, não nos dispensam, em momento algum, da

---

Sociales, 1957, p. 208-209.
115   Ibid., p. 210-212.
116   Ibid., p. 212-213.
117   Ibid., p. 73.

tomada de consciência de nossa responsabilidade própria como *sujeitos* ativos e criadores de nossa própria história e não como *objetos* de uma história, conforme uma concepção que nos reduziria a sermos apenas a resultante ou a soma das condições de nossa existência.[118]

Garaudy observa, todavia, que: "os clássicos do marxismo não confundem o papel da subjetividade com o papel do indivíduo".[119] Diante disso, "a subjetividade nasce da comunicação"[120] e justifica:

> O homem só toma consciência de si em suas relações com os outros; a reflexão, quer dizer, a relação de si para consigo, só é possível como interiorização da relação com os outros. [...] essa tomada de consciência de si, isto é, esse desdobramento, é uma interiorização de um diálogo e supõe, portanto, uma *linguagem*. [...] esta linguagem é portadora de um saber que se acha, ele próprio, implicado no trabalho (que é sempre um *trabalho social*). [...] A consciência de si, com o desdobramento que ela comporta, é já um diálogo interiorizado: implica, no interior do próprio eu, em uma tensão entre o eu e o outro.[121]

Para o autor francês, a consciência de si não está calcada no indivíduo, mas na relação com o outro. Sua concepção de indivíduo é relacional, retomando Marx e Saint-Exupery em suas reflexões sobre o tema:

> "'O indivíduo – dizia Marx – é o conjunto de suas relações sociais'. É uma experiência que foi reencontrada por Saint-Exupery: 'O homem é apenas um nó de relações: só as relações contam, para o homem' (*Pilote de Guerre*, p. 347)."[122]

---

118 GARAUDY, Roger. *Humanisme Marxiste : Cinq Essais Polémiques*. Paris: Editions Sociales, 1957, p. 74-75.
119 Ibid., p. 90.
120 Ibid., p. 92.
121 GARAUDY, Roger. *O Marxismo do Século XX*. Tradução de Leandro Konder e Giseh Vianna Konder. Rio de Janeiro: Paz e Terra, 1967, p. 92.
122 Ibid., p. 92.

Para Garaudy, na concepção marxista de sociedade, não se deve tomar o homem como um sujeito abstrato e egoísta, mas como um "projeto".[123] Assim, para Garaudy, o homem se define "pelo que ele ainda não é, ou seja, pelos seus possíveis".[124]

Segundo Maurice Cranston, "o importante aspecto da teoria de Garaudy da subjetividade é que ele a usa para banir o individualismo no sentido existencialista, mas ao mesmo tempo para preservar o conceito de indivíduo". Assim sendo, na perspectiva garaudyana, tem-se que o "nós" vem antes do "eu", mas não nega o "eu". Portanto, o "homem é tanto um animal social quanto um animal individual".[125]

O homem, enquanto protagonista da história, tem um papel fundamental no combate à alienação. O homem revolucionário por excelência é o proletário, sendo que em suas mãos reside a possibilidade da construção de uma nova sociedade, de caráter socialista, ante a ausência de resignação ao dado e por meio da luta revolucionária para a supressão das contradições,

---

123 Id. *O Projeto Esperança*. Tradução de Virgínia Novaes da Mata-Machado. Rio de Janeiro: Salamandra, 1978, p. 103.

124 Sobre esse ponto, Costa Pinto destaca: "Tocamos aqui um ponto muito caro a Garaudy e a que não é estranha a influência de E. Bloch: a realidade da possibilidade. Por outras palavras: o possível faz parte do real (L'Alternative, p. 137; PE, 178). 'Um realismo é insuficiente se apenas reconhece como real o que os sentidos podem perceber e o que a razão pode já explicar... A realidade propriamente humana é também tudo aquilo que ainda não somos, tudo o que projetamos ser, pelo mito, pela opção, pela esperança, pela decisão' (M XXe, 214). Porque o 'o homem é precisamente aquele que não é' (AD, 90), porque 'o homem só se define pelo seu futuro, pelos seus possíveis' (PH, 163; PE, 182), o 'homem é antes de mais nada um projeto' (PE, 188), 'nasce com a emergência dum projecto' (PH, 188). Por sua vez, a 'história total não pode ser senão uma história dos possíveis humanos' (Pour un Dialogue des Civilizations, p. 154), 'a passagem finalizada, propriamente humana, do possível ao real' (PH, 163)" (PINTO, José Rui da Costa. Marxismo e subjetividade: O contributo de Roger Garaudy. *Revista Portuguesa de Filosofia*. T. 40. Fase 1/2, Marxismo-III, jan. – jun. 1984, p. 114).

125 No original: "the important aspect of Garaudy's theory of subjectivity is that he uses it to banish individualism in the existentialist sense, but at the same time to preserve the concept of the individual. Althought the 'We' comes before the experience of 'We' – i.e., from 'contrasting myself with other people', as Garaudy puts it. And once it has emerged, the 'I' is just as real as the 'We'. Man is both a social *and* na individual animal." (CRANSTON, Maurice. The Thought od Roger Garaudy. *Problems of Communism* 19, n. 5, September/October 1970, p. 16).

de modo a que logre assumir seu papel de sujeito, invertendo, desse modo, a objetificação gerada pelo capitalismo.[126]

2.4. Diálogo com as religiões

No percurso intelectual de Garaudy, cada vez mais foi se acentuando uma postura de diálogo com as religiões. De um posicionamento inicial de crítica à Igreja, numa linha mais próxima ao stalinismo, o filósofo pouco a pouco passou a aproximar-se do pensamento socialista cristão e a apregoar o diálogo entre cristãos e marxistas, conseguindo, com isso, conquistar certa respeitabilidade no círculo de religiosos adeptos da chamada teologia da libertação, inclusive, chegando mesmo a influenciar alguns brasileiros como, por exemplo, os católicos Dom Helder Câmara e Leonardo Boff,[127] e o protestante Rubem Alves.[128]

Na França, sua ligação com alguns religiosos católicos foi bastante intensa e um exemplo disso é a fidelidade do então célebre abade Pierre, mesmo quando Garaudy havia "caído em desgraça pública", após a publicação da obra *Les Mythes fondateurs de la politique israélienne*.[129]

---

126 RODRÍGUEZ V., Julián. *La transcendencia en el marxismo de Roger Garaudy*. Caracas: Salesiana, 1984, p. 71.
127 Leonardo Boff, no prefácio da obra de Garaudy *Vers une guerre de religion?* publicada na França em 1995, assim se manifesta: "O que é o arcebispo brasileiro Dom Hélder Câmara para as Igrejas, é Roger Garaudy para as sociedades ocidentais. Ambos são amigos há anos. Fizeram um pacto que mantiveram até hoje: um, restabelecer a dimensão religiosa dentro do socialimo e o outro, redescobrir a perspectiva da libertação do cristianismo. Garaudy e Helder Câmara realizaram em suas vidas o pacto celebrado em 29 de maio de 1967: Garaudy dá cada vez maior importância à dimensão mística da vida e Helder Câmara à dimensão libertadora do cristianismo. A profecia os une. O profeta é sempre um homem do momento histórico. Capta os gritos que vêm do mundo dos condenados da terra. Denuncia as injustiças com ira sagrada. Mas também anuncia os sonhos que criam sentido e deixam a história aberta a um futuro de esperança" (BOFF, Leonardo. Atualidade da Profecia. In: GARAUDY, Roger. *Rumo a uma Guerra Santa?* Rio de Janeiro: Jorge Zahar, 1995, p. 7).
128 RODRÍGUEZ V., Julián. *La transcendencia en el marxismo de Roger Garaudy*. Caracas: Salesiana, 1984, p. 34.
129 Em 1982, Garaudy converte-se ao islamismo e publica ao longo do tempo obras de caráter cultural e religioso, embora ainda o marxismo se faça presente direta ou indire-

Garaudy, com efeito, em várias de suas obras, propugna a necessidade urgente de diálogo entre marxistas e cristãos e nesse sentido assevera:

> [...] a condição decisiva da profundidade deste diálogo e desta colaboração é a de que se busque, cada qual por seu lado, separar o que há de fundamental naquilo que dá sentido e valor a nossa vida, no cristianismo para uns, no marxismo para outros, e determinar, depois de eliminado o acessório e o contingente, se, no nível do fundamental há zonas de poda suficientes para que possamos juntos e sem prevenção construir a sociedade comum e o futuro de um homem que não esteja mutilado em nenhuma das suas dimensões, de um homem "total", como dizia Marx, de um homem "integral", como escrevia o Pe. Teilhard. [130]

O filósofo apregoa tal possibilidade de diálogo, argumentando que o cristianismo, em suas vertentes mais avançadas, bem como o marxismo, constituem-se em humanismos, pois ambos salientam as possibilidades criadoras do homem. Embora destaque as peculiaridades intrínsecas tanto ao marxismo quanto ao cristianismo, ele sustenta que elas não devem ser um empecilho ao diálogo, considerando suas aspirações comuns.

Para Serge Perottino, Garaudy apresenta um pensamento original no âmbito do marxismo, por ter sido "o único a ter colocado com tanta força o problema da contribuição histórica do cristianismo e da necessária integração desta contribuição no marxismo".[131] O móvel de Garaudy, na leitura de Perottino, não

---

tamente em muitas de suas reflexões. A grande polêmica da vida de Garaudy, ocorreu em 1996, com a publicação da obra *Les Mythes fondateurs de la politique israélienne*, na qual ele traz uma visão apontada por muitos como negacionista em relação ao holocausto.

130 GARAUDY, Roger. *Do anátema ao diálogo*. Tradução de Maria Helena Kühner. 2. ed. Rio de Janeiro: Editora Paz e Terra, 1969, p. 21.

131 PEROTTINO, Serge. *Garaudy e o Marxismo do Século XX*. Lisboa: Estudios Cor, 1972, p. 33. Aqui cabe destacar a observação de Alysson Leandro Mascaro, no que se refere ao papel do filósofo alemão Ernst Bloch: "No seu ineditismo na conjugação do marxismo com a moral, desde a década de 1920 e 1930, Bloch foi o primeiro em um caminho que,

seriam razões meramente táticas, mas decorria de uma busca para o próprio desenvolvimento do marxismo, de modo a construir "uma teoria da subjetividade que não seja subjetivista e de uma teoria da transcendência que não seja alienada".[132]

Cabe salientar que Garaudy, não obstante aponte a necessidade do diálogo entre marxistas e religiosos, não deixa de destacar o caráter materialista do marxismo, caráter esse, para ele, dotado de inerente peculiaridade. Segundo o filósofo, para os materialismos anteriores a Marx, tanto o de Epicuro quanto o dos materialistas franceses do século XVIII, a natureza se mostrava como metafisicamente acabada, ocultando "o aspecto ativo do conhecimento". No pensamento de Marx, no entanto, tem-se que "o homem começa com o trabalho" e esta atividade intrinsecamente humana tem como característica o fato de que "nela a consciência antecipa-se ao real". Por sua vez, a religião se apresenta como um projeto, tal como toda a ideologia, ou seja, "um modo de superar o já dado, de transcendê-lo, de antecipar-se ao real, quer para justificar a ordem existente, quer para protestar contra ela e tentar transformá-la".[133]

Além disso, Garaudy apregoa a especificidade do marxismo em relação ao cristianismo, sustentando que o materialismo marxista demonstra que a possibilidade de iniciativa histórica está no homem e não em Deus,[134] daí o ateísmo inerente ao humanismo marxista.

---

tempos mais tarde, veio a florescer em movimentos tão distintos quanto o diálogo entre cristãos e marxistas promovido a partir da França por Roger Garaudy e também, surpreendentemente, nos povos periféricos, em especial na América Latina, por meio da Teologia da Libertação." (MASCARO, Alysson Leandro. *Utopia e Direito: Ernst Bloch e a ontologia jurídica da utopia*. 2. ed. São Paulo: Quartier Latin, 2009, p. 187).

132 PEROTTINO, Serge. *Garaudy e o Marxismo do Século XX*. Lisboa: Estudios Cor, 1972, p. 33.
133 GARAUDY, Roger. *Do anátema ao diálogo*. Tradução de Maria Helena Kühner. 2. ed. Rio de Janeiro: Editora Paz e Terra, 1969, p. 44.
134 Id. *O Marxismo do Século XX*. Tradução de Leandro Konder e Giseh Vianna Konder. Rio de Janeiro: Paz e Terra, 1967, p. 132.

O filósofo esclarece ainda que o ateísmo decorre justamente do caráter humanista do marxismo. Para ele, o humanismo marxista afirma a autonomia do homem e afasta tudo o que possa "privar o homem de seu poder criador e autocriador".[135]

Na visão de Garaudy, o ateísmo marxista é dotado de peculiaridade, representando um dos aspectos do combate ao dogmatismo.[136] Não obstante, é "herdeiro das batalhas pela libertação do homem e de seu pensamento travadas pelo ateísmo dos séculos XVIII e XIX", bem como "do humanismo de Fichte e de Hegel, que reintegrava ao homem os poderes tradicionalmente alienados em Deus", e do humanismo feuerbachiano, "que se elevava contra uma religião que separa o homem do melhor dele mesmo, ao projetar em Deus suas esperanças e suas virtudes".[137]

A religião, para Garaudy, pode se constituir em "ópio do povo", conforme a célebre frase de Marx. Um exemplo disso é a forma como o pensamento religioso foi utilizado ao longo da história como instrumento de dominação. Ele ressalta que, em muitas situações, a religiosidade se apresenta como resignação ao sofrimento presente e como promessa de "compensação celestial, organizada em ideologia", "para fazer com que as misérias daqui de baixo sejam aceitas enquanto se esperam as promessas lá de cima".[138] Quando isso ocorre, essa função de ópio é cumprida, fazendo com que o homem preocupe-se com a vida eterna e desvalorize a vida e as lutas presentes, por exemplo.[139]

---
135 Ibid., p. 103; 105.
136 Ibid., p. 103.
137 Id. *O Marxismo do Século XX*. Tradução de Leandro Konder e Giseh Vianna Konder. Rio de Janeiro: Paz e Terra, 1967, p. 105.
138 Ibid., 1967, p. 108.
139 "[...] a religião é um 'ópio' de cada vez que afirma que uma vida eterna, para além da história e para além desta vida, é o essencial, e desvaloriza assim, como subalternos, os problemas desta vida e os combates desta história; é um ópio de cada vez que a relação entre o homem e Deus é concebida de tal forma que o homem só chama e encontra Deus para compensar as fraquezas ou os insucessos do seu pensamento e de sua ação 'nos limites', e não no 'centro', como escreve Bonhoeffer; é um ópio quando assume a forma de uma ideologia, duma metafísica, e não dum acto, duma decisão, duma maneira criadora de

Contudo, ao mesmo tempo, o filósofo francês enxerga um potencial revolucionário na religião.

No que se refere ao potencial revolucionário do pensamento religioso, ele cita exemplos como o profetismo messiânico judaico-cristão, em luta contra os dominadores estrangeiros, bem como o fato de Jesus ser apresentado como "Mestre da Justiça", o que ele aponta como uma inegável contribuição para a ação revolucionária do povo, haja vista que muitos, após terem se convertido à fé cristã, recusavam-se a tomar parte nos cultos imperiais. Até mesmo Paulo de Tarso, ao não restringir sua pregação apenas aos circuncidados, fomentou algum caráter de ruptura e universalidade no pensamento da época.[140]

Ao tratar do possível diálogo entre religiosos e marxistas, ele destaca que não é necessariamente o ateísmo inerente ao pensamento marxista que interdita o diálogo, mas é o aspecto revolucionário do marxismo que incomoda muitos setores conservadores da religião.[141] Porém, em contraposição a esse aspecto, ele salienta que a religião não é necessariamente conservadora ou reacionária em si mesma e cita, como exemplo, inúmeras lutas protagonizadas por religiosos. Assim, para ele, "um diálogo verdadeiro só pode se estabelecer a partir do momento em que ser cristão não signifique necessariamente ser um defensor da ordem estabelecida". Nesse sentido, ele argumenta ainda que o fato de as religiões terem em geral um caráter contrário à violência, não justifica o apoio aos opressores,

---

viver. Numa palavra, é um ópio de cada vez que consagra os dualismos políticos e sociais com uma concepção do mundo, dualista também, que, segundo a expressão de Nietzsche, faz da religião 'um platonismo para o povo'" (GARAUDY, Roger. *A Alternativa: Modificar o Mundo e a Vida*. Lisboa: Dom Quixote, 1972, p. 117-118).
140 Id. *O Marxismo do século XX*. Tradução de Leandro Konder e Giseh Vianna Konder. Rio de Janeiro: Paz e Terra, 1967, p. 109.
141 Garaudy critica posições políticas tomadas pela Igreja, que apenas se revestem com a "aparência de religiosidade", como, por exemplo, a encíclica *Quadragesimo Anno*, de 1931, do Papa Pio XI, a qual ao proclamar o comunismo como intrinsecamente perverso, toma partido de uma classe, não obstante diga que fala em nome da fé (Ibid., p. 161).

haja vista que "condenar a violência do escravo que se revolta é tornar-se cúmplice da violência permanente do escravizador".[142]

Em relação ao tema do "justo" no pensamento religioso, ele destaca como uma questão fundamental, apregoada por muitos religiosos ao longo da história. Ele cita como exemplo o embate entre Pelágio e Agostinho, no qual o primeiro recusava-se a admitir a ideia do pecado original propugnada pelo segundo, valorizando assim a ação humana e, por conseguinte, o papel do justo. E ainda, nesse contexto de luta pela justiça, ele cita como grande exemplo a atuação de Thomas Münzer.[143]

Em sua busca de estabelecer uma possibilidade de diálogo entre marxistas e cristãos, de modo a valorizar o potencial revolucionário que ele enxerga na religião, o filósofo francês tece críticas ao que ele denomina "anticlericalismo burguês", fazendo remissão elogiosa à atuação de Maurice Thorez,[144] no âmbito do PCF, o qual combatera as interdições a uma concepção marxista da religião.[145]

Ele destaca o papel do cristianismo na construção da subjetividade, pois, enquanto para o humanismo grego "o homem é um

---

142 Ibid, p. 150-151.
143 GARAUDY, Roger. *O Marxismo do século XX*. Tradução de Leandro Konder e Giseh Vianna Konder. Rio de Janeiro: Paz e Terra, 1967, p. 109. Aqui, como em outros momentos, Garaudy se aproxima do pensamento do filósofo alemão Ernst Bloch, o qual inclusive escreveu uma obra acerca da atuação do teólogo alemão, cujo título na tradução brasileira se apresenta como "Thomas Münzer: Teólogo da Revolução", publicado pela editora Tempo Brasileiro. José Rui da Costa Pinto, inclusive, chama a atenção para os pontos de contato entre os pensamentos de Bloch e Garaudy, ressalvando, no entanto, as muitas peculiaridades de cada um. (PINTO, José Rui da Costa. Marxismo e subjetividade: O contributo de Roger Garaudy. *Revista Portuguesa de Filosofia*. T. 40. Fase 1/2, Marxismo-III, jan. – jun. 1984).
144 "Um dos maiores méritos de Maurice Thorez é o de ter, antes de todos no movimento comunista internacional, combatido as tendências que simplificavam e estorvavam o desenvolvimento da concepção marxista da religião, frequentemente contaminada em nosso país pelo anticlericalismo burguês e prejudicada pela redução das teses de Marx às do século XVIII" (GARAUDY, Roger. *O Marxismo do Século XX*. Tradução de Leandro Konder e Giseh Vianna Konder. Rio de Janeiro: Paz e Terra, 1967, p.110).
145 "Maurice Thorez había sido el primero que, en el movimiento comunista internacional, había lanzado la iniciativa de la 'mano tendida' a los católicos y que reconocía el aporte cristiano de la cultura occidental." (RODRÍGUEZ V., Julián. *La transcendencia en el marxismo de Roger Garaudy*. Caracas: Salesiana, 1984, p. 36).

fragmento do universo e um membro da cidade", o pensamento cristão – descortinando a possibilidade de um novo futuro ao homem, bem como seus diversos níveis de consciência, tais como, "a angústia e o esforço, a procura e o sonho, a esperança e o amor" – valoriza o "momento subjetivo".[146] Nesse ponto, inclusive, ele ressalva os estudos de Agostinho de Hipona.[147]

Assim, embora o conservadorismo de Agostinho e de outros teólogos cristãos, no desenvolvimento do "momento da subjetividade" propiciado pelo cristianismo, reside o seu potencial revolucionário, por carregar em si um aspecto de "protesto", bem como um "polo apocalíptico". Aqui Garaudy retoma os exemplos de teólogos revolucionários como Münzer e Jan Huss.[148]

Em sua obra *Appel aux vivants*, o filósofo francês, através de um passeio por diversos caminhos religiosos do oriente ao ocidente, postula a necessidade do diálogo de civilizações. Ele se mantém fiel à sua visão de subjetividade relacional. Para ele, "o diálogo de civilizações é a 'descoberta do outro'".[149]

Ao tratar dos diversos pensamentos religiosos – ainda que trabalhados em suas devidas peculiaridades – ele busca ressaltar em todos o papel da ação transformadora do homem, da liberdade com responsabilidade e da relação com o outro. Em nenhum momento ele coloca o homem como espectador, mas sempre como protagonista[150] de sua própria história, que

---

146 GARAUDY, Roger. *O Marxismo do Século XX*. Tradução de Leandro Konder e Giseh Vianna Konder. Rio de Janeiro: Paz e Terra, 1967, p. 132.
147 "Não poderíamos esquecer, sem empobrecermo-nos, a contribuição fundamental do cristianismo: esta mudança de atitude mental do homem em relação ao mundo, que dá lugar àquela subjetividade cujo estudo Santo Agostinho iniciou de maneira admirável, apesar de seu platonismo e do conservantismo que dele decorre" (Id. *Do anátema ao diálogo*. Tradução de Maria Helena Kühner. 2. ed. Rio de Janeiro: Editora Paz e Terra, 1969, p. 71).
148 "Jan Huss, cuja 'reabilitação' é significativo que seja hoje considerada pela Igreja católica, juntamente com a de Galileu" (GARAUDY, Roger. *Do anátema ao diálogo*. Tradução de Maria Helena Kühner. 2. ed. Rio de Janeiro: Editora Paz e Terra, 1969, p. 72).
149 Id. *Apelo aos vivos*. Tradução de H. P. de Andrade. Rio de Janeiro: Nova Fronteira, 1981, p. 247.
150 "Trata-se então de identificar esse 'personagem', reconhecer esse ator debaixo da máscara." (Ibid., p. 109).

está por fazer, daí a importância do ato como instrumento de criação. O homem é apresentado, em todas essas vertentes de pensamento, como responsável por sua ação,[151] a qual deve se dar com vistas à emancipação, portanto, não se trata de uma ação caótica e desordenada,[152] porém de uma ação com vistas a uma finalidade.

Ele se contrapõe ao que denomina de "determinismo generalizado", no qual "não se tem mais escolha, a não ser entre a escravidão voluntária e a servidão inútil", retomando as palavras do filósofo judeu Martin Buber,[153] que, certamente teve influência, embora não sempre explícita, em demais momentos da obra de Garaudy, considerando a ênfase dada, pela filosofia de Buber, à intersubjetividade e ao diálogo.

No que tange ao cristianismo, em sua obra, *De l'anathème au dialogue*, Garaudy assevera: "o protesto espontâneo contra um mundo injusto faz parte integrante da sua fé". Todavia, ele aponta que esse caráter espontaneísta, caracterizado pela ausência de uma informação científica, faz com que o protesto cristão possa facilmente oscilar entre os extremos do reformismo e da revolta anárquica. Assim sendo, isso explicaria a possibilidade de uma proveitosa união entre marxistas e cristãos, considerando que os cristãos encontrariam no marxismo um método de pensamento adequado e uma possibilidade de ação organizada e eficaz.[154]

Garaudy procura demonstrar que o diálogo entre cristãos e marxistas possui um caráter reciprocamente fecundo, pois permite a ambos lograrem uma percepção diversa da subjetividade. Os cristãos passam a percebê-la de modo mais amplo, inteirada

---

151 "O homem é um agente responsável pela vida universal." (Ibid., p. 79).
152 "A vida quer ser o contrário da entropia. A criação de uma ordem humana contra o caos da morte é o começo da grande tragédia otimista da história humana." (Ibid., p. 78).
153 Ibid., p. 67.
154 GARAUDY, Roger. *Do anátema ao diálogo*. Tradução de Maria Helena Kühner. 2. ed. Rio de Janeiro: Editora Paz e Terra, 1969, p. 74.

em uma dimensão histórica e social, considerando que a subjetividade cristã tradicionalmente caracteriza-se pela interioridade. Já os marxistas, por meio desse intercâmbio, passam a valorizar a subjetividade, cujo papel normalmente é negligenciado no âmbito do marxismo.[155]

---

155 Id. *A grande virada do socialismo*. Tradução de José Paulo Netto e Gilvan P. Ribeiro. Rio de Janeiro: Civilização Brasileira, 1970, p. 33.

3
O MARXISMO ANTI-HUMANISTA DE LOUIS ALTHUSSER

O filósofo francês Louis Althusser (1918-1990) propôs uma peculiar leitura do marxismo, conforme veremos mais adiante. O pensamento de Louis Althusser está longe de ser unanimidade nos meios marxistas. Pelo contrário, desde o seu tempo até os dias atuais, é alvo de críticas mais ou menos acerbas e colocado de lado, muitas vezes, com a pecha de querer sobrepor o estruturalismo ao pensamento de Marx ou ainda de ter a ridícula pretensão teórica de querer apresentar um marxismo diverso do próprio Marx, ao propor a tão discutida noção de corte epistemológico e ao classificar o marxismo como um anti-humanismo teórico.

As polêmicas acerca da leitura althusseriana do marxismo persistem até os dias atuais. Contudo, a importância do pensamento de Althusser pode ser medida pelas palavras de um de seus mais notáveis discípulos, o filósofo francês Étienne Balibar: "Althusser não pertence mais somente à história da 'filosofia marxiana' dos anos 1960 e 1970, seu lugar, grande ou pequeno, está na história da filosofia".[1]

---

1 No original: "Althusser n'appartient plus seulement à l'histoire de la 'philolophie marxienne' des années 60 e 70: sa place, grande ou petite, est dans l'histoire de la philosophie"

No que se refere ao percurso intelectual de Althusser, em geral, são apontadas, pelo menos, a existência de três fases principais, considerando suas obras mais relevantes.² A primeira, na década de 1960, na qual o filósofo desponta para os meios intelectuais internacionais, com obras como *Pour Marx* e *Lire Le Capital*. A segunda fase, entre o final dos anos de 1960 e a década de 1970, marcada pela autocrítica e revisão de alguns posicionamentos teóricos. E, por fim, a terceira fase, a partir da década de 1980, na qual ele se dedica especialmente ao chamado "materialismo aleatório".³

Há uma polêmica entre os leitores de Althusser sobre a existência de ruptura ou continuidade no seu pensamento, especialmente, no que se refere à sua última fase.⁴ Assim sendo, bem como, considerando o escopo da nossa pesquisa, trabalharemos com base especialmente nos textos de Althusser produzidos nas décadas de 1960 e 1970, que tratam direta ou indiretamente da

---

(BALIBAR, Étienne. L'objet d'Althusser. In: LAZARUS, Sylvain. *Politique et Philosophie dans l'ouvre de Louis Althusser*. Paris: PUF, 1993, p. 83).
2 MOTTA, Eduardo Luiz. A favor de Althusser: revolução e ruptura na Teoria Marxista. Rio de Janeiro: FAPERJ, 2014, p. 9-16.
3 MASCARO, Alysson Leandro. *Filosofia do Direito*. 5. ed. São Paulo: Atlas, 2016, p. 554.
4 Para o professor e cientista político brasileiro Armando Boito Jr., no pensamento althusseriano se dá uma ruptura epistemológica entre o Althusser dos anos 1960 e o "último Althusser" (anos 1980), em razão de uma mudança de problemática: "Quanto ao 'último Althusser', o seu materialismo aleatório substitui a problemática do materialismo histórico, que concebe a história como um processo cujas leis são cognoscíveis, por outra problemática, na qual a história é concebida como o reino da contingência [...]." (BOITO JR., Armando. *Estado, política e classes sociais*. São Paulo: UNESP, 2007, p. 41). Por sua vez, José Veríssimo Teixeira da Mata assevera: "A substituição da teoria do materialismo histórico e do materialismo dialético pelo materialismo aleatório, ainda que nos lance na perplexidade, torna claro que Althusser persistiu até sua última fase fiel ao seu programa: pensar Marx a partir de sua ruptura total com Hegel" (MATA, José Veríssimo Teixeira da. Althusser ou Marx sem Hegel. In: MUSSE, Ricardo. LOUREIRO, Isabel Maria (Org.). *Capítulos do Marxismo ocidental*. São Paulo: UNESP, 1998, p. 192.). E Balibar destaca: "À vrai dire les thèmes du matérialisme aléatoire ne sont pas absolument nouveaux dans la pensée d'Althusser, ils ne font que radicaliser et reformuler dans un nouveau « code » philosophique des positions présentes dès le début, en particulier à travers l'insistance d'Althusser sur le primat de la « conjoncture » dans la conceptualisation de l'histoire, comme l'ont bien montré certains commentateurs récents." (BALIBAR, Étienne. *Althusser et Mao*. Disponível em: <http://revueperiode.net/althusser-et-mao/>. Acesso em: 17 mar. 2016).

discussão acerca do humanismo. Os textos posteriores a esses períodos apenas serão referidos quando tratarem de modo expresso da temática ora abordada.

3.1. O corte

Impende relembrar que a tese do anti-humanismo teórico propugnada pelo filósofo francês, a qual fora veementemente combatida por Garaudy, como vimos, advém de uma leitura que propõe uma separação entre o pensamento do jovem Marx e do Marx maduro.

O mestre da *rue d'Ulm* apresenta a ideia de *corte epistemológico*, de modo a separar as obras do Marx de juventude das obras de maturação e maturidade, ou seja, estabelecendo uma separação "entre a pré-história ideológica e a história científica do seu pensamento", diante "da diferença teórica radical, que separa para sempre as obras da juventude de *O Capital*".[5]

A crítica althusseriana ao humanismo teórico está apoiada sobre a noção de corte epistemológico, bem como nas análises feitas em relação a esse corte. Diante disso, para a compreensão do anti-humanismo teórico de Althusser, é fundamental apreender primeiramente o significado e as implicações do tal corte. Conforme bem elucida Nicole-Édith Thévenin:

> O corte é antes de mais nada, o corte científico, o "corte epistemológico", aquele que designa o fato histórico-teórico" do nascimento de uma ciência "descoberta", elaborada por Marx, a ciência da história, o materialismo histórico, como ciência revolucionária. [...] O "corte" é, portanto, esse corte do cordão umbilical ideológico, político, científico, que prende toda ciência à ideologia, como ele prende toda criança ao discurso/desejo do pai.[6]

---

5 ALTHUSSER, Louis. A querela do humanismo. *Crítica Marxista*, n. 9. São Paulo: Xamã, 1999, p. 13.
6 THÉVENIN, Nicole-Edith. O itinerário de Althusser. In: NAVES, Márcio Bilharinho (Org.). *Presença de Althusser*. Campinas: Instituto de Filosofia e Ciências Humanas, 2010,

Desse modo, com o conceito de corte epistemológico, Althusser procura deixar explicitado que o marxismo é efetivamente uma ciência descoberta por Marx. E, assim, entende conseguir desvincular-se dos ideólogos burgueses que buscam uma paternidade teórica no pensamento de Marx, ao estabelecerem uma conexão entre o jovem Marx e o Marx maduro, colocando-o como herdeiro intelectual de Hegel ou de Ricardo, por exemplo. Althusser rompe com toda a possibilidade de se encontrar uma filiação teórica no marxismo, compreendido enquanto materialismo histórico, ou seja, enquanto ciência da história, "que se desenvolve sobre sua própria base, que tem seu próprio objeto", haja vista que toda a ciência é "uma criança sem pai 'único-identificável'".[7]

Com efeito, Althusser qualifica "a descoberta de Marx como um evento prodigioso". Para ele, "Marx fundou uma nova *ciência:* a ciência da história das 'formações sociais',[8] mais precisamente, Marx 'abriu' ao conhecimento científico um novo 'continente', o da História", do mesmo modo que Tales de Mileto descortinou o continente da matemática, e Galileu o da Física.[9] Em relação à ciência da história, Althusser destaca que ela "não tem por objeto a essência do homem, ou do gênero humano, ou a essência dos homens etc. A ciência da história tem por objeto a história das formas de existência específica da espécie humana".[10]

No que se refere ao conceito de corte epistemológico, o filósofo afirma que foi extraído da obra de Gaston Bachelard de modo a "pensar a mutação da problemática teórica

---

p. 10 e 12.
7 Ibid. p. 11-12.
8 ALTHUSSER, Louis. *Por Marx*. Tradução de LOUREIRO, Maria Leonor F. R. Campinas: UNICAMP, 2015, p. 213.
9 ALTHUSSER, Louis. A querela do humanismo. *Crítica Marxista*, n. 9. São Paulo: Xamã, 1999, p. 15.
10 Ibid., p. 42.

contemporânea da fundação de uma disciplina científica".[11]
Por sua vez, o conceito de *problemática* foi "emprestado" de Jacques Martin,[12] designando "a unidade específica de uma formação teórica e, por conseguinte, o lugar determinado dessa diferença específica".[13] Para Althusser: "uma problemática não se lê geralmente, portanto, como um livro aberto; é preciso arrancá-la das profundezas da ideologia em que está mergulhada mas em ação, e quase sempre a despeito dessa ideologia, de suas armações e proclamações".[14]

Assim sendo, a descoberta científica de Marx abre um continente novo, que se encontrava "interditado", "pois ocupado, habitado por todas as ideologias da ideologia dominante: religião, moral, direito, política, que lhe interditavam acesso a ele". Desse modo, tem-se que o corte marca a "liberação de uma problemática antiga" e o "surgimento de uma nova problemática e consequentemente, de uma nova ciência, de um novo objeto: o *Continente-História*".[15]

Por esse parâmetro, o filósofo francês classifica as obras de Marx da seguinte forma: de 1840-1844 (obras da juventude), 1845 (obras do corte),[16] 1845-1857 (obras da maturação) e de

---

11 ALTHUSSER, Louis. *Por Marx*. Tradução de LOUREIRO, Maria Leonor F. R. Campinas: UNICAMP, 2015, p. 23.
12 "Althusser dit qu'il a emprunté à son ami Jacques Martin (traducteur de *L'esprit du christianisme et son destin*, de Hegel) le terme de *problématique*, d'esprit évidemment post-kantien. Ne viendrait-il pas de Heidegger (cf. *Sein und Zeit*, § 25)? Plus tarde, Foucault se souviendra vraisemblablement de tout cela lorsqu'il définira la (as) philosophie comme une analyse et une pratique de la "problématisation" (BALIBAR, Étienne. L'objet d'Althusser. In: LAZARUS, Sylvain. *Politique et Philosophie dans l'ouvre de Louis Althusser*. Paris: PUF, 1993, p. 88-89).
13 ALTHUSSER, Louis. *Por Marx*. Tradução de LOUREIRO, Maria Leonor F. R. Campinas: UNICAMP, 2015, p. 23.
14 Ibid., p. 53.
15 THÉVENIN, Nicole-Edith. O itinerário de Althusser. Tradução de Márcio Bilharinho Naves. In: NAVES, Márcio Bilharinho (Org.). *Presença de Althusser*. Campinas: Instituto de Filosofia e Ciências Humanas, 2010, p. 14.
16 "Althusser explique que Marx en 1845 a "changé de terrain" en changeant de ploblematique (en posant d'autres questions, qui ne sont pas le "renversement" des precedentes, mais constituent une véritable "emérgence"): du terrain *idéologique* il est passé sur le terrain

1857-1883 (obras da maturidade), sendo o período anterior ao corte denominado de ideológico e o segundo de científico.[17]

Para Althusser, Marx "chegou à teoria científica da história apenas à custa de uma crítica radical da filosofia da história, que lhe serviu de fundamento teórico durante os anos de juventude" (1840-1845), ou seja, para o jovem Marx, o "Homem" se apresentava como "o princípio teórico de sua concepção de mundo e de sua atitude prática". Nesse contexto, a "essência do homem" (fosse ela liberdade-razão ou comunidade) fundava tanto uma teoria rigorosa da história quanto uma prática política coerente".[18]

Althusser divide o período humanista de Marx, que se estendeu de 1840 a 1845, em duas etapas. A primeira delas se caracterizava "por um humanismo racionalista-liberal", mais próximo de Kant e de Fichte do que de Hegel, na qual a liberdade – atrelada à razão, apresentada, portanto, como "autonomia, obediência à razão" – constituía a essência do homem "como o peso é a essência dos corpos".[19] Já a segunda, de 1842 a 1845, diferenciava-se pelo domínio do "humanismo 'comunitário' de Feuerbach",[20] ou seja, "os textos do segundo momento repousam sobre a problemática antropológica de Feuerbach".[21]

Sustenta ainda que: "do ponto de vista político, a história do indivíduo Marx é a história da passagem de um jovem

---

réel, par la destruction de la problématique illusoire de l'Homme feuerbachien et du Sujet d'histoire, et la formulation d'une problématique des *déterminations réels* du procès historique (l'infrastructure du mode de production, la superstructure politico idéologique). Mais se changement de terrain, qui s'effectue immédiatement après le "triomphe de l'humanisme" chez Marx (dans les Ouvres de Jeunesse, singulièrement les "Manuscrits de 44"), a pour contenu essentiel de développement d'une connaissance (objective, scientifique) *de l'idéologie.*" (BALIBAR, Étienne. L'objet d'Althusser. In: LAZARUS, Sylvain. *Politique et Philosophie dans l'ouvre de Louis Althusser.* Paris: PUF, 1993, p. 88-89).

17   ALTHUSSER, Louis. *Por Marx.* Tradução de LOUREIRO, Maria Leonor F. R. Campinas: UNICAMP, 2015, p. 25.
18   Ibid., p. 185.
19   Ibid., p. 186.
20   Ibid., p. 187.
21   Ibid., p. 25.

intelectual burguês alemão, vindo ao mundo intelectual e político nos anos 1840, do liberalismo radical ao comunismo". Esclarece também que essa passagem ao comunismo se deu mediante a adoção de concepções comunistas de caráter puramente ideológico, quais sejam, utopistas, humanistas, em suma, idealistas. Logo, nesse período se pode notar um descompasso entre o avanço de sua posição política e o atraso de sua posição teórica.[22]

Interessante notar que o filósofo francês classifica como mitológica a suposta vinculação do jovem Marx ao hegelianismo. Afirma categoricamente que "o Jovem Marx nunca foi hegeliano". Faz exceção a tal assertiva apenas em relação à tese de doutorado de Marx, a qual desconsidera e classifica de "exercício ainda escolar", bem como aos *Manuscritos de 1844*. Ele aponta esse último texto de Marx como o único efetivamente inspirado na problemática hegeliana, no qual o pensador alemão tenta de maneira rigorosa operar, em sentido *estrito*, a "inversão" do idealismo hegeliano no pseudomaterialismo de Feuerbach.[23]

No que tange aos "textos do corte", Althusser designa dessa forma as "'Teses sobre Feuerbach', e a *A ideologia alemã,* onde aparece pela primeira vez a nova problemática de Marx". Tal, no entanto, surge "quase sempre de uma forma parcialmente negativa e fortemente polêmica e crítica".[24] Assevera o autor francês:

> Um *corte epistemológico* inequívoco intervém, na obra de Marx, no ponto em que o próprio Marx o situa, na obra não publicada em vida, que constitui a crítica de sua antiga consciência filosófica (ideológica): A *ideologia alemã*. As "Teses sobre Feuerbach", que são apenas algumas frases, marcam a borda anterior extrema desse

---

22 ALTHUSSER, Louis. A querela do humanismo. *Crítica Marxista*, n. 9. São Paulo: Xamã, 1999, p. 16.
23 Id. *Por Marx*. Tradução de LOUREIRO, Maria Leonor F. R. Campinas: UNICAMP, 2015, p. 25.
24 Ibid., p. 24.

corte, o ponto onde, na antiga consciência e na antiga linguagem, portanto em fórmulas e *conceitos necessariamente desequilibrados e equívocos*, aponta já a nova consciência teórica.[25]

O período posterior, designado por "obras de maturação", foi um período em que "pouco a pouco a nova problemática revestiu sua forma definitiva". Marx possuía um projeto teórico revolucionário e para que pudesse fixar uma terminologia e uma sistemática a ele adequadas, necessitou de "um longo trabalho de reflexão e elaboração *positivas*", de modo a que se pudesse operar a passagem de uma problemática de negatividade e crítica ideológica a uma nova problemática teórica por ele inaugurada.[26]

Destarte, pode-se dizer que "a partir de 1845, Marx rompe radicalmente com toda teoria que funda a história e a política numa essência do homem", de sorte que "essa ruptura única comporta três aspectos teóricos indissociáveis", quais sejam, "formação de uma teoria da história e da política fundada em conceitos radicalmente novos"; "crítica radical das pretensões *teóricas* de todo humanismo filosófico"; e "definição do humanismo como *ideologia*".[27]

Tem-se ainda que esse "único corte" inaugura uma "dupla fundação", qual seja, a do materialismo histórico e do materialismo dialético. Logo, pode-se dizer que Marx passa de uma ideologia da história à ciência da história e ao mesmo tempo funda uma filosofia completamente nova.[28] Para Althusser, o corte epistemológico "refere-se conjuntamente a *duas disciplinas* teóricas distintas". Assim, "foi fundando a teoria da histórica (materialismo histórico) que Marx, num único e mesmo

---
25   Ibid., p. 23-24.
26   Ibid., p. 25.
27   Ibid., p. 188.
28   Ibid., p. 24.

movimento, rompeu com sua consciência ideológica anterior e fundou uma nova filosofia (materialismo dialético)".[29]

Nesse ponto, Étienne Balibar observa:

> [...] É sempre a ruptura com o humanismo, mas subsumida a uma problemática muito mais geral: a *transformação das estruturas da dialética*. Da "dialética hegeliana" passa-se por corte (e não por inversão, como queria a tradição) à "dialética marxista", quer dizer, claramente, de uma dialética de interiorização das contradições a uma dialética de sua sobredeterminação, de uma dialética de unidade originária, sempre a reencontrar, à uma dialética da complexidade "sempre já dada", pela qual toda unidade, por definição, é *não originária*, e não a ser reencontrada, pois ele jamais foi perdida" [...] A questão das estruturas da dialética, questão aparentemente "formal", comanda então a crítica do humanismo.[30]

No que tange ao materialismo dialético, Althusser salienta que se trata de uma nova filosofia atrelada ao nascimento da ciência da história fundada por Marx. Ele ressalta que ocorrências semelhantes se deram em outros momentos, como por exemplo, o surgimento da filosofia platônica "provocado" pela descoberta da matemática por Tales de Mileto, bem como o aparecimento da filosofia cartesiana "provocado" pela fundação da física por Galileu Galilei.[31]

---

29 Ibid., p. 24.
30 No original: "[...] c'est toujours la rupture avec l'humanisme, mais subsumée sous une problématique beaucoup plus générale: la *transformation des structures de la dialectique*. De la 'dialectique hegelienne' on passe par coupure (et non par renversement, comme le voulait la tradition) à la 'dialectique marxiste', c'est-à-dire, en clair, d'une dialectique de l'intériorisation des contradictions à une dialectique de leur surdétermination, d'une dialectique de l'unité originaire, toujours à rétrouver, à une dialectique de la complexité 'toujours dejá donnée', pour qui toute unité, par définition, est *non originaire*, et n'a pas à être retrouvée puisqu'elle n'a jamais été perdue. [...] La question des structures de la dialectique, question apparemment 'formelle', comande alors la critique de l'humanisme." (BALIBAR, Étienne. L'objet d'Althusser. In: LAZARUS, Sylvain. *Politique et Philosophie dans l'ouvre de Louis Althusser*. Paris: PUF, 1993, p. 91).
31 ALTHUSSER, Louis. *Por Marx*. Tradução de LOUREIRO, Maria Leonor F. R.

Importante observar que, posteriormente, o filósofo reelabora, em parte, sua interpretação acerca desse chamado "corte", colocando-o na condição de processo, iniciado em 1845, mas sem um fim delimitado.[32] De todo modo, sempre persistiu no pensamento althusseriano a ideia de uma revolução teórica no pensamento de Marx, de início, ainda bastante ligado a uma preocupação de caráter humanista e, por conseguinte, à antropologia filosófica e, em seguida, caminhando para um Marx plenamente marxista, ou seja, um pensador voltado às problemáticas científicas.

Isso justificaria, para o filósofo francês, o fato de encontrarmos laivos de humanismo ao longo das obras de Marx, mais pronunciados nos primórdios e praticamente inexistentes ao final. Ele esclarece:

> Pode-se então mostrar, sem dificuldades que, fora algumas persistências isoladas e isoláveis, em todo caso, extremamente localizadas, na verdade, em *Le Capital*, as categorias constitutivas do Humanismo teórico desapareceram. É uma questão relativamente simples: uma questão de constatação teórica.[33]

Assim sendo, não obstante Althusser ter mantido o entendimento acerca da existência de um corte epistemológico, marcando um divisor de águas nas obras de Marx, com a inauguração da ciência da história, ele aponta "um incontestável *atraso* dos eventos da história teórica com relação aos eventos da história política". Na realidade, ele sustenta a existência de um

---

Campinas: Unicamp, 2015, p. 213-214.
32 "Essa concepção do corte como processo não é um modo distorcido de abandonar seu conceito, como nos sugerem com demasiada ênfase certos críticos. Que seja necessário tempo para que o corte se complete em seu processo não impede que ele seja efetivamente um evento da história da teoria, e que ele possa, como todo evento, ser datado, com precisão, em seu começo; no caso de Marx, 1845 (as Thèses..., e L'idéologie allemande)." (Id. A querela do humanismo. *Crítica Marxista*, n. 9. São Paulo: Xamã, 1999, p. 46).
33 Id. A querela do humanismo. *Crítica Marxista*, n. 9. São Paulo: Xamã, 1999, p. 42.

"duplo atraso", ou seja, "atraso do 'corte' científico em relação ao 'corte' político; e atraso suplementar do 'corte' filosófico em relação ao 'corte' científico".[34]

Destarte, pode-se falar em "cortes epistemológicos", "entre a filosofia da história e a ciência da história, entre o idealismo e o materialismo humanista, o materialismo historicista de um lado e o materialismo dialético de outro".[35]

Contudo, com relação ao "corte filosófico", ele elucida:

> [...] se se pode legitimamente conservar o termo "corte" para designar o começo da ciência da história, o efeito marcante que teve sua irrupção na cultura, aquele ponto de não-retorno, não é possível empregar para a filosofia o mesmo termo "corte". Na história da filosofia, como em muitos longos episódios da luta de classes, não se pode falar verdadeiramente de ponto de não-retorno. Poder-se-á falar, portanto, de "revolução" filosófica (no caso de Marx, em sentido forte). Essa expressão é mais justa, pois, para voltar a evocar aqui as experiências e as ressonâncias da luta de classes, todos sabemos que uma revolução está sempre exposta a ataques, a recuos e retornos, e até mesmo ao risco da contra-revolução.[36]

Resta patente, portanto, da leitura althusseriana do marxismo, que nem todos os escritos de Marx são marxistas, ou seja, nem todos pertencem ao arcabouço teórico da ciência da história fundada pelo pensador alemão, bem como da filosofia a ela correspondente. A mudança de problemática que se encontra na produção intelectual de Marx marca a fundação do marxismo.

---

34 Ibid., p. 16.
35 Ibid., p. 17.
36 ALTHUSSER, Louis. Resposta a John Lewis. Tradução de Carlos Nelson Coutinho. In: *Posições 1*. Rio de Janeiro: Graal, 1978, p. 46.

3.2. Anti-humanismo

Para Althusser, "o marxismo é, teoricamente falando, ou seja, do ponto de vista de seus conceitos científicos e filosóficos, um anti-humanismo, ou mais precisamente, um a-humanismo teórico".[37] Tal ocorre, pois "os *conceitos teóricos de base* da ciência marxista da história, por um lado, e da filosofia marxista, por outro, não só não são noções humanistas, como não tem qualquer relação com noções humanistas".[38]

O filósofo francês argumenta que as noções sobre as quais a teoria marxista está assentada são completamente diversas daquela de caráter humanista. Logo, as interpretações humanistas do materialismo histórico e do materialismo dialético não se sustentam, na medida em que se encontram em desacordo com a teoria marxista.

Para ele, a interpretação humanista do materialismo histórico, ao colocar o trabalho como conceito de base e ao declarar, por exemplo, que a "história é a produção do homem pelo homem", que " a essência do homem é o trabalho", que "a revolução é a luta pela desalienação do trabalho humano", ou ainda que "o comunismo é o reino da liberdade, da comunidade e da fraternidade", está ainda no terreno ideológico.[39] O materialismo histórico, na leitura althusseriana, assenta-se, na realidade, em conceitos como os de modo de produção, forças produtivas e relações de produção, infraestrutura, superestrutura, ideologia, determinação em última instância pela economia, luta de classes, dentre outros, de caráter científico.[40]

Por sua vez, no que se refere ao materialismo dialético, ele destaca que a interpretação humanista coloca a relação sujeito-objeto no centro da filosofia marxista. O "sujeito humano

---

37 Id. Carta aos camaradas do Comitê Central do PCF. *Crítica Marxista*, n. 41, 2015, p. 138.
38 Id. *Polêmica sobre o humanismo*. Tradução de Carlos Braga. Lisboa: Presença, 1967, p. 189.
39 Ibid., p. 190.
40 Ibid., p. 191.

(consciência)" apresenta-se como fonte de todo conhecimento e ao homem é dado o poder de criar sua própria história e transcender sua situação, construindo, assim, seu futuro.[41] No entanto, para Althusser, o materialismo dialético é constituído por outras categorias filosóficas, desprovidas de qualquer caráter humanista. Como exemplos dessas categorias, ele cita "o materialismo, ou o primado da matéria sobre o pensamento, do objeto real sobre o seu conhecimento, distinção do processo real e do processo de conhecimento, efeito de conhecimento dialético, formas da dialética", bem como as distinções entre ciência, filosofia e ideologia, dentre outras.[42]

Como já vimos em linhas prévias anteriormente, a postura teórica de Althusser chocou os meios marxistas de seu tempo e ainda choca a muitos nos tempos atuais. Assim sendo, as polêmicas em torno do humanismo atravessaram boa parte do percurso intelectual do filósofo.

Eis a origem de tudo, como ele mesmo descreve:

> A "querela do humanismo" começou o mais calmamente possível. Num dia de verão de 1963, eu encontrei por acaso na casa de um amigo o Doutor Adam Schaff. [...] Ele voltava dos Estados Unidos, onde havia falado de Marx perante amplos auditórios universitários apaixonados. Ele me colocou a par de um projeto de Erich Fromm, que ele conhecia bem, e havia recentemente encontrado nos Estados Unidos. [...] Fromm [...] formava o projeto de editar uma grande obra coletiva consagrada ao "Humanismo socialista" [...] O Doutor A insistia para que eu aceitasse participar desse projeto [...] O Doutor A havia-lhe anunciado a minha existência.[43]

---

41 Ibid., p. 190.
42 Ibid., p. 192.
43 ALTHUSSER, Louis. A querela do humanismo. *Crítica Marxista*, n. 9. São Paulo: Xamã, 1999, p. 9-10.

Althusser já previa que a eventual publicação de um artigo seu na referida coletânea seria complicada, pois destoaria da posição teórica adotada por Erich Fromm e pelos demais colaboradores da tal obra coletiva internacional, os quais eram defensores do humanismo marxista, por isso reluta bastante com a proposta de Adam Schaff.[44]

No entanto, diante da insistência de Schaff, Althusser termina por escrever e enviar o tal artigo para Fromm, mas suas previsões realizam-se e o texto é recusado, por não estar condizente com a proposta do trabalho, não obstante, o psicanalista alemão reconheça os méritos do artigo.[45]

O texto então foi publicado pela revista teórica do partido comunista italiano *Critica Marxista*, n. 2, 1964; e nos *Cahiers de l'ISEA* (*Institut de science économique appliquée*), junho, 1964.[46] Tal artigo é o célebre *Marxisme et Humanisme*, o qual sofre um bombardeio de críticas, conforme já estudamos quando tratamos do debate sobre o humanismo no PCF.

A partir disso, são vários momentos nos quais o filósofo se debruçou sobre a questão do humanismo e foi por ela defrontado.

Garaudy foi o grande antagonista de Althusser no debate teórico sobre o humanismo no PCF, como já vimos. Mais adiante retomaremos esse debate em termos mais amplos. Entretanto, muitos outros indignaram-se com a leitura althusseriana anti-humanista do marxismo.

Um momento marcante, no contexto desses debates teóricos, foi a publicação de um artigo intitulado *The Case Althusser*, na revista britânica *Marxism Today*, em fevereiro de 1972, cujo autor era

---

44 "Eu alegava a conjuntura, e o título solene sob o qual havíamos reunido essa belíssima orquestra internacional: o resultado não poderia ser outro senão uma *Missa Solemnis* Humanismo Maior, da qual minha partitura pessoal chocaria a Harmonia Universal" (Ibid., p. 10).
45 Ibid., p. 11.
46 Althusser destaca o mérito dessas duas revistas, considerando que seu texto "ia na contracorrente de toda ou parte de sua ideologia explícita" (Id., Ibid.).

um filósofo marxista inglês, chamado John Lewis, contestando as teses althusserianas e apregoando um humanismo marxista.

Dissemos tratar-se de um momento marcante no contexto desses debates, em razão do fato de Althusser ter redigido um texto, em junho de 1972, especialmente dedicado a refutar as proposições do filósofo inglês, com o título *Réponse à John Lewis*, publicado, de início, numa tradução inglesa para a revista *Marxism Today*, com o título *Louis Althusser replies to John Lewis*. Na realidade, tal texto pode ser compreendido como uma resposta às interpretações humanistas do marxismo de modo geral.

Para o filósofo francês, a ideia de que "o homem faz a história transcendendo a história", propugnada por John Lewis[47] e pelos marxistas humanistas, é completamente insustentável, haja vista que não se pode colocar nos ombros de um homem genérico a capacidade de fazer a história tal qual um operário fabrica alguma coisa. E vai além, ao afirmar que, no caso da acepção de fazer no sentido de fabricar, é necessária a presença de uma matéria-prima. Pois bem. O tal homem que faz a história deve fazê-la a partir de alguma coisa. Mas, do quê?

John Lewis, tal como Roger Garaudy, utiliza-se do termo transcendência. No que tange ao emprego do termo transcendência por parte de Lewis, Althusser argumenta que o filósofo inglês se socorre do aludido termo, tão caro às filosofias idealistas, de modo a poder colocar a história tanto na condição de produto quanto de matéria-prima para sua elaboração. Porém, ao fazer isso, coloca o homem no lugar de Deus, mas, de modo diverso d'Aquele, o "homem-deus" está dentro da história e não fora dela, com o incrível poder de transcendê-la. Para Althusser, é patente o caráter burguês dessa proposição de Lewis, que busca fazer crer na liberdade do homem e ignora a realidade da luta de classes.

---

47 ALTHUSSER, Louis. Resposta a John Lewis. Tradução de Carlos Nelson Coutinho. In: *Posições 1*. Rio de Janeiro: Graal, 1978, p. 20.

Além disso, nesse ponto, cumpre salientar que a assertiva do filósofo inglês demonstra a inexorável imbricação entre humanismo e economicismo, conforme elucida Thévenin:

> Essa "teleologia" histórica é própria de todo economicismo e de todo humanismo. John Lewis, escrevendo que o homem faz a história transcendendo-se, quer dizer, traduzido de modo claro, negando sua essência de hoje para colocar sobre a essência de amanhã, disso não escapa. Essa transcendência apenas se torna possível pelo alargamento das forças produtivas que permitam ao homem de se definir segundo novas necessidades.[48]

O economicismo pode ser definido nas palavras de Étienne Balibar como: "a velha ideia de que o processo econômico é assimilável a um mecanismo automático 'autorregulável', com a condição bem entendida de permanecer nos seus limites naturais de funcionamento".[49]

Nesse ponto, impende destacar a razão da peculiaridade do anti-humanismo marxista em relação a um "anti-humanismo genérico", considerando que a descoberta de Marx mostra a ligação necessária entre humanismo e economicismo. Desse modo, "é a partir de Marx que o humanismo e anti-humanismo aparecem, não como essências eternas, mas como posições teóricas *determinadas*".[50]

---

48 No original: "Cette 'téléologie' historique est le propre de tout économisme et de tout humanisme. John Lewis, écrivant l'homme fait l'histoire en se transcendant c'est-à-dire, traduit en clair, en niant son essence d'aujourd'hui pour poser son essence de demain, n'y échappe pas. Cette transcendance n'est rendue possible précisément que par l'élargissement des forces productives qui permet à l'homme de se définir selon nouveaux besoins". (THÉVENIN, Nicole-Edith. *Révisionnisme et philosophie de l'aliénation*. Paris: Christian Bourgois, 1977, p. 233).
49 No original: "la vieille idée que le processus économique est assimilable à un *mécanisme automatique*, « self regulating », à condition bien entendu de rester dans les limites « naturelles » de son fonctionnement" (BALIBAR, Étienne. *Cinq études du matérialisme historique*. Paris: François Maspero, 2006, p. 242).
50 Id. L'objet d'Althusser. In: LAZARUS, Sylvain. *Politique et Philosophie dans l'ouvre de Louis Althusser*. Paris: PUF, 1993, p. 93.

Althusser – em contraposição ao pensamento humanista que assevera "é o homem que faz a história" – sustenta que, com fulcro no marxismo-leninismo, "são as massas que fazem a história", sendo que "a luta de classes é o motor da história". No entanto, salienta que a luta de classes deve ser considerada em sua materialidade, rechaçando assim as concepções de caráter idealista. Portanto, a luta de classes não encontra as suas raízes na ideologia, que está na superestrutura, mas sim nas relações de produção, que estão na infraestrutura. Nesse sentido, inclusive, ele ressalta que "a luta de classes não se trava no ar, nem num campo de futebol convencional: está enraizada no modo de produção e, portanto, no modo de exploração de uma sociedade de classes".[51]

Aduz ainda que, à evidência dessas constatações, termina por desaparecer a questão do sujeito da história, haja vista que a história passa a ser compreendida como "um sistema natural--humano em movimento, cujo motor é a luta de classes", ou seja, como um "processo sem sujeito". E conclui: "a questão de saber como 'o homem faz a história' desaparece completamente; a teoria marxista rejeita-a definitivamente em seu lugar de nascimento: a ideologia burguesa".[52]

Cabe aqui trazer os importantes esclarecimentos de Nicole-Edith Thévenin:

> Partir do homem e da *liberdade* humana, exaltando a ação dos homens sobre a história, e suas possibilidades de ultrapassar suas condições, é, com efeito, esquecer as bases materialistas do marxismo. [...] Não é o homem, mas as "massas". [...] Mas nos diz Althusser que isso não basta. Dizer isso, é ainda estar na ideologia, porque dizer que em primeiro lugar estão as massas, é fazer das massas um *sujeito*.

---

51 ALTHUSSER, Louis. Resposta a John Lewis. Tradução de Carlos Nelson Coutinho. In: *Posições 1*. Rio de Janeiro: Graal, 1978, p. 28.
52 Ibid., p. 28.

[...] O processo da história é um processo sem sujeito. [...] a história não tem sujeito, não tem começo, mas um "motor": a *luta de classes* [...] e não somente as classes. Porque esse motor, somente é motor pelo movimento, e esse movimento é a *contradição*. O que está, portanto, em primeiro lugar é uma *relação contraditória*, e não um sujeito.[53]

Althusser destaca que é fundamental desembaraçar-se do "fetichismo do homem",[54] pois tal é produto da ideologia burguesa e salienta que anti-humanismo teórico é inerente ao materialismo histórico, eliminando a centralidade do conceito de homem.[55]

Assevera ainda que "o par pessoa/coisa está na base de toda ideologia burguesa", sendo que "as relações sociais não são, exceto para o direito e a ideologia jurídica burguesa, 'relações entre pessoas'".[56]

Para ele, isso pertence a um mecanismo de ilusão social, o qual faz com que se tome a relação social como atributo natural de um sujeito, do mesmo modo que faz com que o valor se mostre como constituinte natural da mercadoria ou da moeda, consubstanciando o "par humanismo/economicismo".[57]

---

53   No original: "Partir de l'*homme* et la *liberté* humaine, en exaltant l'action des hommes sur l'histoire, et leur possibilité de dépasser leur condition, c'est en effet oublier les bases matérialistes du marxisme. [...] ce n'est pas l'homme, mais les 'masses'. [...] Mais nous dit Althusser cela ne suffit pas. Dire cela, c'est encore être dans l'idéologie, car dire ce qui est premier, ce sont les masses, c'est faire des masses un *sujet*. [...] Le procès de l'histoire est un procès sans sujet [...] l'histoire n'a pas de sujet, pas de commencement, mais un "moteur": la *lutte de classes* [...] et pas seulement les classes. Car ce qui est moteur, n'est moteur que par le mouvement, et le mouvement, c'est la *contradiction*. Ce qui est donc premier est un *rapport contradictoire*, et non pas un sujet." (THÉVENIN, Nicole-Edith. *Révisionnisme et philosophie de l'aliénation*. Paris: Christian Bourgois, 1977, p. 236).
54   ALTHUSSER, Louis. Resposta a John Lewis. Tradução de Carlos Nelson Coutinho. In: *Posições 1*. Rio de Janeiro: Graal, 1978, p. 29.
55   Id. Defesa da Tese de Amiens. In: *Posições*. Tradução de João Paisana. Lisboa: Horizonte, 1977, p. 164.
56   Id. Resposta a John Lewis. Tradução de Carlos Nelson Coutinho. In: *Posições 1*. Rio de Janeiro: Graal, 1978, p. 29.
57   "Qu'en est-il l'économisme dans le marxisme? Nous y retrouvons le rôle que joue la categorie d'homme, de sujet, dans le primat donné aux *forces productives*. La déviation économiste/humaniste dans le marxisme s'énoncerait ainsi: la 'montée', la 'socialisation' des forces productives crée des *besoins*, et ces besoins, ou plus précisément, l'inadéquation entre

Na perspectiva althusseriana, uma formação social, no caso, a sociedade capitalista, não é constituída por indivíduos,[58] logo, não pode ser compreendida dessa maneira, mas sim é baseada em uma relação de produção, que é uma relação de exploração. Essa relação possui um duplo caráter, qual seja, de distribuição dos homens em classes e de atribuição dos meios de produção a uma classe. Por conseguinte, a divisão em classes é oriunda dessa relação. Ele também acrescenta: "os indivíduos humanos não tomam parte nessa relação como num livre contrato, mas é porque nela se encontram já situados como parte integrante, que nela podem tomar parte".[59]

Marx já apontava para essa problemática ao afirmar que "as máscaras econômicas das pessoas não passam de personificações das relações econômicas, como suporte [Träger] das quais elas se defrontam umas com as outras".[60] Nesse ponto, cabe destacar a importante observação de Althusser:

> [...] esse falso problema do papel do indivíduo na história é, no entanto, indicador de um verdadeiro problema, que decorre de pleno direito da teoria da história: o problema das *formas de existência históricas da individualidade*. *O Capital* nos dá os princípios necessários para a colocação desse problema, ao definir para o modo de produção

---

l'offre et la demande, c'est-à-dire entre les besoins 'réels' et leur insatisfaction, provoquerait une prise de conscience, la necessite du passage et donc son inéluctabilité. [...] Qui parle ainsi de bésoins en general, fait appel au concept d'*homme*, l'homme étant compris comme ce sujet maître de ses besoins, et tenant à faire l'histoire selon le besoin qu'il a d'accomplir ses besoins (THÉVENIN, Nicole-Edith. *Révisionnisme et philosophie de l'aliénation*. Paris: Christian Bourgois, 1977, p. 233).

58 "Le marxisme 'juge des intérêts sur la base des contradictions de classes et de la lutte de classes qui se manifestent au travers de millions de faits de la vie quotidienne' [Lénine, *La Faillite de la IIe Internationale. Oevres, t. XXI, p. 221]*. Il s'agit d'analyser non des individus, mais le contenu de classe des courants sociaux et faire l'examen de leurs príncipes essentiels, alors il sera posibille de situer et d'analyser l'individu" (Ibid., p. 236).

59 ALTHUSSER, Louis. Defesa da Tese de Amiens. In: *Posições*. Tradução de João Paisana. Lisboa: Horizonte, 1977, p. 166.

60 MARX, Karl. *O Capital*. Tradução de Rubens Enderle. São Paulo: Boitempo Editorial, 2013, p. 160.

capitalista as diferentes formas de individualidade exigidas e produzidas por esse modo de produção, segundo as funções de que os indivíduos são "portadores" (*Träger*) na divisão do trabalho, nos diferentes níveis da estrutura.[61]

O indivíduo humano é visto dessa maneira aparentemente esvaziada não por mero capricho ou deliberação marxista, mas pela própria realidade imposta pelo capitalismo, em que os homens se constituem em meros portadores de funções, num processo sobre o qual não têm controle, "uma vez que pode ser lançado à rua, se é operário, fazer fortuna ou abrir falência, se é capitalista".[62]

Dessa maneira, os mecanismos da reprodução capitalista se tornam inteligíveis, propiciando, por esse processo de abstração, a compreensão da concretude das relações sociais a ele inerentes.

Cabe salientar que o anti-humanismo teórico propugnado por Althusser, em sua leitura do Marx maduro, não significa um desprezo pelas condições reais de vida dos homens, pelo contrário, pois, para ele, essa revolução teórica é fundamental para que se possa libertar os seres humanos da exploração de classe.[63]

Esse anti-humanismo teórico seria "a recusa a fundar a explicação das formações sociais e respectiva história num conceito de homem, pretensamente teórico". O humanismo é entendido como constructo eminentemente burguês.[64]

Althusser também se contrapõe às leituras historicistas do marxismo, as quais geralmente se mostram atreladas às leituras humanistas.[65] Nessa conjugação de humanismo e historicismo,

---

61 ALTHUSSER, Louis. *Ler O Capital*. v. 2. Tradução de Nathanael C. Caixeiro. Rio de Janeiro: Zahar, 1980, p. 53.
62 Id. Defesa da Tese de Amiens. In: *Posições*. Tradução de João Paisana. Lisboa: Horizonte, 1977, p. 166.
63 ALTHUSSER, Louis. Resposta a John Lewis. Tradução de Carlos Nelson Coutinho. In: *Posições 1*. Rio de Janeiro: Graal, 1978, p. 29.
64 Id. Defesa da Tese de Amiens. In: *Posições*. Tradução de João Paisana. Lisboa: Horizonte, 1977, p. 169.
65 "É bastante claro que se possa conceber um humanismo não-historicista assim como

"a história converte-se então em transformação de uma natureza humana que permanece o verdadeiro sujeito da história que a transforma".[66] Assim sendo, ele destaca a importância de combater tais leituras no âmbito da teoria marxista:

> [...] em muitas circunstâncias, humanismo e historicismo repousam ambos na mesma problemática ideológica; e [...] *teoricamente falando*, o marxismo é, por um mesmo movimento e uma mesma ruptura epistemológica única que o funda, um anti-humanismo e um anti-historicismo. A rigor, devia eu dizer a-humanismo e a-historicismo. Emprego, pois, conscientemente, para lhe dar todo o peso de uma declaração de ruptura, que longe esta de evidente e, pelo contrário é difícil de captar, essa dupla fórmula *negativa* (anti-humanismo, anti-historicismo) em vez de uma simples forma privativa, porque esta não é bastante forte para repelir o assalto humanista e historicista que, em certos meios [...], não cessa de ameaçar o marxismo.[67]

Ele sustenta que o humanismo historicista costuma valer-se do termo "relações humanas historicizadas" ou ainda "relações inter-humanas, intersubjetivas".[68]

O professor da *École normale* aponta diversos exemplos de vertentes humanistas e historicistas campeadas por diversos pensadores marxistas. E cita, também como exemplo de leitura humanista historicista do marxismo, aquela empreendida por

---

um historicismo não-humanista. [...] Basta viver na moral ou na religião, ou nessa ideologia político-moral que se chama socialdemocracia, para mobilizar uma interpretação *humanista, mas não-historicista* de Marx: é só ler Marx à 'luz' de uma teoria da natureza humana, seja ela religiosa, ética ou antropológica. [...] Mas pode-se conceber o inverso a possibilidade de uma leitura *historicista não-humanista* de Marx [...] Para autorizar essa leitura historicista não-humanista, basta, como faz precisamente Colletti, recusar a redução da unidade 'forças de produção/relações de produção – que constitui a essência da história – ao simples fenômeno de uma natureza humana, mesmo historicizada'" (ALTHUSSER, Louis. *Ler O Capital*. v. 2. Tradução de Nathanael C. Caixeiro. Rio de Janeiro: Zahar, 1980, p. 84).
66 Id. *Ler O Capital*. v. 2. Tradução de Nathanael C. Caixeiro. Rio de Janeiro: Zahar, 1980, p. 85.
67 Ibid., p. 62.
68 Ibid., p. 84.

Jean-Paul Sartre, o qual não sendo propriamente marxista, fez uma leitura desse jaez do marxismo:

> [...] quando Sartre se aproximou do marxismo, deu-lhe imediatamente, por motivos que lhes são peculiares, uma interpretação historicista (embora ele recuse esse batismo) ao declarar que as grandes filosofias (cita a de Marx, depois das de Locke e de Kant-Hegel) são *"insuperáveis na medida em que não foi superado o momento histórico de que elas são a expressão" (Critique de la Raison Dialectique,* Gallimard, p. 17). [...] O humanismo historicista assume [...] em Sartre a forma de uma exaltação da liberdade humana [...].[69]

Para Althusser, o humanismo pode ter existência no plano ideológico e ter tido até alguma serventia em determinado momento histórico, mas não se deve dar ao humanismo um papel no plano teórico, sob pena de se entravar o desenvolvimento da teoria, no caso, a teoria marxista. Para ele, é fundamental a "luta pela defesa da teoria marxista contra certas interpretações e formulações teóricas de tendência revisionista".[70]

O filósofo chega a admitir um eventual uso político do humanismo, em seu texto *Marxismo e Humanismo* de 1963, porém com a ressalva de que o anti-humanismo teórico é condição prévia e indispensável.[71] Já em textos posteriores, ele se mostra contrário não apenas ao humanismo teórico, mas ao uso político do humanismo, por mascarar a luta de classes.[72]

---

69 ALTHUSSER, Louis. *Ler O Capital*. v. 2. Tradução de Nathanael C. Caixeiro. Rio de Janeiro: Zahar, 1980, p. 84-88.
70 Id. A querela do humanismo. *Crítica Marxista*, n. 9. São Paulo: Xamã, 1999, p. 13.
71 "Uma (eventual) política marxista sobre a ideologia humanista, ou seja, uma atitude política a respeito do humanismo – política que pode ser a recusa, ou a crítica, ou o emprego, ou o apoio, ou o desenvolvimento, ou a renovação humanista das formas atuais da ideologia na área ético-política –, essa política só é possível sob uma condição absoluta de ser fundada na filosofia marxista cujo *anti-humanismo* teórico é condição prévia" (Id. *Por Marx*. Tradução de LOUREIRO, Maria Leonor F. R. Campinas: UNICAMP, 2015, p. 191).
72 "É indiscutível que a ideologia do humanismo socialista presta grandes serviços práticos, mas estes serviços são equívocos pois representam, simultaneamente, um grave perigo; *o de não assinalar as condições sociais que definem qualquer 'liberdade' e, duma forma*

O excerto abaixo demonstra bem claramente a contraposição althusseriana ao humanismo:

> Nosso primeiro dever teórico, ideológico e político, digo bem político, é hoje de expulsar do domínio da filosofia marxista toda a quinquilharia "Humanista" que nela se despeja abertamente. Ela é uma ofensa ao pensamento de Marx e uma injúria a todos os militantes revolucionários. Pois o humanismo na *filosofia* marxista não é nem mesmo uma grande forma da filosofia burguesa instalada em Marx: é um dos subprodutos mais baixos da mais vulgar ideologia religiosa moderna. Seu efeito, senão seu objetivo, é conhecido de longa data: *desarmar o proletariado*.[73]

Interessante notar que, na passagem citada, o filósofo aponta o humanismo marxista como um subproduto da ideologia religiosa. Em momentos posteriores de sua produção teórica, Althusser irá demonstrar que a base do humanismo, inclusive das leituras humanistas do marxismo, encontra-se na ideologia jurídica, como veremos mais adiante em nosso trabalho.

Na visão althusseriana, o argumento de que haveria um humanismo marxista dotado de concretude – na esteira das proposições garaudyanas, por exemplo – não responde à questão das bases sobre as quais se funda o humanismo, ou seja, não vai ao cerne do problema que reside na distinção entre teoria científica e ideologia, além de trazer o perigoso risco de contaminação do marxismo pela ideologia burguesa. Ele assinala que, por ser o humanismo uma ideologia de classe, "não basta, para evitar os equívocos da ideologia humanista socialista, dizer que

---

mais em geral, qualquer ideal 'humano': as relações sociais do modo de produção considerados.
[...] a ideologia do humanismo socialista apresenta o grave perigo de não assinalar a determinação que condiciona o destino do socialismo e do comunismo: *a luta de classes*".
(Id. *Polêmica sobre o humanismo*. Tradução de Carlos Braga. Lisboa: Presença, 1967, p. 208).
73 Id. A querela do humanismo. *Crítica Marxista*, n. 9. São Paulo: Xamã, 1999, p. 44.

o humanismo socialista, contrariamente ao humanismo idealista burguês, é um humanismo 'verdadeiro' ou 'real'".[74]

Althusser, ao referir-se aos defensores da perspectiva de que o marxismo é um humanismo, declara que tal postura é infrutífera, pois não permite o avanço da teoria. Aliás, pelo contrário, fomenta um retrocesso. Nas palavras dele: "seus discursos humanistas terão efetivamente esse efeito catastrófico de fazer-nos voltar aquém de Marx, a uma ideologia pequeno-burguesa, que não pode ser, doravante, senão revisionista e reacionária".[75]

Para ele, a defesa do humanismo faz com que se afaste de um dos pontos fundamentais do marxismo, que é a luta de classes, ou seja, a defesa da ideologia humanista termina por mascarar a luta de classes. Em *Réponse a John Lewis* ele é bastante claro ao tratar da questão:

> Quando se diz aos proletários "são os homens que fazem a história", não é necessário ser grande para compreender que num prazo mais ou menos longo contribui-se para os desorientar e desarmá-los. Faz-se-os acreditar que eles são todo-poderosos como "homens", enquanto eles estão desarmados como proletários em face do verdadeiro poder, aquele da burguesia que detém as condições materiais (meios de produção) e políticas (o Estado) que comandam a história. [...] Quando se lhes canta a canção humanista, desvia-se-lhes da luta de classes, impedindo-os de se doarem e de exercerem o único poder de que eles dispõem: aquele da *organização em classe*, e da *organização de classe*, os sindicatos e o Partido, para reconduzir a luta de classe *deles* a *eles*.[76]

---

74 Id. *Polêmica sobre o humanismo*. Tradução de Carlos Braga Lisboa: Presença, 1967, p. 209.
75 Id. A querela do humanismo. *Crítica Marxista*, n. 9. São Paulo: Xamã, 1999, p. 43.
76 No original: "Quand on dit aux prolétaires "ce sont les hommes qui font l'histoire", il n'est pas besoin d'être grand pour comprendre qu'à plus ou moins longue écheance contribue à les désorienter et à les désarmer. On leur fait croire qu'ils sont tout-puissants comme "hommes", alors qu'ils sont desarmes comme prolétaires en face de la véritable toute-puissance, celle de la bourgeoise qui détient les conditions matérielles (les moyens de production) et politiques (l'Etat) qui commandent l'histoire. [...] Quando on leur chante la

Nesse ponto, importante a observação de Étienne Balibar:

> Althusser refere-se especificamente a oportunidade *de agir sobre a ideologia*, a partir de seu conhecimento, de pôr em ação uma verdadeira "política ideológica" que também seria política de transformação da ideologia (repetindo de alguma forma ao infinito a passagem histórica da política humanista à política da luta de classes, de "Todos os homens são irmãos" para "Proletários de todos os países, uní-vos").[77]

Por sua vez, ele reconhece a importância já desempenhada pelo humanismo no âmbito filosófico, entretanto, no período pré-marxista, destacando que conceitos como os de "homem", "espécie humana" e "essência humana" tiveram um papel relevante nas filosofias anteriores ao marxismo. Destaca também que a tradição humanista, ao valorizar o homem e a dignidade humana, teve o grande mérito de ter lutado contra os abusos, por exemplo, na época do feudalismo, contra a hegemonia da Igreja.[78] Contudo, salienta que o

---

chanson humaniste, on les détourne de la lutte de classes, on les empêche de se donner et d'exercer la seule puissance dont ils disposent: celle de l'*organisation en classe*, et de l'*organisation de classe*, les syndicats et le Parti, pour conduire *leur* lutte de classe *à eux*." (Id. *Réponse a John Lewis*. François Maspero, 1973, p. 48-49).

77 No original: "Althusser rattache précisément la possibilité *d'agir sur l'idéologie*, à partir de sa connaissance, de mettre en oeuvre une véritable 'politique idéologique' qui serait aussi politique de transformation de l'ideologie (rejouant em quelque sorte à l'infini le passage historique de la politique humaniste à la politique de la lutte des classes, de 'Tout les hommes sont frères' à 'Prolétaires de tout les pays, unissez-vous!')" (BALIBAR, Étienne. L'objet d'Althusser. In: LAZARUS, Sylvain. *Politique et Philosophie dans l'ouvre de Louis Althusser*. Paris: PUF, 1993, p. 94).

78 Interessante notar que, diferentemente do que para Garaudy, para Althusser, o marxismo não é um ateísmo. Ele esclarece: "...o *ateísmo* é uma ideologia *religiosa* (ateísmo como sistema teórico) e por isso o marxismo não é um *ateísmo* (neste sentido preciso). [...] o ateísmo como sistema teórico é sempre um *humanismo* [...] O Marxismo não é um ateísmo tal como a física moderna não é uma física anti-aristotélica. Pouco importavam a Aristóteles o mundo lunar e sub-lunar; as categorias da física moderna não se definem *contra*, isto é, *a partir* das categorias da física aristotélica... o marxismo trata a religião, o teísmo e o ateísmo do mesmo modo que a física moderna trata a física aristotélica, lutando teoricamente contra ela quando esta constitui um obstáculo teórico, combatendo-a ideológica e politicamente, quando constitui um obstáculo ideológico e político. [...] Teoricamente, o marxismo não é um *ateísmo*, é uma doutrina que, na medida em que a religião existe como obstáculo, se vê obrigado *a lutar contra ela*" (ALTHUSSER, Louis. *Polêmica sobre o humanismo*. Tradução

humanismo se trata fundamentalmente de uma ideologia burguesa, que foi importante em determinado momento histórico, mas que não tem lugar na teoria marxista, não obstante, tenha ainda existência no plano ideológico.[79] Nas palavras de Althusser:

> No caso do anti-humanismo teórico de Marx, desejo aclarar que está longe de mim a ideia de denegrir a grande tradição humanista cujo mérito histórico é o de haver dado ao homem uma dignidade. Os grandes humanistas burgueses que proclamaram que é homem que faz a história, estavam lutando do ponto de vista burguês – então revolucionário – contra a tese religiosa da ideologia feudal que sustentava que Deus é o que faz a história.[80]

O filósofo classifica as noções do humanismo pretensamente teórico, tais como a de sujeito, homem, espécie humana, essência humana como "obstáculos epistemológicos", ou seja, noções que "opõem à posição e à solução científica dos problemas reais".[81]

---

de Carlos Braga Lisboa: Presença, 1967, p. 221-222). Althusser ainda critica a postura "ecumenista" de muitos marxistas, como por exemplo, Roger Garaudy, que apregoava o "diálogo entre marxistas e cristãos" e uma aproximação com diversas vertentes religiosas. Althusser se mostra categoricamente contrário a tal postura garaudyana, embora não faça nenhuma referência nominal. Nas palavras dele: "não, não é o ecumenismo que está, *objetivamente,* na ordem do dia, mas sim a luta de classes e a luta anti-imperialista. Pensar que o ecumenismo está na ordem do dia é adotar as posições ideológicas da Igreja católica. O ecumenismo está na ordem do dia para a Igreja, mas não para nós nem para os povos. O ecumenismo é a interpretação religiosa-reformista-idealista da nossa tese da coexistência pacífica." (Ibid., p. 218).

79 Nesse ponto, cabe elucidar que Althusser, indagado por Fernanda Navarro, sobre o uso da palavra "homem", a qual costuma ser utilizada em diversos níveis, tais como, noção conceito ou categoria, responde o quanto segue: "Aqui estou usando como categoria filosófica, no sentido de essência ou de espécie humana que é como tem desempenhado um papel teórico essencial nas filosofias clássicas pré-marxistas. O sujeito das teorias do conhecimento, o sujeito transcendental, o sujeito econômico, mora, político. [...] Quando falo de 'papel teórico' desempenhado por uma categoria, entendo que forma corpo com outras categorias; que não pode ser suprimida do conjunto sem alterar o funcionamento e o sentido do todo. A grande filosofia clássica representa a tradição de um humanismo teórico inquestionável" (Id. *Filosofia y Marxismo: entrevista por Fernanda Navarro*. México: Siglo Veintiuno, 1988, p. 80).

80 Ibid., p. 79.

81 Id. A querela do humanismo II. *Crítica Marxista*, n. 14. São Paulo: Boitempo, 2002, p. 50.

Para Althusser, Marx, ao fundar a ciência da história, rompeu definitivamente com a pretensão humanista de explicar a sociedade e a história que partia da premissa de uma pressuposta "essência humana". Ele esclarece:

> Porque quando se parte do homem, não se pode evitar a tentação idealista da onipotência da liberdade ou do trabalho criador, isto é, sofre-se de facto, em total "liberdade", a onipotência da ideologia burguesa dominante, que tem por função mascarar e impor, sob as formas ilusórias do livre poder humano, um outro poder, bastante real e poderoso, o do capitalismo.[82]

Na visão althusseriana, Marx não toma o homem como ponto de partida, no âmbito teórico, para romper definitivamente com a mistificação da ideologia burguesa dominante. O ponto de partida do marxismo é "a causa estrutural que produz esse efeito ideológico burguês e alimenta a ilusão de que se deveria tomar como ponto de partida o homem",[83] sendo que essa causa, na sociedade capitalista, é a relação de produção capitalista, que é uma relação de exploração e dominação, a qual determina as demais relações sociais, bem como os homens na sua vida concreta, inseridos num sistema de luta de classes. Em suma, sustenta que o marxismo "'parte do período social economicamente dado': e, no final de sua análise, *pode 'chegar' aos homens reais*".[84]

Nesse raciocínio, pode-se dizer que os homens reais, em sua massa, terminam por ser produtos de suas condições de classe, ou seja, "cada classe tem seus indivíduos, modelados em sua individualidade pelas suas condições de vida, de trabalho, de

---

82 Id. Defesa da Tese de Amiens. In: *Posições*. Tradução de João Paisana. Lisboa: Horizonte, 1977, p. 169.
83 Ibid., p. 169.
84 Id. Resposta a John Lewis. Tradução de Carlos Nelson Coutinho. In: *Posições 1*. Rio de Janeiro: Graal, 1978, p. 30.

exploração e de luta: pelas relações de luta de classes".[85] Desse modo, de conformidade com o filósofo francês, afasta-se a ideia burguesa de liberdade como pertencente à natureza do homem e constata-se que as liberdades humanas, bem como suas formas e limites, são intrinsecamente dependentes de suas condições sociais concretas.

Ele faz ainda uma importante advertência: "se a questão do 'homem sujeito da história' desaparece, isso não quer dizer que desapareça a questão da ação política". Nesse ponto, defende que o partido revolucionário, por exemplo, não obstante a necessidade de ter uma postura combativa, não deve ter suas práticas e objetivos determinados por ideais humanistas,[86] mas sim deve ter sua ação pautada pelo estado da luta de classes e por sua relação com a teoria marxista, bem como por outros fatores concretos.[87]

Sustenta Althusser que a astúcia burguesa visa propagar os ideais humanistas de liberdade do homem, de modo a engodar a classe proletária, que crente no seu poder individual enquanto homem, desvia-se do que realmente interessa, ou seja, a luta de classes. Assim, conforme observa Thévenin,

---

85 Ibid., p. 30.
86 Em *Carta a Michel Simon*, datada 14 de maio de 1965, Althusser tece interessantes considerações: "tenho muito mais dúvidas que tu acerca dos 'sintomas' da existência concreta da universalidade do gênero humano actualmente. Os exemplos que dás (fome no mundo, subdesenvolvimento, sistema monetário mundial, cooperação científica internacional, contaminação das águas, ano hidrológico internacional) parecem-me irrisórios e, sobretudo, suspeitos. Sabemos perfeitamente que as campanhas contra o subdesenvolvimento, contra o cancro etc., são os 'cavalos de batalha', no estado atual das coisas, dos representantes hábeis do imperialismo e do concílio religioso. [...] Os que 'falam' hoje da 'fome no mundo' e do 'subdesenvolvimento' são exatamente aqueles que os produzem e mantêm nesse estado. [...] Os discursos que se pronunciam sobre esses assuntos dramáticos não constituem senão uma cortina de fumo para as boas consciências, permitem-lhes acomodar-se à realidade existente da exploração e da guerra dando-lhes a contrapartida verbal dos discursos destinada a fornecer-lhes uma 'boa consciência'. [...] Não nos devemos juntar ao coro dos hipnotizadores [...]. Devemos pronunciar *um discurso diferente* que seja *antes do mais* uma denúncia que conduza à *luta* [...]." (Id. *Polêmica sobre o humanismo*. Lisboa: Presença, 1967, p. 217-218).
87 Id. Resposta a John Lewis. Tradução de Carlos Nelson Coutinho. In: *Posições 1*. Rio de Janeiro: Graal, 1978, p. 30-31.

Althusser denuncia, na categoria "homem", tanto o conteúdo de classe e a função ideológica que ela representa quanto as suas consequências políticas.[88] Portanto, na ótica althusseriana, é insustentável qualquer leitura que defina o marxismo como um humanismo.

3.3. Sujeito e ideologia

3.3.1. A ideologia e a categoria sujeito

A diferenciação entre ciência e ideologia é fundamental no pensamento de Althusser, porque para ele "todo o discurso científico é um discurso sem sujeito, não há 'sujeito da ciência' senão para uma ideologia da ciência".[89]

Para Althusser, a categoria sujeito, por sua vez, é constitutiva de toda a ideologia. A presença ou não dessa categoria é um dos pontos cruciais para a compreensão da distinção entre teoria científica e ideologia.

Na ótica althusseriana, é importante destacar que a ideologia não é uma opção ou um ato de vontade, mas opera no nível do inconsciente, instalando-se, desse modo, na subjetividade, e sendo a resultante de práticas materiais. Portanto, a ideologia não depende da consciência do indivíduo ou de sua visão de mundo, haja vista que o indivíduo jaz nela mergulhado.

É da concretude das relações sociais que advém a ideologia. Destarte, pode-se dizer que a ideologia é eterna, pois não tem história, no sentido de que não é obra de um sujeito.

A ideologia estabelece-se estruturalmente na sociedade, logo, toda sociedade possui ideologia.[90] No entanto, não são os

---

88 "C'est donc le contenu de classe et la fonction idéologique qu'elle remplit qu'Althusser dénonce dans la catégorie d'*homme*. Il en montre aussitôt les conséquences politiques [...]." (THÉVENIN, Nicole-Edith. *Révisionnisme et philosophie de l'aliénation*. Paris: Christian Bourgois, 1977, p. 236).
89 ALTHUSSER, Louis. Ideologia e aparelhos ideológicos de estado. In: *Posições*. Tradução de João Paisana. Lisboa: Horizonte, 1977, p. 115.
90 "Tanto en una sociedad sin classes como en una sociedad de classes la ideologia tiene

indivíduos que criam a ideologia, mas são meros suportes dela, sendo que ela se impõe à livre consciência dos homens de tal sorte que eles se sentem constrangidos a reconhecer a verdade das ideias por ela carreadas. Desse modo, a materialidade capitalista é a geradora da ideologia burguesa.

Os defensores do humanismo sustentam que cabe ao indivíduo, por um ato de vontade, escolher uma ideologia de maneira livre e aleatória. Porém, se consideramos, como Althusser, que a ideologia advém de relações sociais concretas, temos que ela molda o indivíduo e sua subjetividade e não o oposto.

A categoria sujeito, para Althusser, é constitutiva de toda ideologia e, ao mesmo tempo, a ideologia tem por função definidora e como condição de existência constituir indivíduos concretos em sujeitos. Tal se dá por meio de um processo de interpelação, que consiste no fornecimento de uma identidade ao interpelado, mediante os rituais de reconhecimento ideológico, propiciando a "internalização das relações sociais efetivas".[91]

A ideologia, ao constituir os indivíduos em sujeitos, mediante esse processo de internalização ideológica, subordina-os ao "Sujeito" da própria ideologia, podendo esse ser Deus, o capital ou o Estado, por exemplo; logrando obter uma "obediência consentida".[92]

Para que possamos bem compreender o caráter da ideologia no pensamento althusseriano, é importante ter em mente que,

---

por funcíon asegurar el lazo que une a los hombres entre sí en el conjunto de las formas de su existência, la relación de los indivíduos a sus tareas fijadas por la estructura social. [...] En una sociedad de clases esta función se encuentra *dominada* por la forma que toma la división del trabajo en la repartición de los hombres em *clases antagonistas*. Se observa entonces que, en las sociedades de clases, la ideologia está destinada a asegurar la cohesíon de la relación de los hombres entre sí y com sus tareas, en la estrutura general de la explotacíon de classe, que domina aqui todas las otras relaciones, las que subsisten, sin embargo, bajo y através de esta dominación" (Id. *Polêmica sobre Marxismo y Humanismo*. Traducción de Martha Harnecker. México: Siglo Veintiuno, 1968, p. 182).
91 SAMPEDRO, Francisco. A teoria da ideologia de Althusser. In: NAVES, Márcio Bilharinho (Org.). *Presença de Althusser*. Campinas: Instituto de Filosofia e Ciências Humanas, 2010, p. 51.
92 Ibid., p. 48.

para ele, é da materialidade das relações sociais que advém a ideologia, ou seja, ela é a resultante das práticas materiais reiteradas e, ao mesmo tempo, ela tem existência material na medida em que ela garante a reprodução dessas práticas.

Retomando o pensamento de Sigmund Freud, Althusser esclarece que, antes mesmo de nascer, o indivíduo já é constituído sujeito, na configuração ideológica familiar, mediante todo o "ritual ideológico" que precede um nascimento, consubstanciado, por exemplo, nas escolhas do nome, da vestimenta, e de tantos outros elementos que identificarão o indivíduo socialmente, de modo a que ele possa ter o seu papel e lugar na sociedade.

Por exemplo, no caso de se esperar o nascimento de uma menina de classe média na capital paulista, em regra, escolher-se-á um nome feminino, um enxoval cor-de-rosa, brinquedos femininos etc. Após seu nascimento, essa menina será educada a ter comportamentos típicos do gênero feminino, a se portar como menina, a ter hábitos de classe média etc.

Na esfera religiosa, igualmente, temos o processo ideológico de interpelação do indivíduo como sujeito, que se reconhece como sujeito único, assujeitado ao Sujeito absoluto, no caso, Deus.

Cabe salientar que a ideologia perpassa todas as relações sociais, constituindo sujeitos, num processo contínuo.

No caso da ideologia jurídica, que está na base de toda a ideologia, temos o indivíduo constituído em sujeito de direito, como veremos mais adiante.

Impende destacar que as mais diversas materialidades podem consistir em matrizes ideológicas. Nesse ponto, importa retomar o célebre exemplo de Althusser, no qual ele se vale de uma afirmativa de Pascal: "Ponde-vos de joelhos, mexei os lábios em oração e acreditareis".[93] Nessa proposição, estão expressas diversas materialidades, tais como, o ato de se colocar de

---

93 ALTHUSSER, Louis. Ideologia e aparelhos ideológicos de estado. In: *Posições*. Tradução de João Paisana. Lisboa: Horizonte, 1977, p. 113.

joelhos e de pronunciar a oração. Essas práticas materiais reiteradas terminarão por constituir a ideologia que, por sua vez, constituirá o sujeito, interpelando-o como tal.

3.3.2. A crítica ao "sujeito consciente"

Althusser equipara Marx a Freud, na sua conhecida metáfora em que os categoriza como descobridores de continentes.

Para ele, assim como Karl Marx descobriu o materialismo histórico, Sigmund Freud desvendou o inconsciente. Ambos não criaram um objeto novo, mas descobriram o caminho teórico que permitiu ter uma melhor compreensão dos objetos por eles investigados, de modo a ser possível defini-los, delimitá-los, mensurá-los, caracterizar suas formas e seus efeitos, bem como atuar sobre eles.

Tanto Marx quanto Freud apresentaram uma contraposição teórica à ideologia burguesa do "sujeito consciente". Freud o fez ao descortinar o inconsciente e Marx ao desvendar a concretude das relações sociais.

A ideologia do homem como sujeito consciente é forma filosófica típica da ideologia burguesa, tendo ampla influência em setores como a psicologia, a moral, o direito e a economia política, dentre outros.[94]

Logo, o combate à ideia de que a "consciência de si" possa ser identificada com o ser na sua realidade e, por conseguinte, o reconhecimento de que ambos são completamente distintos, consiste numa posição teórica de forte ataque à ideologia burguesa. Nas palavras de Althusser:

> Na categoria sujeito consciente de si, a ideologia burguesa representa os indivíduos como o que, devem ser, para aceitar sua própria submissão à ideologia burguesa, representa-os como dotados da unidade e da consciência

---

94 Id. *Freud e Lacan. Marx e Freud*. Tradução de Walter José Evangelista. Rio de Janeiro: Graal, 1991, p. 84.

(essa mesma unidade) que devem ter para unificar suas diferentes práticas e seus diferentes atos sobre a unidade da classe dominante.[95]

Assevera o filósofo francês que "essa categoria filosófica do sujeito consciente de si se encarna naturalmente na concepção burguesa da Moral e da Psicologia".[96] Para ele, é patente perceber que a moral tem uma necessidade intrínseca dessa categoria de maneira a que possa sujeitar os sujeitos por ela constituídos, obrigando-os a obedecer-lhes aos preceitos e, de igual modo, o direito, ao constituir o sujeito de direito, o qual possui o sujeito moral como complemento necessário.

Portanto, observa-se que tanto Marx quanto Freud realizaram uma revolução copernicana, na medida em que, tal como Copérnico "retirou" a Terra do centro do universo, Marx "retirou" o sujeito humano do centro da história e Freud, a seu turno, demonstrou que o sujeito humano não tem um ego centrado na consciência.[97]

3.3.3. O processo sem sujeito

Para o filósofo da *rue d'Ulm*, Karl Marx descortinou um novo continente ao conhecimento científico, qual seja, a história, inaugurando, de igual modo, uma posição filosófica sem precedentes. Na leitura althusseriana do marxismo, tanto a história quanto a história da produção de conhecimentos são processos sem sujeito. Ou seja, não há um sujeito da história, que faça a história. Essa concepção é tanto uma expressão quanto uma consequência direta do anti-humanismo teórico.

Althusser assinala que "Marx deve a Hegel essa categoria filosófica decisiva de processo". Enquanto para muitos, em

---
95 Ibid., p. 85.
96 Ibid., p. 84.
97 Ibid., p. 70-71.

Hegel, "a História é um *processo de alienação que tem um sujeito*, e esse sujeito é o Homem",[98] Althusser afirma:

> [...] Nada é mais estranho ao pensamento de Hegel que essa concepção *antropológica* de história. Para Hegel, a História é realmente um processo de alienação, mas esse processo não tem o homem como sujeito. [...] a história não é a alienação do Homem, mas a alienação do Espírito, ou seja, o último momento da alienação da Ideia. [...] em Hegel, a história é pensada como um *processo* de alienação *sem sujeito*, ou um processo dialético *sem sujeito*. É na teleologia que jaz o verdadeiro sujeito hegeliano. Eliminem a teleologia, resta essa categoria filosófica que Marx herdou: a categoria filosófica *de processo sem sujeito*.[99]

Nessa linha de raciocínio, na leitura althusseriana do marxismo, não se pode dizer simplesmente, por exemplo, que a ciência marxista surgiu de uma descoberta de Karl Marx, mas a isso deve-se acrescentar que ela veio à lume como fruto de um processo dialético, na confluência, no plano teórico, da filosofia alemã, da economia política inglesa e do socialismo francês, bem como da concretude da luta de classes entre burguesia e proletariado.[100]

Obviamente que, no aspecto da história concreta, não se pode negar a existência de indivíduos concretos, no sentido de

---

98 Id. A querela do humanismo. *Crítica Marxista*, n. 9. São Paulo: Xamã, 1999, p. 22.
99 Ibid., p. 23-24. Nesse ponto, cabe destacar o esclarecimento de Armando Boito Jr.: "Na filosofia da história de Hegel, há uma tensão na questão referente ao sujeito da história e mais de uma possibilidade de leitura a esse respeito, mas nenhuma dessas leituras podem comportar a ideia de que os homens seriam os sujeitos da história. Se pusermos acento na ideia de que o Espírito do mundo, que se realiza no ponto de chegada do processo histórico, já se encontra virtualmente pronto no início desse mesmo processo, teremos o Espírito como sujeito da história que se realiza apenas para realizá-lo [...] Se, ao contrário, acentuarmos que o Espírito se forma de fato no decorrer do próprio processo, o processo será o verdadeiro sujeito do Espírito. Ora, um processo que tem a si próprio como sujeito é, na verdade, um processo sem sujeito [...]" (BOITO JR., Armando. *Estado, política e classes sociais*. São Paulo: UNESP, 2007, p. 45).
100 ALTHUSSER, Louis. A querela do humanismo. *Crítica Marxista*, n. 9. São Paulo: Xamã, 1999, p. 17.

seres humanos que atuam das mais diferentes maneiras, em seus respectivos tempos históricos. Contudo, a história não possui um sujeito e, ao mesmo tempo, os indivíduos não podem agir na história se não forem constituídos sujeitos.

. Althusser traça uma linha demarcatória importante para que possamos compreender seu pensamento sobre essa questão, preconizando uma significativa distinção entre "a questão da constituição dos indivíduos em sujeitos históricos, ativos na história" e a "questão do 'sujeito da história' ou mesmo dos 'sujeitos da história'. Para ele, a primeira problemática diz respeito ao materialismo histórico, portanto, de caráter científico; e a segunda se conecta ao materialismo dialético, por conseguinte, de natureza filosófica.[101]

O objeto do materialismo histórico, conforme define Althusser, é "a natureza das formas de existência histórica próprias à espécie humana: a saber, a estrutura das formações sociais, como condição da produção e da reprodução das condições de produção dos meios materiais de existência dos homens". Assim sendo, considerando que o materialismo histórico "tem por objeto verdadeiras formações sociais", para ele, as descobertas científicas referentes à evolução das espécies, como, por exemplo, a de que o homem não é descendente direto dos macacos, não lhe alteram as premissas, considerando que se pode apontar uma "fronteira entre as leis biológicas e ecológicas, de um lado, e as leis sociais da história, que propriamente fazem a história humana, de outro". Para Althusser, apenas do ponto de vista filosófico essas descobertas apresentam interesse, na medida em que "elas propõem uma dialética totalmente diferente da dialética teleológica do evolucionismo".[102]

---

[101] ALTHUSSER, Louis. Observação sobre uma categoria: "Processo sem sujeito nem fim(s)". Tradução de Carlos Nelson Coutinho. In: *Posições 1*. Rio de Janeiro: Graal, 1978, p. 67.
[102] Id. A querela do humanismo II. Tradução de Laurent de Saes. *Crítica Marxista*, n. 14. São Paulo: Boitempo, 2002, p. 60- 61.

No âmbito do materialismo histórico, os indivíduos humanos são ativos na história, contudo, não agem como sujeitos livres e constituintes, no aspecto filosófico da terminologia empregada, pois atuam "em e sob determinações das formas de existência histórica das relações sociais de produção e de reprodução". Desse modo, o indivíduo humano, para que possa ser um agente histórico, deve se revestir da "forma-sujeito", ou seja, somente o sujeito constituído pode agir efetivamente, sendo que esse processo de constituição se dá por meio da ideologia.[103]

Por sua vez, no que tange ao materialismo dialético, a categoria idealista de "Sujeito", enquanto origem, causa e centro-absoluto, não pode subsistir, pois:

> A filosofia marxista pensa em e sob categorias inteiramente diversas: determinação em última instância (que é algo inteiramente diferente da Origem, Essência ou Causa unas), determinação por Relações (idem), contradição, processo, "pontos nodais" (Lênin) etc.[104]

Portanto, pode-se concluir, de conformidade com esse raciocínio, que a história é um processo sem sujeito, e que os indivíduos, quando constituídos sujeitos, por meio da ideologia, passam ser agentes históricos. Esse processo de constituição dos indivíduos em sujeitos tem o condão de mascarar a realidade concreta de que o movimento histórico é produzido pela luta de classes.

---

103 "La 'forme-sujet' est en effet la forme d'existence historique de tout individu, agent des pratiques sociales: car les rapports sociaux de production comprennent nécessairement, comme partie *integrante*, ce que Lénine appelle '*les rapports sociaux* [jurídico-] *idéologiques*', qui pour 'fonctionner', imposent à tout individu-agent la forme de *sujet*." (Id. Rémarque sur une catégorie: "procès sans Sujet ni Fin(s)". In: *Réponse à John Lewis*. François Maspero, 1973, p. 71).
104 Id. Observação sobre uma categoria: "Processo sem sujeito nem fim(s)". Tradução de Carlos Nelson Coutinho. In: *Posições 1*. Rio de Janeiro: Graal, 1978, p. 68.

3.3.4. Os aparelhos ideológicos de Estado

Para Althusser, é uma leitura errônea do marxismo enxergar no Estado um puro instrumento de dominação e repressão à serviço da classe burguesa. Ele não é neutro. Logo, um dos fins últimos do processo revolucionário é o da destruição do Estado.[105]

Ele acrescenta ainda à teoria marxista tradicional o conceito de *aparelhos ideológicos de Estado*, os quais, pelo seu funcionamento, impõe a dominação ideológica da classe dominante, no caso da sociedade capitalista, da burguesia.

Para elucidar esse ponto, é importante fazer algumas observações.

Do pensamento de Althusser, podemos extrair uma diferenciação entre poder de Estado e aparelho de Estado, ou seja, o poder que domina o Estado é diverso do aparelho que o caracteriza.

Esse aparelho de Estado, que na leitura clássica do marxismo, é o próprio Estado, ou seja, uma máquina de repressão a serviço da classe dominante, que compreende, conforme descreve Althusser, não só o aparelho especializado, como os tribunais, as polícias, o sistema prisional, mas de igual modo as forças armadas, bem como todo o sistema de governo, englobando seus chefes e a burocracia administrativa.

O filósofo francês soma a essa descrição, o conceito de aparelhos ideológicos de Estado.

Assim, em Althusser, temos tanto a noção de aparelho repressivo de Estado quanto a de aparelhos ideológicos de Estado.

O aparelho repressivo de Estado, como vimos, é distinto do poder de Estado e compreende todas as instituições de caráter repressivo. A característica fundamental de tal aparelho é operar pela repressão e até mesmo pela violência. Nele, a ideologia também desempenha um papel, todavia, não é a protagonista.

---
105   Id. *Sobre a Reprodução*. Tradução de Guilherme João de Freitas Teixeira. 2. ed. Rio de Janeiro: Vozes, 2008, p. 99-101.

Por sua vez, os aparelhos ideológicos de Estado operam primordialmente na base da ideologia e ramificam-se em diversas realidades, que se apresentam, em geral, sob a forma de instituições. Temos assim os aparelhos ideológicos espraiados pelos sistemas religioso, escolar, familiar, político, sindical, de informação, cultural, jurídico, dentre outros.

Para cada aparelho ideológico de Estado se nota a correspondência de "instituições" ou "organizações". Por exemplo, ao aparelho ideológico escolar correspondem as diferentes escolas, do ensino fundamental à pós-graduação; ao aparelho ideológico religioso, correspondem as diferentes igrejas e locais de culto; ao aparelho ideológico político, correspondem os diversos partidos políticos, o parlamento etc.

Nessa esteira, tem-se que nenhuma classe detém o efetivo poder do Estado sem exercer ao mesmo tempo seu domínio sobre os aparelhos ideológicos de Estado, haja vista que tais aparelhos têm papel essencial para a manutenção das relações de exploração inerentes ao capitalismo.

Interessante notar que os aparelhos ideológicos de Estado não atuam por meio da violência de caráter físico. Afinal, em tese, é livremente que as pessoas escolhem ir para a escola, ir para a igreja, fazer uma pós-graduação, trabalhar em determinada atividade, assistir a um determinado programa de TV, visitar determinado *site*, curtir determinada página do *Facebook*, ler determinados livros, ouvir determinadas músicas etc.

Fica, deste modo, patente que o modo de operação dos aparelhos ideológicos de Estado se dá predominantemente "por meio da ideologia". Não obstante, eles também agem, porém em escala bem menor, por meio da repressão. Pode-se citar, por exemplo, escolas e igrejas, as quais "amestram", "não só seus oficiantes (professores e padres), mas também suas ovelhas (alunos, fiéis etc.)".[106]

---

106 Ibid., p. 205; 113.

A contribuição do filósofo francês com a conceituação dos aparelhos ideológicos de Estado é notável, na medida em que a constatação da existência de tais aparelhos nos permite ver com mais clareza os mecanismos de dominação burguesa na sociedade capitalista.

Por exemplo, vemos com nitidez os meios de comunicação de massa, no âmbito dos aparelhos ideológicos de informação, constituindo sujeitos cada vez mais "praticantes" e "defensores" da ideologia burguesa.

São inúmeros os aparelhos de Estado. É impossível esgotar uma abordagem sobre cada um deles em breves linhas.

Dentre os aparelhos ideológicos, Althusser destaca o aparelho ideológico escolar, o qual começa a sua atuação no momento em que as pessoas são psiquicamente mais fragilizadas: na infância. No mais, esse aparelho atua sob uma aparência de neutralidade, afinal, tem-se que, em regra, a escola é laica e que os professores respeitam a "livre consciência" de seus alunos, quando, na realidade, o aparelho escolar é um dos mais poderosos "inculcadores" de ideologia burguesa.[107]

No que tange ao direito, Althusser observa que ele tem a peculiaridade de pertencer tanto aos aparelhos ideológicos de Estado quanto aos aparelhos repressivos de Estado, propriamente ditos, e que ocupa posição fundamental no esquema de dominação capitalista.

Nessa ótica, temos que a ideologia jurídica serve, de maneira essencial, à dominação burguesa e à reprodução capitalista, sendo, ao mesmo tempo consequência direta desta. Com efeito, "a ideologia jurídica, 'prova' que a ordem social não repousa sobre a existência de classes, senão precisamente sobre os indivíduos aos quais o direito se dirige".[108]

---

107   Ibid., p. 168-169.
108   No original: "la ideología jurídica, 'prueba' que el orden social no reposa sobre la existencia de clases, sino precisamente sobre la de los individuos a los que el derecho se dirige".

É interessante também considerar que Althusser propõe uma superação da clássica dicotomia entre as esferas pública e privada, afirmando que "o Estado da classe dominante, não é público nem privado, é pelo contrário, a condição de toda distinção entre público e privado".[109]

Para ele, essa distinção é intrínseca ao direito burguês, mas os domínios do Estado se estendem para além dos limites do direito, não importando, por conseguinte, o caráter das instituições, se públicas ou privadas, para que possam funcionar como aparelhos ideológicos de Estado.

Em seu célebre texto *Ideologia e Aparelhos Ideológicos de Estado*, Althusser traça importantes desenvolvimentos sobre essa temática, abordando, por exemplo, o mecanismo de interpelação ideológica que constitui os indivíduos em sujeitos. Contudo, nesse texto, o conceito de sujeito ainda é abordado no contexto de "um certo empirismo", como bem esclarece Nicole-Edith Thévenin:

> Empirismo inevitável na medida em que lhe falta precisamente a teorização do lugar privilegiado da produção ideológica do sujeito: o direito. (É impressionante, aliás, ver como Althusser neste artigo assimila o AIE jurídico a quaisquer dos outros AIE, enquanto que hoje ele aparece como constitutivo de toda a ideologia, portanto, dos outros AIE. [...]). É preciso notar que esse empirismo desaparece precisamente em Réponse à John Lewis, na medida em que nele é apreendido o liame ideologia burguesa/direito no par economismo/humanismo.[110]

(BALIBAR, Étienne. *Sobre la dictadura del proletariado*. Madri: Siglo XXI, 1977, p. 45.
109   ALTHUSSER, Louis. Ideologia e aparelhos ideológicos de estado. In: *Posições*. Tradução de João Paisana. Lisboa: Horizonte, 1977, p. 91.
110   THÉVENIN, Nicole-Edith. Ideologia jurídica e ideologia burguesa (ideologias e práticas artísticas). Tradução de Márcio Bilharinho Naves. In: NAVES, Márcio Bilharinho (Org.). *Presença de Althusser*. Campinas: Instituto de Filosofia e Ciências Humanas, 2010, p. 53.

3.3.5. O sujeito de direito

Para Althusser, o grande equívoco daqueles que defendem a identificação entre marxismo e humanismo é o seu apego a uma ideologia em detrimento da teoria científica e a consequente visão distorcida da realidade.

Logo, para que se avance numa compreensão real do direito como o conhecemos, é preciso que se abandone as noções humanistas de "homem" e "sujeito", pois, só assim é possível ver o direito como realmente é, ou seja, como forma inerente ao capitalismo e instrumento da sua reprodução, pertencente à estrutura dos aparelhos ideológicos de Estado.

No que se refere ao direito burguês e à ideologia jurídica, o filósofo francês é peremptório ao afirmar que a ideologia jurídica está no alicerce da filosofia burguesa, a qual tem, como seus objetos, entidades eminentemente jurídicas, tais como, sujeito, liberdade, a propriedade, a coisa etc. E nesse sentido, traça uma importante constatação:

> É suficiente abrir simples manuais de Direito ou Jurisprudência, para ver claramente que o Direito, que, caso único, é idêntico à sua ideologia, pois dela tem necessidade para poder "funcionar", portanto a ideologia jurídica é, em última instância, e mais frequentemente, sob formas de uma surpreendente transparência, a base de toda a ideologia burguesa.[111]

A categoria sujeito, de acordo com Althusser, está na base de toda a ideologia, estando fundamentalmente atrelada ao humanismo filosófico, sendo que o sujeito por excelência é o sujeito de direito. Nessa esteira, importa destacar a precisa observação de Nicole-Edith Thévenin:

---

111 ALTHUSSER, Louis. Elementos de autocrítica. In: *Posições 1*. Rio de Janeiro: Graal, 1978, p. 89.

> [...] esse humanismo encontra seu fundamento e sua justificação no direito, quer dizer, precisamente na ideologia da *circulação* que coloca à frente a categoria de sujeito com seus atributos ou melhor sua essência, propriedade, igualdade, liberdade, escamoteando assim as relações de produção em benefício de uma legalidade.[112]

Mais adiante, retornaremos a essa questão.

---

112 No original: "[...] cet humanisme trouve son fondament et sa justification dans le droit, c'est-à-dire précisément dans l'idéologie de la *circulation* qui met en avant la catégorie de sujet avec ses attributs ou plutôt son essence, proprieté, egalité, liberte, escamotant ainsi les rapports de production, au profit d'une legalité." (THÉVENIN, Nicole-Edith. *Révisionnisme et philosophie de l'aliénation*. Paris: Christian Bourgois, 1977, p. 233).

4

A QUERELA DO HUMANISMO: O CONFRONTO TEÓRICO ENTRE GARAUDY E ALTHUSSER

A oposição entre o pensamento de Garaudy e Althusser é frontal, considerando que, enquanto para Garaudy o marxismo é um humanismo, para Althusser "é preciso ter claro que o anti-humanismo teórico que sustenta o materialismo histórico implica a eliminação do conceito de 'homem' como conceito *central*, para a teoria marxista."[1]

Conforme destaca Gerard Belloin, "Althusser considerava o humanismo como o cavalo de Tróia da ideologia burguesa no marxismo-leninismo".[2]

Esse é grande cerne da divergência teórica entre ambos. Contudo, ela se desdobra em diversos aspectos.

Althusser aponta que "sobre uma problemática da *natureza humana* (ou da essência do homem)" repousava a filosofia "idealista ('burguesa')", "em todos os seus domínios e

---
1 ALTHUSSER, Louis. *Filosofia y Marxismo* – entrevista por Fernanda Navarro. México: Siglo Veintiuno, 1988, p. 8.
2 BELLOIN, Gerard. Le Comité Central d'Argenteuil. *Le parti communiste français: archives et objet d'histoire*, n. 76/77, 2003/2004, p. 77.

desenvolvimentos". Tal problemática mostrava-se como evidente e, durante períodos seculares, não obstante as alterações sofridas, "ninguém sonhava em questioná-la",[3] constituindo-se num arcabouço conceitual preciso e bem articulado.

O núcleo desse sistema teórico humanista era a combinação de dois postulados "complementares e indissociáveis", pressupondo "toda uma concepção empirista-idealista do mundo": existência de uma "essência universal do homem", de modo que "essa essência é o atributo dos 'indivíduos considerados isoladamente' que são seus sujeitos reais".[4]

A mútua implicação entre sujeito e essência, apontada por Althusser, é elucidada no seguinte excerto:

> Para que a essência do homem seja atributo universal, é preciso efetivamente que *sujeitos concretos* existam, como dados absolutos: o que implica um *empirismo do sujeito*. Para que esses indivíduos empíricos sejam homens é preciso que tragam em si toda a essência humana, se não de fato, ao menos de direito: o que implica um *idealismo da essência*. O empirismo do sujeito implica, portanto, o idealismo da essência e reciprocamente. Essa relação pode se inverter em seu "contrário" – empirismo do conceito, idealismo do sujeito. A inversão respeita a estrutura fundamental dessa problemática, que permanece fixa.[5]

O filósofo destaca que "o conteúdo da essência humana ou dos sujeitos empíricos pode variar (como se vê de Descartes a Feuerbach); o sujeito pode passar do empirismo ao idealismo (como se vê de Locke a Kant)", porém "os termos e sua relação variam apenas no interior de uma estrutura-tipo invariante", ou seja, "*a um idealismo da essência corresponde*

---

3 ALTHUSSER, Louis. *Por Marx*. Tradução de LOUREIRO, Maria Leonor F. R. Campinas: UNICAMP, 2015, p. 188.
4 Ibid., p. 189.
5 Ibid., p. 189.

sempre um empirismo do sujeito (ou a um idealismo do sujeito, um empirismo da essência)".[6]

Althusser observa que a concepção de essência humana, fundamental nos escritos de juventude de Marx, passou de um período de identificação com liberdade e razão, sob influência de Kant e Fichte, para uma fase, já numa perspectiva feuerbachiana, na qual essência e existência mostravam-se contraditórias. Nesse momento, a essência humana preexistente possui caráter comunitário, de modo que ao homem apenas é possível realizar-se de maneira relacional, tanto com outros homens quanto com seus objetos. Aqui surge a problemática da alienação. Ele esclarece:

> A história é a alienação e a produção da razão na desrazão, do homem verdadeiro no homem alienado. Nos produtos alienados de seu trabalho (mercadorias, Estado, religião), o homem, sem o saber, realiza a essência do homem. Essa perda do homem, que produz a história e o homem, supõe uma essência preexistente definida. No fim da história, esse homem, que se tornou objetividade inumana, terá apenas de reaver como, como sujeito, sua própria essência alienada na propriedade, na religião, no Estado, para se tornar homem total, homem verdadeiro.[7]

Nessa perspectiva, para o jovem Marx, a revolução, de caráter político e humano, representará a possiblidade de restituição ao homem de sua essência alienada.[8]

---

6   Ibid., p. 189.
7   Ibid., p. 184.
8   Conforme observa Isabel Monal, no jovem Marx, sobretudo nos *Manuscritos de 1844*, os conceitos de essência genérica, alienação e emancipação humana apresentam-se de modo inseparável, consubstanciando-se assim numa "verdadeira tríade de interpretação e unidade teórica". Ela acrescenta ainda que o conceito de trabalho alienado se torna "o conceito central metodológico" por representar a síntese da "descrição crítica da sociedade burguesa", considerando-se que no texto, "o peso da crítica à sociedade burguesa e à economia política burguesa é determinante" (MONAL, Isabel. Ser genérico, esencia genérica en el joven Marx. *Crítica Marxista*, São Paulo, n. 16, 2003, p. 97; 101).

Portanto, na leitura althusseriana, Marx, em sua maturidade, "ao rejeitar a essência do homem como fundamento teórico", por conseguinte, afasta todo o "sistema orgânico de postulados" que dele decorre. Daí resulta a expulsão da categoria sujeito do arcabouço teórico marxista.[9] Para Althusser, "a ruptura com toda antropologia ou todo humanismo *filosóficos* não é um detalhe secundário: ela é constitutiva de toda descoberta científica de Marx".[10]

Para Althusser, as leituras humanistas do marxismo "podem variar do espiritualismo ao empirismo ou ao criticismo, mas não passam, todas elas, de variações do *idealismo*". Tais leituras são construídas numa base teórica que destaca "um mesmo 'sujeito criador' definido pela 'consciência' do futuro inscrito nos 'projetos', tendendo para uma transcendência que o distingue da animalidade, para uma transcendência que é uma realização de 'valores humanos' que o homem traz em si".[11]

O marxismo, na leitura althusseriana, é fundado sobre um arcabouço conceitual completamente diverso daquele propugnado pelas concepções humanistas. Nessa medida, o marxismo constitui-se num anti-humanismo teórico.

Garaudy, por sua vez, defende que o marxismo é um humanismo novo e peculiar, distinto daquelas concepções humanistas fundadas numa essência humana abstrata e num individualismo metafísico, típicos do período que vai do século XVI até meados

---

9 ALTHUSSER, Louis. *Por Marx*. Tradução de LOUREIRO, Maria Leonor F. R. Campinas: Unicamp, 2015, p. 189.
10 Ibid., p. 188. Sobre esse ponto, esclarece Geerlandt: "Isolant donc les ouvres antérieures à 1845, L. Althusser rejette définitivement dans l'idéologie la problématique de 'l'homme', celle de 'l'essence humaine' et par voie de conséquence toute forme d'humanisme (conçu désormais comme idéologie). Le concept d'homme est désormais inutilisable du point de vue scientifique: la problématique du marxisme mûr a donc 'émigré' en un lieu, où l'on rencontré des concepts nouveaux, ceux du matérialisme historique." (GEERLANDT, Robert. *Garaudy et Althusser: Le débat sur l'humanisme dans le parti communiste français et son enjeu*. Paris: PUF, Travaux et Recherches de l'Université du Droit et de la Santé de Lille, série Droit Public et Science Politique, 1978, p. 86-87).
11 Ibid., p. 191.

do século XIX. Essas antigas concepções, para o filósofo, inegavelmente desempenharam um papel positivo no passado, ao possibilitarem o rompimento com as hierarquias tradicionais do feudalismo.[12] Contudo, o humanismo marxista possui um caráter revolucionário e está assentado sobre novas bases.

O humanismo marxista, para Garaudy, tem sua construção teórica iniciada especialmente nos *Manuscritos de 1844*, no qual Marx rompe com a concepção metafísica de essência do homem, embora o humanismo por ele apresentado, ainda tenha um certo caráter especulativo. Para o filósofo, Marx, no referido texto, inicia o desenvolvimento teórico do humanismo que caracteriza o marxismo, o qual culminará com *O Capital*. Nesse ponto, Garaudy destaca:

> Encontramos, em *O Capital*, o método de análise fundante do humanismo teórico e prático de Marx sobre uma base diferente do humanismo metafísico. Marx define a "essência do homem", isto é, o que distingue os seres humanos de todas as outras espécies, e não por uma relação do homem com os outros homens e com a sociedade, mas, em primeiro lugar, por sua relação com a natureza, pelo ato pelo qual ele transforma a natureza e, por essa transformação, transforma a si mesmo. Este ato é o trabalho sob sua forma especificamente humana, isto é, o trabalho precede a consciência de sua finalidade.[13]

Em relação ao pensamento de Garaudy, acerca da temática da essência, tendo como lastro a leitura althusseriana do

---

12 GARAUDY, Roger. *Le Problème chinois*. Paris: Seghers, 1967, p. 230.
13 No original: "Nous trouvons, dans *Le Capital*, la méthode d'analyse fondant l'humanisme théorique et pratique de Marx sur une autre base que l'humanisme métaphysique. Marx définit 'l'essence de l'homme', c'est-dire ce qui distingue l'homme de toutes les autres espèces animales, non pas par un rapport de l'homme avec les autres hommes et la société, mais d'abord par son rapport avec la nature, par l'*acte* par lequel il transforme la nature et, grâce à cette transformation, se transforme lui-même. Cet acte, c'est le travail, sous sa forme spécifiquement humaine, c'est-à-dire le travail précede la conscience de son but." (GARAUDY, Roger. *Le Problème chinois*. Paris: Seghers, 1967, p. 233-234).

marxismo, pode-se dizer que a maneira pela qual Garaudy busca afastar o conceito de essência humana de sua construção teórica mostra-se contraditória e ineficaz. Com efeito, ainda que Garaudy assevere que o marxismo não traz a noção de essência humana, pelo menos em sua acepção metafísica, argumentando que se há uma essência humana, ela é concebida como projeto e historicamente construída, ele não abre mão do papel da subjetividade. Na realidade, nesse ponto, seria possível apontar uma contradição no pensamento de Garaudy, considerando que, partindo-se de uma leitura althusseriana, na qual a mútua imbricação entre sujeito e essência se mostra como inegável, pode-se chegar a conclusão que uma essência construída historicamente seria uma contradição em termos.[14]

Marx, na *VI Tese sobre Feuerbach*, afirma: "Feuerbach dissolve a essência religiosa na essência *humana*. Mas a essência humana não é uma abstração intrínseca ao indivíduo isolado. Em sua realidade, ela é o conjunto das relações sociais".[15]

Para Garaudy, Marx "esclarece admiravelmente essa definição em *A Ideologia Alemã* sublinhando que 'verdadeira riqueza do indivíduo depende inteiramente de suas relações reais'". Tais relações "não são somente relações de produção, mas também 'uma soma de forças produtivas, uma relação com a natureza e com os indivíduos'".[16]

---

14 "[...] a noção de essência humana histórica. Convém então, refletir criticamente sobre essa noção que é contraditória nos seus próprios termos. [...] A palavra essência tem servido para designar o que no ser é inteligível e pode servir para defini-lo. Ou seja, o que leva o ser a ser o que é, seus atributos fundamentais, dos quais todas as outras qualidades derivam. A essência seria invariável, na medida em que o ser seguiria sendo o que é, mesmo quando eventos acidentais relacionados a ele se modifiquem". HANDFAS, Anita. *Uma leitura crítica das pesquisas sobre as mudanças nas condições capitalistas de produção e a educação do trabalhador*. Tese (Doutorado em Educação) - Faculdade de Educação da Universidade Federal Fluminense, Niterói, 2006. Disponível em: <http:// www.uff.br/pos_educacao/joomla/images/stories/Teses/handfast2006.pdf>. Acesso em: 29 ago. 2016, p. 41.
15 MARX, Karl. Marx Sobre Feuerbach (1845). In: MARX, Karl; ENGELS, Friedrich. *A Ideologia Alemã*. Tradução de Rubens Enderle; Nélio Schneider; Luciano Cavini Martorano. São Paulo: Boitempo, 2007.
16 GARAUDY, Roger. *Le Problème chinois*. Paris: Seghers, 1967, p. 236.

Para Althusser, a identificação entre essência humana e o conjunto das relações sociais é vazia de significado, pelo menos no aspecto literal.[17] Em verdade, ele aponta uma inadequação quando se busca dar ao conceito de homem tal definição e argumenta que essa inadequação, consubstanciada nessa relação, tem um "sentido *prático*". Ele esclarece:

> Tal inadequação manifesta designa uma *ação a realizar*, um *deslocamento* a efetuar. Ela significa que, para encontrar a realidade à qual se faz alusão na busca pelo homem real e não mais pelo homem abstrato, é preciso *passar à sociedade* e dedicar-se à análise do conjunto das relações sociais. [....] Mas é então que o escandaloso paradoxo eclode: uma vez realmente efetuado esse *deslocamento*, uma vez efetuada a análise científica desse objeto real, [...] do conjunto das relações sociais – só é possível se forem totalmente dispensados os *serviços teóricos* do conceito de homem (no sentido em que ele existia, em sua própria pretensão teórica antes desse deslocamento). [...] Para pensar a realidade da sociedade, do conjunto das relações sociais, devemos efetuar um *deslocamento* radical, não só um deslocamento de lugar (do abstrato ao concreto), mas também um deslocamento conceitual (mudamos os conceitos de base!). [...] Eis o paradoxo: o conceito prático que nos indicava o lugar o deslocamento foi exaurido no próprio deslocamento [...].[18]

---

17 "A sexta tese sobre Feuerbach diz mesmo que o "homem" não é abstrato é o 'conjunto das relações sociais'. Ora, tomando essa expressão ao pé da letra, como uma definição adequada, *ela não quer dizer nada*. Que se tente simplesmente dar uma explicação literal dela para ver que não se conseguirá, a menos que se recorra a uma perífrase deste gênero: 'se se quiser saber qual é a realidade, não aquela que corresponde adequadamente ao conceito de homem ou de humanismo, mas aquela que está indiretamente em causa nesses conceitos, ela não é uma essência abstrata, mas o conjunto das relações sociais'. Essa perífrase faz imediatamente aparecer uma *inadequação* entre o conceito de homem e sua definição: o conjunto das relações sociais. Entre esses dois termos (homem/conjunto das relações sociais) há sem dúvida uma relação, mas ela não é legível na definição, *não é uma relação de definição, não é uma relação de conhecimento*" (ALTHUSSER, Louis. *Por Marx*. Tradução de LOUREIRO, Maria Leonor F. R. Campinas: UNICAMP, 2015. p. 204).
18 Ibid., p. 204-205.

Assim, para Althusser, o paradoxo está presente tanto na definição de homem pelo conjunto das relações sociais quanto na expressão "humanismo-real". Para ele, trata-se da mesma situação de ausência de cientificidade presente nas identificações. Aqui, novamente, o filósofo aponta a mudança de problemática no pensamento de Marx, que abandona os conceitos ideológicos de homem e humanismo e passa a trabalhar num arcabouço teórico completamente diverso, consubstanciado em conceitos como modo de produção, forças produtivas, relações de produção, dentre outros.

As *Teses sobre Feuerbach*, na leitura althusseriana, representam justamente um momento de transição no pensamento de Marx. Isso explica a coexistência de conceitos científicos e ideológicos. Nesse contexto, para Althusser, pode-se dizer que o filósofo alemão retoma conceitos ideológicos como homem e essência humana para, paradoxalmente, exauri-los.[19]

---

19 "Eis aí um fenômeno característico de tais *transições-corte* que constituem o advento de uma nova problemática. Em certos momentos da história das ideias, vemos aparecer *conceitos práticos*, cuja característica é serem *interiormente desequilibrados*. Por um lado, eles pertencem ao antigo universo ideológico que lhes serve de referência 'teórica' (humanismo); mas, pelo outro, referem-se a um novo domínio, indicando o *deslocamento* a efetuar para lá chegar. Pelo seu primeiro lado, eles conservam um sentido 'teórico' (o do seu universo de referência); pelo seu segundo lado, eles têm apenas um sentido de sinal *prático*, indicando uma direção e um lugar, mas sem dar o seu conceito adequado. Permanecemos ainda no domínio da ideologia anterior: aproximando-nos de sua fronteira numa placa que assinala um além, uma direção e um lugar. 'Atravessem a fronteira e avancem na direção da sociedade, aí encontrarão o real'. A placa ainda está fincada no domínio ideológico [...]. Você pode permanecer indefinidamente na linha fronteiriça, sem parar de repetir: concreto! Concreto! Real! Real! É o que disse Feuerbach [...] Você pode ao contrário atravessar de uma vez por todas a fronteira, penetrar no domínio da realidade e se colocar 'seriamente a estudá-la', como diz Marx n'*A Ideologia Alemã*. O sinal então desempenhou papel prático. Ele ficou no antigo domínio, no domínio *abandonado* pelo próprio fato do *deslocamento*. Eis que então sozinho diante de seu objeto real, obrigado a forjar os conceitos requeridos e adequados para pensá-lo, obrigado a constatar que os antigos conceitos, em particular o conceito de homem-real ou de humanismo real, não lhe permitem *pensar a realidade dos homens*, e que para alcançar esse imediato que justamente não é imediato, é preciso, como sempre em matéria de conhecimento, um longo desvio. Você abandona o antigo domínio, os antigos conceitos. Está num novo domínio, do qual conceitos novos lhe dão conhecimento. Sinal de que se mudou de lugar, de problemática, e de que uma nova aventura começa: a de uma ciência em desenvolvimento." (Ibid., p. 205-206).

4.1. A propósito dos *Manuscritos de 1844*

Uma das chaves para compreender a profunda incompatibilidade teórica entre Roger Garaudy e Louis Althusser é a leitura que cada um deles faz dos *Manuscritos de 1844*.

Para Garaudy, o texto representa "o ato de nascimento do marxismo".[20] Já para Althusser, essa obra, não obstante revestida de importância – como ele mesmo assinala, haja vista ser uma espécie de esboço prévio de *O Capital*, marcando o encontro de Marx com a economia política[21] –, encontra-se ainda presa a conceitos ideológicos, como, por exemplo, trabalho alienado, homem e humanismo e, portanto, ainda carente de cientificidade. Ele destaca que apenas "a partir da de *A Ideologia alemã* surgiu algo como um acontecimento sem precedente, e que será sem retorno", ou seja, uma mudança de problemática, embora ainda com algumas ambiguidades que serão sanadas nas obras posteriores de Marx.[22]

Garaudy, contrariamente a Althusser, entende que a problemática da alienação em Marx reveste-se de capital importância, na medida em que o comunismo, para ele, caracteriza-se pela reapropriação, por parte do homem, do mundo e de sua própria natureza.[23] Ele assevera:

> [...] essa reapropriação só é possível arrancando-se aos capitalistas a propriedade privada dos meios de produção nos quais se encarna o poder alienado da humanidade, a obra da humanidade, como espécie, é monopolizada por alguns somente. [...] A expropriação dos expropriadores, como a negação da negação de Hegel, mas em um sentido que é apenas especulativo, marcará a ascensão do homem.

---

20 GARAUDY, Roger. A propos des "Manuscrits de 1844" de Marx. In: *Cahiers du Communisme*, mars, 1963, p. 108.
21 ALTHUSSER, Louis. *Por Marx*. Tradução de LOUREIRO, Maria Leonor F. R. Campinas: UNICAMP, 2015, p. 128.
22 Id. Elementos de autocrítica. In: *Posições 1*. Rio de Janeiro: Graal, 1978, p. 82.
23 Ibid, p. 113-114.

> O fim da alienação econômica, que não é somente a alienação, mas a mãe de todas as outras, derrubará, no seu princípio mesmo, a alienação do Estado, da família, da religião, da moral, de todas as formas de atividade humana que são apenas formas particulares da produção.[24]

E aduz também:

> Quando, por uma análise e uma crítica científicas da economia política e da história, Marx extrairá as linhas mestras do socialismo científico o conceito de alienação, que tem suas origens na teologia e na filosofia, cederá mais e mais lugar aquele da luta de classes com as teorias do valor e do mais-valor que a fundam. Isso que era divisão e dilaceração da sociedade, e a ultrapassagem da alienação se precisará mais e mais como ação revolucionária concreta.[25]

Na leitura althusseriana, por sua vez, o jovem Marx, após a tomada de posição política em favor do socialismo, ainda estava preso à filosofia feuerbachiana. Ou seja, não obstante a existência de um corte político, não havia, até então, um corte teórico, nem filosófico.

Para Althusser, "ser radical é tomar as coisas pela raiz. Ora a raiz do Homem é o Homem" são as frases que resumem todo

---

[24] No original: "[...] cette réappropriation n'est possible que'en arrachant aux capitalistes la proprieté privée des moyens de production en laquelle s'incarne le pouvoir aliéné de l'humanité, l'oeuvre de l'humanité comme espèce, est accaparée par quelques-uns seulement. [...] L'expropriation des expropriateurs, comme la négation de la négation de Hégel, mais en un sens qui n'a plus rien de spéculatif, marquera l'avènement de l'homme. La fin de l'aliénation économique, qui n'est pas la seule aliénation, mais la mère de tout elles autres, sapera, dans leur príncipe même, l'aliénation de l'État, de la famille, de la religion, de la morale, de tout les formes de l'activité humaine qui ne sont que des formes particulières de la production." (GARAUDY, Roger. A propos des "manuscrits de 1844" de Marx. In: *Cahiers du Communisme*, mars, 1963, p. 114).

[25] No original: "Lorsque, par une analyse et une critique scientifiques de l'économie politique et de l'histoire, Marx dégagera les lignes maîtresses du socialisme scientifique le concept d'aliénation, qui a ses origines dans la théologie et la philosophie, cédera de plus en plus la place à celui de lutte de classes avec les théories de la valeur et de la plus-value qui le fondent: Ce qui était dédoublement et déchirement de la société, et le dépassement de l'aliénation se précisera de plus en plus comme action révolutionnaire concrète." (Id., Ibid.).

o pensamento do jovem Marx, após sua fase liberal burguesa e antes dos "Manuscritos de 1844".[26]

Assim sendo, pode-se dizer que, o jovem Marx, ao adotar o comunismo como horizonte político, transporta a teoria filosófica feuerbachiana do campo da religião, para o campo da política, mas mantendo intacto o humanismo de Feuerbach.[27] Althusser destaca que o tratamento teórico é o mesmo, não obstante haja o acréscimo de objetos.[28] Isso se torna patente em passagens nas quais "Marx trata o Estado e a política [...] como o céu da existência humana, isto é, as próprias categorias da religião feuerbachianas".[29]

Althusser critica o entendimento de muitos de que o jovem Marx, ao propugnar um humanismo calcado no homem concreto, já teria se distanciado de Feuerbach em *Crítica da Filosofia do Direito de Hegel*, ao asseverar, por exemplo, que "o homem não é um ser abstrato, agachado fora do mundo. O homem é o mundo do homem, o Estado, a sociedade". Na visão althusseriana, o vínculo com a filosofia de Feuerbach permanecia ainda, haja vista que tal se tratava de um típico clichê feuerbachiano.[30]

Nesse ponto, Garaudy apresenta uma visão semelhante, conforme se verifica, nas palavras dele, ao referir-se ao citado texto de Marx: "ele aplica, de início, o método de Feuerbach não mais apenas à crítica religiosa, mas à crítica política nos seus manuscritos de 1843 ('Crítica da filosofia do direito de Hegel')".[31]

---

26 ALTHUSSER, Louis. A querela do humanismo. *Crítica Marxista*, n. 9. São Paulo: Xamã, 1999, p. 27.
27 Ibid., p. 27.
28 "Uma teoria não muda mais de natureza a tratar de um objeto suplementar do que um capitalista se torna socialista ao acrescentar aos seus aviões a produção de geladeiras." (Ibid., p. 28).
29 Id., Ibid.
30 Ibid., p. 27.
31 No original: "Il aplique d'abord la méthode de Feuerbach non plus seulement à la critique religieuse mais à la critique politique dans ses manuscrits de 1843 ('Critique de la philosophie du droit de Hegel')." (GARAUDY, Roger. A propos des "manuscrits de 1844" de Marx. In: *Cahiers du Communisme*, mars, 1963, p. 111).

Já nos *Manuscritos de 1844,* Althusser salienta que a situação se altera, haja vista que nessa ocasião ocorre o "encontro" de Marx com a economia política. Neles, as categorias econômicas são abordadas "no dispositivo teórico de Feuerbach", o qual permanece inalterado. No entanto, além disso, um ponto importante dos *Manuscritos* é a introdução de uma parte considerável do pensamento de Hegel, a qual Feuerbach havia suprimido: "a história como processo dialético ou processo de alienação". O filósofo da *rue d'Ulm* sustenta que: "essa introdução da história tem por efeito teórico modificar sensivelmente as formas de exercício da categoria feuerbachiana da *alienação*."[32] Desse modo, tem-se o seguinte resultado:

> A História dos *Manuscrits de 1844* é [...] *"a história da alienação (e de desalienação) do homem"*. Essa fórmula exprime rigorosamente o efeito de intervenção de Hegel em Feuerbach, pois o conceito hegeliano da história como processo de alienação (ou processo dialético) é *teoricamente submetido* à categoria não-hegeliana de Sujeito (homem). Lidamos com aquilo que não possui nenhum sentido em Hegel: uma concepção antropológica (ou humanista) de história.[33]

Garaudy entende que o humanismo apresentado nos *Manuscritos de 1844* representa, num certo sentido, uma ruptura parcial com a antropologia especulativa, na medida em que no texto em questão, Marx considera que a essência do homem é o trabalho e que "na sociedade burguesa, essa essência é alienada na existência real do homem", sendo "a essência do homem separada de sua existência". Por conseguinte, "o comunismo resolverá a contradição entre a essência do homem e sua existência".[34] Nesse sentido, ele argumenta:

---

32 ALTHUSSER, Louis. A querela do humanismo. *Crítica Marxista*, n. 9. São Paulo: Xamã, 1999, p. 30.
33 Ibid., p. 31.
34 GARAUDY, Roger. *Perspectives de l'homme*. 4. ed. Paris: Presses Universitaires de

> Essa concepção dos *Manuscritos de 1844* não pode se reduzir inteiramente ao humanismo especulativo anterior, porque ela já coloca acento sobre o carácter histórico e social da essência humana, sobre as condições econômicas de sua alienação, sobre a luta prática necessária para superar essa alienação. No entanto, ela não é inteiramente livre da metafísica do século XVIII e de Feuerbach, quer dizer, desse postulado de uma essência humana eterna, exterior à história e permitindo julgar a história e a sociedade burguesa.[35]

Althusser, por sua vez, entende que o texto de Marx não representa uma tal ruptura, haja vista que tal já fora feita por Feuerbach.[36]

Para o professor da *École normale supérieure*, três conceitos fundamentais dos *Manuscritos de 1844*, quais sejam, alienação, sujeito e homem, constituem-se em obstáculos epistemológicos, ou seja, "três conceitos dos quais devemos nos *livrar* para deixar a via aberta ao único conceito positivo prisioneiro deste dispositivo impressionante, o conceito de *processo* (que, livre do Sujeito e do Homem, tornar-se-á então *processo sem sujeito*)".[37]

Garaudy, por seu turno, ressalta a importância do conceito de alienação para o marxismo, o qual, para ele, jamais foi abandonado por Marx. Nesse sentido, afirma:

> Marx, nos "Manuscritos de 1844", mostra que a economia política clássica, como a filosofia de Hegel, exprime o

---

France, 1969, p. 415.
35 No original: "Cette conception des *Manuscrits de 1844* ne peut pas se réduire entièrement à l'humanisme spéculatif antérieur, car elle met déjà l'accent sur le caractere historique et social de l'essence humaine, sur les conditions économiques de son aliénation, sur la lutte pratique nécessaire pour surmonter cette aliénation. Néanmoins, elle n'est pas entièrement libérée de la métaphysique du XVIIIe siécle et de Feuerbach, c'est-à-dire de ce postulat d'une essence humaine éternelle, extérieure à l'histoire et permettant de juger l'histoire et la société bourgeoise" (Id., Ibid.).
36 ALTHUSSER, Louis. A querela do humanismo. *Crítica Marxista*, n. 9. São Paulo: Xamã, 1999, p. 32.
37 Ibid., p. 33.

ponto de vista do homem alienado. [...] E, na outra ponta de sua obra, nos últimos capítulos de *O capital*, depois da exposição científica de sua descoberta da dialética do mundo burguês, ele retoma, nos mesmos termos, que a "economia política vulgar... se sente à vontade nessa aparência alienada das relações econômicas" (*O Capital*, Ed. Sociales. Tome VIII, p. 196), precisamente porque ela se limita a transpor em teoria as ilusões daqueles que são "prisioneiros das relações de produção burguesas".[38]

Essa é mais uma das consequências do humanismo de Garaudy, ou seja, ao colocar a alienação como categoria fundamental no pensamento de Marx, ele reitera a sua posição de que o marxismo é um humanismo. E, nessa perspectiva, ele aduz: "a demonstração fundamental feita por Marx nos seus "Manuscritos de 1844": os objetivos da classe proletária coincidem com os interesses da humanidade inteira".[39]

Ao contrário de Garaudy, Althusser é bastante crítico em relação aos *Manuscritos de 1844*: "apesar de todo o "concreto" que eles contêm, apesar de toda "riqueza" "humana" de suas análises, os *Manuscritos de 1844* são, teoricamente falando, um dos mais extraordinários exemplos de *impasse* teórico total de que dispomos".[40] Ele salienta que o texto, ao basear-se em conceitos como essência humana, alienação e trabalho alienado,

---

[38] No original: "Marx, dans les "Manuscrits de 1844", montre que l'economie politique classique, tout comme la philosophie de Hegel, expriment le point de vue de l'homme aliéné [...]. Et, à l'autre bout de son oeuvre, dans les derniers chapitres du *Capital*, après l'exposé scientifique de sa découverte de la dialecticune du monde bourgeois, il rapelle, dans les mêmes termes, que 'l'économie politique vulgaire... se sent à l'aise dans cette apparence *alienée* des rapports économiques' (*Le Capital*, Ed. Sociales. Tome VIII, p. 196), précisément parce *qu'elle* se borne à transposer en théorie les illusions de oeux qui sont 'prisionniers de rapports de production bourgeois.' (A propos des "manuscrits de 1844" de Marx. In: *Cahiers du Communisme*, mars, 1963, p. 124).
[39] No original: "la démonstration fondamentale faite par Marx dans ses "Manuscrits de 1844": les objectifs de classe du prolétariat coincidente avec les intérêts de l'humanité tout entière. (Ibid., p. 125).
[40] ALTHUSSER, Louis. A querela do humanismo. *Crítica Marxista*, n. 9. São Paulo: Xamã, 1999, p. 32.

ainda não se movimentava no arcabouço teórico inaugurado após o corte epistemológico consubstanciado pelos "novos conceitos, cujo dispositivo original lhes confere um sentido e uma função então inéditos: modo de produção, relações de produção, forças produtivas, classes sociais enraizadas na unidade das forças produtivas e das relações de produção", dentre outros.[41]

Althusser se reporta à argumentação do geógrafo francês Jean Suret-Canale, membro do Comitê Central do PCF. Ela se assemelha, em muitos pontos, ao pensamento de Garaudy.[42] Para Suret-Canale, a definição de homem contida nos *Manuscritos de 1844*, em seu caráter de fundo, era verdadeira, a partir do momento em que se lastreava na concepção de trabalho social, conceito do qual Marx jamais teria se desapegado e que lhe teria permitido, inclusive, desenvolver a teoria dos modos de produção e a análise do capitalismo.[43]

Suret-Canale aduz ainda que Marx, nos *Manuscritos de 1844*, já se distanciava das concepções especulativas de Feuerbach, embora não totalmente. Além disso, sustenta que, não obstante após 1845, tenha havido uma efetiva ruptura com o procedimento especulativo, tal não se deu com a "sua concepção geral de homem", portanto, não seria justificável se falar na existência de um anti-humanismo teórico.[44]

Althusser contrapõe-se frontalmente à argumentação de Suret-Canale e, por conseguinte, ao pensamento garaudyano. O mestre da *rue d'Ulm* ressalta que uma descoberta é científica não por conta de sua "forma", logo, "não é a ruptura com a especulação" que torna "uma descoberta científica". Para ele, "o

---

41 Id. Elementos de autocrítica. In: *Posições 1*. Rio de Janeiro: Graal, 1978, p. 82-83.
42 GEERLANDT, Robert. *Garaudy et Althusser: Le débat sur l'humanisme dans le parti communiste français et son enjeu*. Paris: PUF, Travaux et Recherches de l'Université du Droit et de la Santé de Lille, série Droit Public et Science Politique, 1978, p. 115.
43 ALTHUSSER, Louis. A querela do humanismo II. Tradução de Laurent de Saes. In: *Crítica Marxista*, n. 14. São Paulo: Boitempo, 2002, p. 62.
44 Ibid., p. 62-63.

essencial em uma descoberta científica é o que ela traz de novo no *conteúdo*". Afinal, a ruptura com a especulação já fora feita por Feuerbach e nem por isso ele era um cientista.[45]

O filósofo aponta que os *Manuscritos de 1844* estão presos a uma problemática de caráter humanista, haja vista que "definem o homem pelo trabalho", sendo que "esse trabalho, os *Manuscritos* o definem em seu *ato originário*, a exteriorização (feuerbachiana) das Forças essenciais do indivíduo produtor".[46] Desse modo, nas palavras de Althusser:

> Tudo ocorre entre um Sujeito (o Homem trabalhando, o operário) e seus produtos (seu Objeto). Segundo a definição feuerbachiana, o indivíduo tem "por essência absoluta" a espécie; ele é, portanto, em sua própria essência, Gênero, e é a razão pela qual seu ato individual é, originariamente, um ato *genérico*. Daí a dedução ideológica, que os *Manuscritos* nos expõe [...] dos efeitos sociais desse ato originário de exteriorização – manifestação de si da Essência humana (o indivíduo sendo, enquanto Homem, de essência genérica) na produção material do indivíduo operário: propriedade, classe, capital etc. O adjetivo *social*, na expressão "trabalho social" forjada por Suret-Canale, designa, nos *Manuscritos*, o efeito, o fenômeno, a manifestação (o em-si-para-si hegeliano) da *genericidade* do Homem contida no *ato originário* da exteriorização-alienação da essência do Homem, presente (no) trabalho do operário (o em-si hegeliano). Não há nenhuma dúvida possível, quando se lê de perto os *Manuscritos*. Tudo o que é "social" designa não a estrutura das *condições sociais*, e do *processo de trabalho*, ou do processo de valorização do valor, mas a exteriorização/alienação (através de todas as mediações que se queira) de uma essência originária, a do Homem...[47]

---

45 Ibid., p. 63.
46 Ibid., p. 63.
47 Ibid., p. 64.

Após o corte epistemológico, quando do advento da ciência da história, "o conceito 'humanista' de trabalho alienado [...] desaparece, e é substituído pelo conceito científico de 'trabalho assalariado'".[48] Em verdade, tem-se a desconstrução do conceito de trabalho. Assim sendo, o conceito de trabalho, para Althusser, "não é um conceito marxista", mas é um obstáculo epistemológico ao desenvolvimento do marxismo, enquanto teoria,[49] na medida em que "toda a crítica de Marx contra a Economia Política clássica constitui em fazer implodir o conceito de *trabalho* recebido dos Economistas". Desse modo, embora a palavra trabalho esteja presente nos textos posteriores ao corte, ela se mostra atrelada a outras palavras, formando conceitos novos.[50] Assim, tem-se que:

> O conceito de trabalho se "estilhaça" nos seguintes conceitos: processo de trabalho, estrutura das condições sociais do processo *de trabalho*, força de trabalho (e não trabalho), valor da força de trabalho (e não do trabalho), trabalho concreto, trabalho abstrato, emprego da força de trabalho, quantidade de trabalho etc. etc. Todos esses "estilhaços" são apenas as formas precisas pelas quais se encontra afastado da via da ciência da história o *enorme obstáculo* epistemológico que constituía, para o próprio materialismo histórico, a noção simples, originária, de *trabalho*. [...] quando Marx fala, em *O capital*, do caráter "social" do trabalho, a palavra *trabalho*, nessas expressões, não remete a um conceito de base [...].[51]

O filósofo sustenta que a expressão "trabalho social", da forma como utilizada por Suret-Canale, é equívoca, especialmente

---

48 ALTHUSSER, Louis. Carta aos camaradas do Comitê Central do PCF. *Crítica Marxista*, n. 41, 2015, p. 138.
49 Id. A querela do humanismo II. Tradução de Laurent de Saes. In: *Crítica Marxista*, n. 14. São Paulo: Boitempo, 2002, p. 64.
50 Ibid., p. 64.
51 Ibid., p. 65.

pela referência aos *Manuscritos de 1844*. Althusser aponta apenas uma vantagem dessa expressão, quando comparada, por exemplo, a outras como "a essência do homem é o trabalho". Tal vantagem consiste no uso do adjetivo "social". Contudo, salienta que "a descoberta de Marx diz justamente respeito à natureza do objeto que é designado pelo adjetivo social: a saber, a sociedade". Assim sendo:

> Não se trata de um "suplemento", mas do essencial. Essa descoberta tem então por efeitos *inverter* a ordem substantivo-adjetivo que exprime uma relação de essência-fenômeno perfeitamente adaptada às teses dos *Manuscritos*; e revelar que, para pensar a natureza do "trabalho", *deve-se começar por pensar a estrutura das condições sociais (relações sociais) de seu emprego*. O trabalho torna-se então *força de trabalho*, emprego em um *processo de trabalho* submetido à estrutura de relações sociais, e por ela definido.[52]

Ele destaca, então, que, sob o prisma da ciência da história, a distinção entre as formas de existência da espécie humana e das espécies animais não reside no trabalho social, mas na "estrutura social da produção e da reprodução da existência das formações sociais", ou seja, nas "relações sociais que comandam o emprego da força de trabalho no processo de trabalho". Nesse ponto, inclusive, residiria o "equívoco *ideológico*" das leituras humanistas do marxismo.[53]

4.2. Marxismo, história e sujeito

Ressaltamos que, no presente trabalho, deixamos de lado os textos de filosofia da religião de Garaudy, bem como o materialismo aleatório do "último Althusser". Nossa análise se ateve ao pensamento de ambos os filósofos, tendo por base

---
52 Id., Ibid.
53 Id., Ibid.

predominantemente os textos produzidos nas décadas de 1960 e 1970, com foco especialmente na elucidação da controvérsia acerca do humanismo.

Nossa constatação é de que não há possibilidade de encontrar alguma forma de compatibilização entre as posições teóricas de Garaudy e de Althusser acerca da temática do humanismo no marxismo. Desse modo, tem-se que as leituras de ambos sobre o próprio marxismo mostram-se completamente antagônicas, considerando que Garaudy parte de uma perspectiva humanista e, por sua vez, Althusser, de uma leitura anti-humanista. Além disso, enquanto Garaudy vislumbra uma continuidade no pensamento de Marx – embora reconheça a existência de desenvolvimentos teóricos mais aprofundados nas obras de maturidade –, Althusser não abre mão do conceito de corte epistemológico, ainda que, ao longo do tempo, passe a abordá-lo como um processo.

No que tange à controvérsia teórica entre Garaudy e Althusser, como já vimos, Garaudy defende o caráter inexoravelmente humanista do marxismo. Para ele, inclusive, um humanismo peculiar, pois calcado na concretude das relações sociais. Althusser, por sua vez, rechaça por completo essa perspectiva. Para o filósofo, ela não se desapega de conceitos ideológicos, como homem, sujeito, alienação, dentre outros, os quais se consubstanciam em obstáculos epistemológicos, interditando o pleno desenvolvimento da teoria marxista.

A crítica althusseriana à leitura humanista do marxismo é bastante acerba, conforme se verifica, por exemplo, do excerto abaixo:

> [...] uma impostura, nem mesmo uma teoria, um artifício ideológico. Sobre o plano da teoria, nada: vento. Ou melhor, um sério obstáculo à teoria, o qual deverá ser varrido. Sob o plano da ideologia: um desejo, desarmado, mas

perigoso. O desejo da pequena burguesia, que bem gostaria de uma mudança, mas por nada no mundo gostaria que essa mudança se chame, ou melhor, *seja* a Revolução. O Humanismo Teórico (ou tudo que a ele se assemelhe) é o disfarce teórico da ideologia moral pequeno-burguesa recém-chegada. Pequena-burguesia no pior sentido da palavra: contra-revolucionária.[54]

Pode-se dizer que o grande núcleo da divergência entre os dois filósofos franceses reside no entendimento do papel desempenhado pela subjetividade. Garaudy, cuja trajetória de pensamento foi caracterizada por diversas modificações, manteve presente, especialmente em seus textos das décadas de 1960 e 1970, a noção de homem, colocando-o sempre como protagonista, ou seja, como sujeito da história.

Por outro lado, Althusser, em sua produção teórica, ainda que marcada por mudanças ou mesmo rupturas,[55] manteve a ideia de que a história se mostra como um processo sem sujeito.[56] Para ele, inexiste sujeito da história, não obstante existam sujeitos na história.

Destarte, se pudermos demarcar um fio condutor no pensamento garaudyano,[57] esse fio é a busca do homem total, é a

---

54 Ibid, p. 33.
55 Importante nesse ponto a observação de Thévenin: "Althusser rémarquons-le a non seulement de la mémoire, mais un remarquable esprit de suite. Mais esprit de suite ne veut pas dire parcours linéaire. Il dit approfondissement, et donc retifications successives, déplacements, ruptures." (THÉVENIN, Nicole-Edith. *Révisionnisme et philosophie de l'aliénation*. Paris: Christian Bourgois, 1977, p. 226).
56 "A problemática do humanismo e a questão do Sujeito central da história, com efeito, permaneceram como objeto de reflexão crítica nas distintas fases do pensamento de Althusser. Sem dúvida, é um eixo temático unificador da sua teoria que passou ao longo dos anos, sofrendo mudanças e retificações, mas também ratificações às suas posições pretéritas construídas na primeira metade dos anos 1960." (MOTTA, Eduardo Luiz. *A favor de Althusser: revolução e ruptura na Teoria Marxista*. Rio de Janeiro: FAPERJ, 2014, p. 19).
57 Importante aqui destacar que muitos apontam a ausência de método nos textos de Garaudy. Nas palavras de José Paulo Netto e Gilvan P. Ribeiro, por exemplo, os textos de Garaudy sofrem de "anemia metodológica". Em nota inicial à obra de Garaudy *A Grande Virada do Socialismo*, por eles traduzida, eles trazem o apontamento citado, destacando as limitações metodológicas dos textos garaudyanos. E acrescentam, agora, referindo-se espe-

colocação do homem como sujeito criador. Já na visão de Althusser, tal leitura se mostra absolutamente incompatível com o marxismo, o qual, por seu caráter científico, opera em categorias diversas. Em sua valorização do papel da subjetividade, Garaudy contrapõe-se ao que ele denomina "marxismo estruturalista", conforme se verifica no excerto seguinte:

> Um 'marxista' estruturalista verá o homem como um "fantoche levado ao palco pelas estruturas" (como se ainda houvesse sentido para um 'revolucionário' em chamar fantoches a uma luta por sua libertação!).[58]

Enquanto o próprio Althusser nega sua vinculação ao estruturalismo,[59] Garaudy é explícito ao colocá-lo como

---

cificamente à obra por eles traduzida: "de um lado, é o grito de um humanismo renitente e obstinado, gesto de audácia e coragem de um homem que desde os vinte anos entregou sua vida à causa proletária. É um ato de fé e confiança na grandeza do possível humano. [...] De outro, mostra as brechas de um pensamento aforismático, vez por outra retórico, de vez em quando ingênuo e – isto nos parece importantíssimo – nem sempre embasado numa rigorosa aplicação da metodologia materialista dialética." (NETTO, José Paulo; RIBEIRO, Gilvan P. Nota dos tradutores. In: GARAUDY, Roger. *A Grande Virada do Socialismo*. Tradução de José Paulo Netto e Gilvan P. Ribeiro. Rio de Janeiro: Civilização Brasileira, 1970, p. XIII-XIV). Embora possam ser feitas críticas ao método de Garaudy, tem-se que a temática do humanismo, após o XX Congresso do PCUS, apresentou-se de modo constante até, pelo menos, o início da década de 1980. Assim, mesmo com os problemas já apontados nos textos do filósofo, isso não nos impede de compreendermos seus desenvolvimentos teóricos acerca de sua leitura humanista do marxismo. O próprio Garaudy, aliás, estava ciente dos problemas de alguns de seus textos, no entanto, ao que parece, para ele, a questão da ação política revestia-se de importância fundamental; inclusive, isso estava plenamente de acordo com sua visão sobre o próprio marxismo. Desse modo, muitas vezes, ele priorizava a rapidez e amplitude da divulgação de seus escritos, em detrimento, por exemplo, das questões metodológicas. Tal se pode constatar, inclusive, das próprias palavras do filósofo: "[...] nós vivemos uma história tão vertiginosamente rápida que nos interdita o adiar de uma intervenção até o momento em que teríamos a satisfação estética de apresentar um sistema perfeito: o dia de seu nascimento público seria ao mesmo tempo o dia de sua morte, porque já estaria ultrapassado pelo acontecimento, sem domínio sobre ele. [...] Temos menos necessidade de sistemas – que apenas fariam a história do presente como se faz a história dos mortos – do que de pensamentos em fusão que podem ser incitamentos, utensílios ou armas para inventar o futuro e o realizar." (GARAUDY, Roger. *A Alternativa: Modificar o Mundo e a Vida*. Lisboa: Dom Quixote, 1972, p. 258).
58 GARAUDY, Roger. *Apelo aos vivos*. Tradução de H. P. de Andrade. Rio de Janeiro: Nova Fronteira, 1981, p. 54.
59 Nas palavras de Althusser: "não somos estruturalistas" (ALTHUSSER, Louis.

pertencente ao rol dos intelectuais ligados a essa corrente de pensamento.

Ele tece duras críticas a Althusser, em diversos momentos, dentre os quais, a partir da segunda edição de sua obra *Perspectives de l'homme*. Para ele, "a partir da justa preocupação em terminar com o subjetivismo de classe elaborou-se não propriamente um marxismo universitário, mas um neopositivismo universitário e um neodogmatismo".[60] Aduz também que Althusser substitui o materialismo histórico por um estruturalismo abstrato.[61]

Para Garaudy, "viu-se nascer no interior do estruturalismo um conflito entre a estrutura e a história", "na medida em que esse estruturalismo abstrato nega o papel do homem". Ele sustenta que tal "divórcio entre a estrutura e a história" não é compatível com o marxismo, o qual, por ser um humanismo, não obstante considere o papel da realidade estruturada, jamais despreza a atuação do homem, como sujeito da história.[62] Nesse sentido, ele destaca:

> No começo de seu *Louis Bonaparte*, Marx explica que são os homens que fazem sua própria história, mas que a fazem em condições que são estruturadas pelo passado. Marx segura assim as duas pontas da cadeia: o momento da estrutura, a estruturação pelo passado, mas também o momento da atividade criadora do homem que originou essas estruturas. Eis aí a chave do nosso problema.[63]

Elementos de autocrítica. In: *Posições 1*. Rio de Janeiro: Graal, 1978, p. 101).
60 No original: "A partir du justi souci d'en finir avec le subjectivisme de classe l'on a elabore non pas même un marxisme universitaire, mais un néo-positivisme universitaire et un néo-dogmatisme." (GARAUDY, Roger. *Perspectives de l'homme*. 4. ed. Paris: Presses Universitaires de France, 1969, p. 345-346).
61 Ibid., p. 346.
62 Id. Estruturalismo e morte do homem. In: *Estruturalismo e Marxismo*. Tradução de Carlos Henrique de Escobar. Rio de Janeiro: Zahar, 1968, p. 173.
63 Ibid., p. 173-174.

A divergência teórica entre os dois filósofos faz com que ambos enxerguem o marxismo de maneira absolutamente oposta, como já pudemos constatar até aqui.

Tanto Garaudy[64] quanto Althusser[65] concordam com a assertiva de Lênin de que o marxismo é uma ciência, da qual Marx apenas colocou as pedras angulares, mas que compete a todos os marxistas desenvolvê-la. No entanto, a oposição teórica entre os filósofos surge na interpretação do que sejam as tais "pedras angulares".

Garaudy assevera textualmente seu entendimento sobre a questão:

> Quais são portanto essas "pedras angulares"? [...] O ponto central, a partir do qual nós podemos dominar todas as avenidas do pensamento de Marx, é a tomada de consciência da situação fundamental do homem na sociedade capitalista. [...] Marx descobriu a contradição primordial que caracteriza essa situação: o nascimento e o desenvolvimento do capitalismo criou condições de uma realização sem limites de todos os homens, e, criou, ao mesmo tempo, as condições do esmagamento do homem.[66]

Por sua vez, Althusser aponta que as pedras angulares são "os princípios teóricos de base",[67] os quais não se coadunam, no âmbito do marxismo, com os conceitos humanistas.

---

64 GARAUDY, Roger. *Perspectives de l'homme*. 4. ed. Paris: Presses Universitaires de France, 1969, p. 373.
65 ALTHUSSER, Louis. Marxismo, Ciência e Ideologia. In: *Marxismo Segundo Althusser*. Sinal, 1967, p. 27.
66 No original: "Quelles sont donc ces 'pierres angulaires'? [...] Le point central à partir duquel nous pouvons dominer toutes les avenues de la pensée de Marx, c'est la prise de conscience de la situation fondamentale de l'homme dans la société capitaliste. [...] Marx a découvert la contradiction primordiale qui caractérise cette situation: la naissance et le développement du capitalisme ont crée les conditions d'un épanouissement sans limite de tous les hommes, et, crée, en même temps, les conditions de l'écrasement de l'homme." (GARAUDY, Roger. *Perspectives de l'homme*. 4. ed. Paris: Presses Universitaires de France, 1969, p. 373-374).
67 ALTHUSSER, Louis. Marxismo, Ciência e Ideologia. In: *Marxismo Segundo Althusser*. Sinal, 1967, p. 27.

Althusser, além de trazer a noção de corte epistemológico, tal como já estudado no terceiro capítulo do nosso trabalho, propõe também uma leitura *sintomal* dos textos de Marx, em contraposição a uma leitura meramente literal.[68] Sobre essa questão, o trecho a seguir é bastante esclarecedor:

> Uma leitura literal vê nos argumentos apenas a continuidade do texto. É preciso uma leitura "*sintomal*" para tornar essas lacunas perceptíveis, e para identificar, sob as palavras enunciadas, o discurso do silêncio que, surgindo no discurso verbal, provoca nele esses brancos, que são as falhas do rigor, ou os limites extremos de seu esforço: sua ausência, uma vez atingidos esses limites, no espaço que, no entanto, ele *abre*.[69]

---

68 "L. Althusser lui sait qu'il n'y a pas de lecture innocente le sens de ce qui s'écrit et se lit. La limpidité du texte et de sa réception est une illusion d'ordre idéologique qu'il faut combattre à tout prix. Il faut au contraire se convaincre qu'il ne peut y avoir de lecture linéaire, de lecture qui ne questionnerait pas les silences des textes, leurs bévues, les réponses sans question qu'ils peuvent contenir. La lecture symptomale doit en quelque sorte produire un autre texte qui éclaire et déplace le premier, rend lisible ce qui autrement aurait été ilisible. Elle ne produit pas pour autant un nouveau text plus parfait qui se contenterait de combler des manques conceptuels. Elle fait apparaître de nouvelles problématiques et de nouveaux objets à travailler. [...] L. Althusser rompt ainsi avec la tradition marxiste qui se préoccupe seulement de 'développer', de 'compléter' un corps de doctrine censé avoir produit l'essentiel des instruments intellectuels à la compréhension du monde contemporain. [...] Cette lecture symptomale de Marx est certainement très audacieuse. Elle fait descendre Marx d'um piédestal où a eu tort de le hisser en le rendant inaccessible et par conséquent inutilizable. Elle restitue un Marx faillible, qui si trompe sur des questions qui ne sont pas mineures. Elle le rend par la suite accesible et utilizable" On peut penser avec lui, comme on peut penser contre lui et au-delà de lui. Cette lectura symtomale est en même temps rigoureuse et exigeante: elle invite à ne pas prendre Marx par petit mourceau en utilisant de façon écletique, mais au contraire à la prendre dans son mouvement pour déchiffrer la realité capitaliste, dans les réussites et les échecs qui marquent cette entreprinse. (VINCENT, Jean-Marie. La lecture symptomale chez Althusser. In: LAZARUS, Sylvain. *Politique et Philosophie dans l'ouvre de Louis Althusse*r. Paris: PUF, 1993, p. 68-69, 72).
69 "Une simple lecture littérale ne voit dans les arguments que la continuité du text. Il faut une lecture '*symptomale*' pour rendre ces lacunes perceptibles, et pour identifier, sous les mots énoncés, le discours du silence qui, surgissant dans le discours verbal, provoque en lui ces blancs, que sont les défaillances de la rigueur, ou les limites extrêmes de son effort: son absence, une fois ces limites atteintes, dans l'espace que portant elle ouvre." (ALTHUSSER, Louis. L'objet du "Capital". In: ALTHUSSER, Louis; BALIBAR, Étienne. *Lire le Capital I*. Paris: François Maspero: 1973, p. 105-106).

Tendo por lastro a leitura althusseriana do marxismo, podemos dizer que Garaudy, definido por Lecourt como "teoricamente neo-hegeliano e politicamente revisionista",[70] nunca chegou a ser maxista, haja vista que, ao longo de sua vasta obra, sempre permaneceu atrelado a categorias pré-científicas, aí residindo, portanto, seu grande erro teórico, por se distanciar do caráter científico do marxismo. Ou seja, a perspectiva garaudyana não logrou uma real compreensão do marxismo, nem do método empregado por Marx.

Nas obras de Garaudy, retoma-se, a todo o momento, a crença no poder criador do homem e no papel da subjetividade, criticando a visão althusseriana, acusando-a de reduzir o homem a mero suporte de relações sociais, deixando, assim, de lado, o potencial de transcendência humana. O filósofo acusa Althusser de abandonar os homens concretos, suas lutas, suas realidades e construir um cientificismo, do qual a humanidade jaz apartada.

Contudo, Althusser demonstra ser exatamente o oposto. Não obstante, o filósofo, ao longo de sua trajetória filosófica, faça autocríticas em relação a algumas posturas por ele adotadas, qualificadas por ele próprio como "teoricistas",[71] ele irá demonstrar que é Garaudy que permanece no plano de uma filosofia idealista, utilizando-se de uma "ideia vazia", qual seja, a ideia de homem. O excerto abaixo traz clareza meridiana à questão:

> Marx parte [...] da causa estrutural que produz este efeito ideológico burguês que sustenta a ilusão de que se deveria partir do homem: Marx parte da formação econômica dada, especificamente em *O Capital* da relação de produção capitalista, e das relações que esta determina em

---

70 LECOURT, Dominique. *Marxism and Epistemology*. Traduzido por Ben Brewster. Londres: NLB, 1975, p. 127.
71 Nesse sentido, ver, especialmente: ALTHUSSER, Louis. *Éléments d'auto-critique*. Paris: Hachette, 1974.

> última instância na superestrutura. E a todo momento ele mostra que essas relações determinam e marcam os homens, e como elas os marcam em sua vida concreta, e como através do sistema da luta de classes, os homens concretos são determinados pelo sistema dessas relações. [...] os homens concretos são determinados pela síntese de múltiplas determinações de relações nas quais são partes interessadas e envolvidas. Se Marx não parte, portanto, do homem, que é uma ideia vazia, ou seja, sobrecarregada de ideologia burguesa, é para chegar aos homens concretos; se ele recorre ao estratagema dessas relações das quais os homens concretos são os "portadores", é para chegar ao conhecimento das leis que comandam sua vida e suas lutas concretas.[72]

Conforme destaca Saul Karsz, numa perspectiva althusseriana, a identificação do marxismo como humanismo tem reflexos diretos, inclusive, na concepção da luta de classes, haja vista que ela passa a se apresentar como a luta "entre os homens desumanizados que querem se reumanizar e as forças obscuras e anônimas que os impedem disso". Por conseguinte, tem-se "dois efeitos políticos precisos: negação da luta de classes como motor da história, afirmação de um socialismo "verdadeiro" caracterizado como a reconciliação do homem (individual) com o homem (total)".[73] Assim sendo, Luiz Eduardo Motta observa que "Karsz demarca precisamente a distinção da perspectiva humanista da marxista revolucionária".[74]

---

72 ALTHUSSER, Roger. Sustentação de Tese em Amiens. Tradução de Rita Lima In: *Posições 1*. Rio de Janeiro: Graal, 1978, p. 166.
73 No original: "La lutte de classes est inscrite dans cette autre lutte: entre les hommes déshumanisés qui voudraient se ré-humaniser et les forces obscures et anonymes qui les empêchent. D'où, pour résumer, ces deux effets politiques précis: négation de la lutte de classes comme moteur de l'histoire, affirmation d'um socialisme 'vrai caractérisé comme la réconciliation de l'homme (individuel) avec l'homme (total)'". (KARSZ, Saül. Marxisme et Humanisme. In: *Théorie et Politique: Louis Althusser*. Paris: Fayard, 1974).
74 MOTTA, Eduardo Luiz. *A favor de Althusser: revolução e ruptura na Teoria Marxista*. Rio de Janeiro: FAPERJ, 2014, p. 28.

O professor da *École normale supérieure* esclarece que o fato de o humanismo não pertencer ao arcabouço teórico marxista, não significa um desprezo pelos aspectos biológicos e psíquicos, dentre outros, existentes no homem. Nesse sentido, ele afirma: "existe, sem dúvida, no homem, mais alguma coisa do que o simplesmente econômico e político. Existe o biológico, o psíquico etc. Mas existem necessariamente os efeitos [...] da estrutura social sobre os indivíduos humanos."[75]

Aqui vale retomar as palavras de Martin Heidegger:

> Porque se fala contra o "humanismo, teme-se que se defenda o inumano e se glorifique a brutalidade e barbaridade. Pois, o que é "*mais lógico*" do que isto: quem nega o humanismo, não lhe resta senão afirmar a desumanidade? [...] Ouve-se falar de uma oposição. Toma-se e se admite tudo o que se menciona, como sendo o positivo. Tudo o que falar contra, mesmo de um modo, que, pelo ouvir dizer, não pode ser pensado com rigor, toma-se logo como uma negação e essa, como "negativa", no sentido de destrutiva. [...] Com o que ficou dito, já se terá tornado, de certo modo, mais claro que a oposição ao "humanismo", longe de incluir uma defesa do inumano, abre, ao contrário, outras perspectivas.[76]

De conformidade com o pensamento de Louis Althusser, conclui-se pela impossibilidade teórica de proceder-se a uma identificação entre marxismo e humanismo, na medida em que esse último se mostra atrelado a noção de subjetividade, destacando o papel do homem como sujeito da história. Portanto, só podemos concluir que, ao se falar em humanismo marxista, expressa-se uma contradição em termos.

---

75 ALTHUSSER, Louis. *Polêmica sobre o humanismo*. Tradução de Carlos Braga Lisboa. Presença, 1967, p. 219.
76 HEIDEGGER, Martin. *Sobre o Humanismo*. Tradução de Emmanuel Carneiro Leão. 3. ed. Rio de Janeiro, 2009, p. 74-77.

5
O DIREITO NO DEBATE MARXISTA SOBRE O HUMANISMO

Nesse capítulo, chegamos ao ponto nodal de nossa dissertação, o qual consiste em buscar compreender, numa perspectiva marxista, o fenômeno jurídico no contexto da sociabilidade capitalista. O debate marxista sobre o humanismo até aqui estudado nos fornece uma chave teórica fundamental para que logremos tal entendimento, conforme veremos a seguir.

5.1. Humanismo e ideologia jurídica

Um dos grandes diferenciais teóricos entre as leituras garaudyana e althusseriana do marxismo consiste nas peculiares óticas que cada um deles tem do "jovem Marx", em especial dos *Manuscritos de 1844*. Enquanto Garaudy lastreia seu estudo, tendo essa obra como marco fundante do marxismo, para Althusser, o texto de Marx situa-se no período em que o pensador alemão ainda não era marxista. Essa divergência teórica profunda entre os filósofos franceses tem impacto direto na maneira pela qual podemos enxergar o direito numa perspectiva marxista, a depender do posicionamento teórico adotado.

Nicole-Edith Thévenin e Márcio Bilharinho Naves trazem importantes considerações ao analisarem os *Manuscritos de 1844* de Marx, desenvolvendo suas argumentações, numa perspectiva althusseriana, de modo a demonstrar o papel desempenhado pela ideologia jurídica na referida obra, a qual fora concebida, sob a influência do humanismo e da teoria da alienação feuerbachianos. A categoria da propriedade privada ocupa papel central no texto do jovem Marx, haja vista que "a alienação enquanto relação entre sujeito e objeto é pensada sob o modelo (jurídico) da compra e venda",[1] ou seja, "como ato jurídico separando o sujeito do seu objeto, por contrato".[2] Assim, a própria noção de trabalho alienado apresenta-se como decorrente da relação jurídica.[3]

Thévenin sustenta que a forma sujeito de direito – expressa na "relação sujeito/objeto" – estrutura e dá forma universal a "todas as outras ideologias". Assim, a ideologia jurídica – "que funda, de fato, a relação sujeito/objeto como relação de *propriedade de*" – é a base que permite a compreensão do "par humanismo/economicismo" presente na referida obra do jovem Marx. Nessa ótica, tem-se que o comunismo é pensado como "uma questão de *repartição* (dos objetos entre os sujeitos)", ou seja, sob "as categorias "projetadas", "destacadas" da ideologia burguesa que se dá na relação geral de *apropriação*".[4]

Cabe aqui destacar a esclarecedora observação de Naves:

> Nos *Manuscritos de 44*, toda a problemática da alienação se "resolve" em um simples ato jurídico: a supressão da alienação decorreria da *extinção da propriedade privada*. O homem poderia então recuperar sua essência perdida nos objetos que produz, e que lhes "escapam", porque eles não

---

1 NAVES, Márcio Bilharinho. *A Questão do Direito em Marx*. São Paulo: Outras Expressões; Dobra Universitário, 2014, p. 20.
2 THÉVENIN, Nicole-Edith. *Révisionnisme et philosophie de l'aliénation*. Paris: Christian Bourgois, 1977, p. 92.
3 Ibid., p. 93.
4 Ibid., p. 96.

são mais a propriedade dele próprio, mas de um outro, estranho a ele e a ele sobreposto, e que deles se apropria. O direito devolveria ao homem o tecido roto de sua "generalidade", de sua verdadeira condição humana.[5]

Garaudy, ao entender que os *Manuscritos de 1844* consubstanciam-se no "ato de fundação do marxismo" e ao manter toda a sua construção teórica calcada na identificação entre marxismo e humanismo e no conceito de alienação, estaria assim, do ponto de vista da crítica de matriz althusseriana, mergulhado no horizonte da ideologia jurídica e, portanto, mostrando-se incapaz de compreender o fenômeno jurídico em toda a sua complexidade.

Embora Garaudy traga críticas ao caráter individualista do humanismo burguês – bem como à universalidade abstrata presente, por exemplo, na Declaração dos Direitos do Homem de 1789 –, na prática, seu esforço teórico, numa leitura althusseriana, não se mostra eficaz para se desvencilhar da ideologia jurídica. Isso ocorre, pois o pensamento de Garaudy não se desapega das categorias utilizadas pelo jovem Marx. Dessa forma, não se mostra suficientemente apto a embasar uma crítica teórica que possa desvelar as entranhas do direito, tal como ele se apresenta na sociedade capitalista.

Destarte, podemos concluir que a compreensão do debate acerca do humanismo traz profundas implicações sobre como poderemos enxergar o fenômeno jurídico numa perspectiva marxista. A nosso ver, de conformidade com a argumentação até aqui exarada, a leitura garaudyana do marxismo, ao não perceber a mudança de problemática entre o jovem Marx entre o Marx maduro, especialmente de *O Capital*, bem como ao se manter presa às categorias da ideologia jurídica, não é apta a

---

5 NAVES, Márcio Bilharinho. *A Questão do Direito em Marx*. São Paulo: Outras Expressões; Dobra Universitário, 2014, p. 93.

fornecer suficiente lastro teórico para que possamos compreender o fenômeno jurídico em sua integralidade.

Cumpre ressaltar que Garaudy não se mostra absolutamente ingênuo em relação ao direito e à ideologia jurídica. Pelo contrário, ele chega mesmo a apontar, por exemplo, como a "ideologia da liberdade" e da igualdade jurídica mascaram as desigualdades reais e, mais do que isso, permitem a continuidade da exploração da classe trabalhadora pelos capitalistas. Contudo, a crítica garaudyana para por aí. O filósofo não avança numa compreensão da subjetividade e, por conseguinte, da subjetividade jurídica, justamente por permanecer numa concepção humanista do marxismo, a qual é baseada exatamente na noção de subjetividade. Consequentemente, ele não consegue destrinchar os meandros da ideologia jurídica, no que se refere à constituição do sujeito de direito. Além disso, ao lastrear seu estudo numa perspectiva teórica que vislumbra uma continuidade de pensamento entre o jovem Marx e o Marx maduro, sua leitura do marxismo não permite um avanço na compreensão das estruturas sociais que engendram a forma jurídica atrelada à forma mercadoria, tal como fez o jurista russo Evgeny Pachukanis.

Garaudy, ao compreender o marxismo como um humanismo, movimenta-se no horizonte da ideologia jurídica, no qual se vislumbra, por exemplo, a transição socialista com foco na questão do fim da propriedade privada.

Já numa perspectiva althusseriana, conforme observa Naves, tem-se que "a presença do humanismo burguês – de que a teoria da alienação e seus subprodutos são um testemunho eloquente – aproximaram o marxismo do 'socialismo jurídico'".[6]

Althusser não chegou a trabalhar de maneira aprofundada a questão do direito propriamente dito, contudo, ao propiciar uma

---

6 NAVES, Márcio Bilharinho. Apresentação. In: NAVES, Márcio Bilharinho (Org.). *Presença de Althusser*. Campinas: Instituto de Filosofia e Ciências Humanas, 2010, p. 7.

leitura de Marx, colocando *O Capital* como obra fundamental, dá ensejo a que se possa investigar o direito a partir do constructo teórico do Marx maduro, tal como buscou fazer Pachukanis, como veremos mais adiante. Além disso, o filósofo francês avançou na compreensão do papel da ideologia jurídica, demonstrando sua imbricação inexorável à própria reprodução capitalista.

A leitura garaudyana, ao contrário, ao operar na chave teórica da ideologia jurídica e ao não enxergar a mudança de problemática nos escritos de Marx, termina por interditar a compreensão plena do mecanismo de funcionamento do direito no capitalismo.

Assim sendo, a partir desse ponto, nosso lastro teórico fundamental estará calcado numa leitura althusseriana e pachukaniana do direito e da ideologia jurídica a ele atrelada.

5.2. Sujeito de direito e capitalismo

É profunda a imbricação entre capitalismo e direito, estando ambos estruturalmente atrelados, de modo que se pode afirmar que a ideologia jurídica, ao constituir o indivíduo como sujeito de direito e ao preconizar a igualdade formal, consubstancia o mecanismo de funcionamento da sociedade capitalista, garantindo a reprodução das relações de produção a ela inerentes, tal como elucida Nicole-Edith Thévenin:

> Essa função mistificadora da ideologia jurídica é necessária para a reprodução do modo de produção capitalista: ela mantém os indivíduos em uma representação isolada, escamoteando o processo conjunto do capital. Reportando-se ao sujeito, ela escamoteia a classe; falando de propriedade, liberdade, igualdade, ela escamoteia a exploração da desigualdade.[7]

---

7 THÉVENIN, Nicole-Edith. Ideologia jurídica e ideologia burguesa (ideologias e práticas artísticas). Tradução de Márcio Bilharinho Naves. In: NAVES, Márcio Bilharinho (Org.). *Presença de Althusser*. Campinas: Instituto de Filosofia e Ciências Humanas, 2010, p. 68.

Salienta Althusser que, por exemplo, "em Roma, o escravo era uma mercadoria – portanto, uma coisa – e não um sujeito de Direito".[8] Logo, o sujeito de direito propriamente dito é uma especificidade da sociedade capitalista.

Para Althusser, humanismo e direito estão no plano da ideologia, logo, qualquer discurso teórico que vise a valorização de uma pretensa "essência humana" ou a busca de um "homem total", como quer, por exemplo, Garaudy, ou ainda o respeito aos tão propalados direitos humanos, não ataca as bases da sociabilidade capitalista que são as relações de produção. Pelo contrário, tal discurso de caráter humanista está atrelado à manutenção da reprodução desse sistema de exploração.

Liberdade e igualdade, motes da revolução francesa, os quais representam os ideais da sociedade burguesa até os dias atuais, nada mais são do que a ideologia jurídica em ação, constituindo sujeitos livres e iguais para venderem sua força de trabalho no mercado.

Althusser traça uma distinção entre ideologia jurídica e direito propriamente dito. A abordagem do direito feita pelo filósofo é de caráter descritivo, como ele mesmo reconhece.[9] De todo modo, não se pode esquecer que direito e ideologia jurídica estão intrinsecamente ligados e que um não existe sem o outro, haja vista que o "funcionamento" do direito se dá, tanto por meio da repressão estatal quanto por meio da ideologia jurídica.[10] Nesse sentido, cabe destacar a importante observação feita por Thévenin:

> [...] se o direito assegura o funcionamento e a eficácia material da ideologia, pode-se dizer que, em última instância, as categorias do direito constituem o fundamento

---

8 ALTHUSSER, Louis. *Sobre a Reprodução*. Tradução de Guilherme João de Freitas Teixeira. 2. ed. Rio de Janeiro: Vozes, 2008, p. 190.
9 Ibid., p. 93.
10 Ibid., p. 95.

da ideologia burguesa, que a ideologia jurídica *estrutura* a ideologia burguesa, lhe assegura a sua *permanência*, que é a permanência mesma do Estado burguês.[11]

Ao tratar de questões como a categoria sujeito, a ideologia, o processo de constituição do sujeito, a ideologia jurídica e o sujeito de direito, Althusser permite que possamos ter uma noção muito mais clara do fenômeno jurídico. E, para que tal se complete, é bastante profícua uma leitura althusseriana conjugada com a visão do direito propugnada pelo jurista marxista russo Evgeny Pachukanis,[12] cuja principal obra é *Teoria Geral do Direito e Marxismo*.[13]

Segundo Pachukanis, o direito é uma forma social e, por conseguinte, uma forma historicamente dada.[14]

Althusser e Pachukanis apresentam proposições convergentes no sentido de que o direito burguês é produto das relações sociais concretas, ou seja, adveio das necessidades intrínsecas ao capitalismo, sendo, portanto, a ele inerente e peculiar. No entanto, a distinção de abordagem teórica de cada um deles aparece no fato de que, enquanto o foco de Althusser é o estudo profundo e original da ideologia jurídica, em Pachukanis, apresenta-se o desvendar da forma jurídica. Daí a importância de uma abordagem conjugada de ambos os pensadores, de modo a se poder extrair uma compreensão mais acurada do fenômeno jurídico.

---

11 THÉVENIN, Nicole-Edith. Ideologia jurídica e ideologia burguesa (ideologias e práticas artísticas). In: NAVES, Márcio Bilharinho (Org.). *Presença de Althusser*. Campinas: Instituto de Filosofia e Ciências Humanas, 2010, p. 70.
12 "O jurista russo Evgeny Pachukanis (1891-1937) é o maior pensador do direito do marxismo. Sua expressividade se deve ao mergulho profundo que empreendeu para extrair, da lógica do próprio Marx – em especial nas suas obras de maturidade, como em O capital –, uma teoria do direito, compreendendo sua especificidade e sua íntima conexão com o capital" (MASCARO, Alysson Leandro. *Filosofia do Direito*. 5. ed. São Paulo: Atlas, 2016, p. 472).
13 "Além de inúmeros textos de intervenção política direta, escreveu aquela que é a maior obra do pensamento marxista sobre o direito, o livro *Teoria geral do direito e marxismo*, de 1924." (Id., Ibid.).
14 PACHUKANIS, Evgeny. *Teoria Geral do Direito e Marxismo*. Tradução de Silvio Donizete Chagas. São Paulo: Acadêmica, 1988, p. 70.

Pachukanis assevera que "a análise do conceito de 'sujeito' deve servir de fundamento ao estudo da forma jurídica", sendo que "a forma jurídica, em sua forma desenvolvida, corresponde precisamente a relações sociais burguesas capitalistas".[15] Por sua vez, Althusser sustenta que "o homem sujeito livre, o homem livre sujeito de seus atos e pensamentos, é em primeiro lugar o homem livre de possuir, vender e comprar, o sujeito de direito".[16] E, nessa mesma esteira, arremata o jurista soviético: "toda relação jurídica é uma relação entre sujeitos. O sujeito é o átomo da teoria jurídica, o seu elemento mais simples, que não se pode decompor".[17]

Para Pachukanis, pode-se compreender "a forma do direito como equivalente e reflexo da forma da mercadoria".[18] Contudo, "a relação entre forma jurídica e forma mercantil é complexa, porque se refina e se plenifica nas próprias relações de produção".[19] Logo, "há [...] uma relação de determinação imediata entre forma jurídica e forma da mercadoria, como vimos, mas a determinação em Pachukanis é, a rigor, uma *sobredeterminação*".[20]

Destarte, dessa leitura conjugada de Althusser e Pachukanis, podemos concluir que "a marcha das forças produtivas capitalistas realiza-se concretamente neste lugar, o do sujeito de direito", conforme assinala Bernard Edelman.[21] O jurista francês ainda esclarece:

---

15 Ibid., p. 68.
16 ALTHUSSER, Louis. Defesa da Tese de Amiens. In: *Posições*. Tradução de João Paisana. Lisboa: Horizonte, 1977, p. 163.
17 PACHUKANIS, Evgeny. *Teoria Geral do Direito e Marxismo*. Tradução de Silvio Donizete Chagas. São Paulo: Acadêmica, 1988, p. 68.
18 MASCARO, Alysson Leandro. *Filosofia do Direito*. 5. ed. São Paulo: Atlas, 2016, p. 474.
19 Ibid., p. 477.
20 NAVES, Márcio Bilharinho. *Marxismo e Direito: um estudo sobre Pachukanis*. São Paulo: Boitempo, 2013, p. 72.
21 EDELMAN, Bernard. *O Direito Captado pela Fotografia: Elementos para uma teoria marxista do direito*. Tradução de Soveral Martins e Pires de Carvalho. Coimbra: Centelha, 1976, p. 66.

> Posso responder então à questão aberta por Althusser: se é verdade que toda a ideologia interpela os indivíduos como sujeitos, o conteúdo concreto/ideológico da interpelação burguesa é o seguinte: o indivíduo é interpelado como a encarnação das determinações do valor de troca. E posso acrescentar que o sujeito de direito constitui a forma privilegiada desta interpelação, na exata medida em que o Direito assegura e assume a eficácia da circulação.[22]

Retomando o pensamento althusseriano, podemos destacar a constatação do filósofo francês de que "as relações jurídico-políticas e ideológicas, que são determinadas em última instância pela relação de produção", são fundamentais para a reprodução capitalista".[23] Em outras palavras, a formação social capitalista, constituída por uma relação exploratória, no plano infraestrutural, não pode se perpetuar sem a contribuição da superestrutura.

Nesse ponto cabe uma consideração.

Na visão marxista de sociedade, temos a figura didática, representada por uma metáfora de um edifício, consubstanciada na divisão entre infraestrutura e superestrutura.

A infraestrutura é a base econômica, na qual se encontram as relações produtivas e as forças de produção. A superestrutura, por sua vez, "comporta dois 'níveis' ou 'instâncias': o jurídico político (o direito e o Estado) e a ideologia (as diferentes ideologias, religiosas, morais, jurídicas, políticas etc.)".[24]

---

22 Ibid., p. 137.
23 ALTHUSSER, Louis. Defesa da Tese de Amiens. In: *Posições*. Tradução de João Paisana. Lisboa: Horizonte, 1977, p. 168.
24 Id. Ideologia e aparelhos ideológicos de Estado. In: *Posições*. Tradução de João Paisana. Lisboa: Horizonte, 1977, p. 83.

Considerando essa tópica,[25] ou seja, essa metáfora espacial de caráter teórico-pedagógico,[26] ou ainda, essa "metáfora arquitetônica",[27] temos que a ideologia se encontra no plano da superestrutura. Nesse contexto, a organização social é determinada, em última instância, pelo nível econômico, ou seja, pelas relações de produção.[28]

---

[25] Vale aqui o esclarecimento de Balibar: "Je rappelle que le terme de *topique* (employé notamment par Freud, qui le reprend à la tradition philosophique) désigne, selon une métaphore spatiale conceptuellement réglée, le schéma des *lieux* relatifs assignés à différents aspects ou degrés de la réalité. La philosophie classique comporte de nombreuses topiques (idéalistes), qui ont notamment pour but de *placer* les « degrés » de la connaissance par rapport à la philosophie (et la philosophie elle-meme en position dominante), comme la « ligne géométrique » de Platon, ou l' « arbre » cartésien. Dans la préface de la *Contribution à la critique de l'économie politique*, Marx a construit une première topique *matérialiste*, où s'inscrit la « détermination en dernière instance » de l'ensemble des rapports sociaux par leur « base » économique (la « structure »), ainsi que la réalité et l'efficacité en retour des « superstructures » politiques et idéologiques. Dans *Pour Marx* et *Lire Le Capital*, L. Althusser avait montré comment la conception du « tout social » représentée par cette topique (et développée par le matérialisme historique) se distingue radicalement de la conception idéaliste hégélienne d'une totalité expressive, centrée sur un principe ou une idée unique, et il avait tenté de développer les catégories dialectiques qu'elle implique (différence réelle des instances sociales, détermination en dernière instance, développement inégal, causalité surdéterminée etc.)". (BALIBAR, Étienne. *Cinq études du matérialisme historique*. Paris: François Maspero, 2006, p. 235-236).

[26] ALTHUSSER, Louis. *Sobre a Reprodução*. Tradução de Guilherme João de Freitas Teixeira. 2. ed. Rio de Janeiro: Vozes, 2008, p. 79.

[27] Id. Sobre a Revolução Cultural. Tradução de Márcio Bilharinho Naves. In: NAVES, Márcio Bilharinho (Org.). *Presença de Althusser*. Campinas: Instituto de Filosofia e Ciências Humanas, 2010, p. 165.

[28] Para Luiz Eduardo Motta: "a posição de Althusser em relação à determinação em última instância pelo econômico mudou no decorrer do tempo. Na sua última entrevista dada a Fernanda Navarro (1988), ele refuta o conceito de determinação em última instância pelo econômico, já que o primado da materialidade possibilitava que em determinada conjuntura específica 'tudo podia ser determinante em última instância, isto é, tudo poderia dominar'. O que importa é a materialidade que determina as estruturas" (MOTTA, Eduardo Luiz. *A favor de Althusser: revolução e ruptura na Teoria Marxista*. Rio de Janeiro: FAPERJ, 2014, p. 61). Com efeito, Althusser assevera em sua entrevista a Fernanda Navarro: "todo puede ser determinante 'en última instancia', es decir, todo puede dominar, Marx lo decía de la política en Atenas y de la religión en Roma, en una teoría nodicha del desplazamiento de la dominancia (que Balibar y yo tratamos de teorizar en Para leer 'El Capital'). Pero en la superestrutura misma lo que es también su materialidad. Es por ello que me he interesado tanto en mostrar la materialidad, de hecho, de toda superestructura y de toda ideologia... como lo hice en los aparatos ideológicos des Estado (AIE). Es ahí donde hay que encontrar el concepto de 'última instancia', el desplazamiento de la materialidad, siempre determinante 'en última instancia' en cada conjuntura concreta. [...] y hay que recordar

Impende, porém, salientar que, como dissemos, trata-se de uma metáfora, na medida em que a sociedade capitalista, com o modo de produção a ela inerente, não se constitui numa totalidade com compartimentos estanques, mas sim num todo social complexo estruturado, ou seja, num todo orgânico, de certo modo hierarquizado, contextualizado em seu tempo específico e na sua história peculiar, composto de instâncias que se relacionam constantemente. Assim sendo, "esses "níveis" são articulados uns com os outros de uma maneira complexa".[29] Logo, ao mesmo tempo em que não se pode negar uma determinação pela economia em última instância, verifica-se uma conjugação de determinações diversas, gerando o que Althusser denomina de sobredeterminação.[30]

---

que conyuntura significa conjunción, es decir, encuentro aleatório de elementos en parte existentes, pero también imprevisibles. Toda conyuntura es un caso singular como todas las individualidades históricas, como todo lo que existe." (ALTHUSSER, Louis. *Filosofia y Marxismo* – entrevista por Fernanda Navarro. México: Siglo Veintiuno, 1988, p. 34-37). Sobre essa questão, por sua vez, Edgar Illas sustenta: "Althusser's "aleatory materialism" never rejects the Marxist primacy of economic form. In "Du matérialisme aléatoire," he does proclaim that the margins can be places of resistance not necessarily inscribed to class struggle; but, in the next paragraph, he links these margins back to Marx: "Marx wrote: 'the proletariat inhabits the margins of bourgeois society'" [...]. Or, in his interviews with Fernanda Navarro, he talks about the aleatory logic of the event and reinscribes it to class struggle: "for a history which is present, which is living, is also open to a future that is uncertain, unforeseeable, not yet accomplished, and therefore aleatory. Living history obeys only a constant (not a law): the constant of class struggle" [...] Class struggle may be a constant, or a "tendential law", but it certainly continues to function as the underlying, overdetermining economic instance that the post-Althusserian "political turn" has rejected. In fact, Althusser's central project for a materialist dialectic precisely demonstrates that the logic of the event cannot operate without the last instance. Althusser's aim is to recognize the multiplicity and the "relative autonomy" of conjunctural political, cultural, social, and tactical struggles. But these struggles, in their very effectivity, refer to a last instance, even though we know too that "the lonely hour of the 'last instance' never comes" [...]." (ILLAS, Edgar. The Procrustean Bed of Class Struggle. Décalages: v. 1. Disponível em: <http://scholar.oxy.edu/decalages/vol1/iss3/2>. Acesso em: 23 jun. 2016).
29 Id. Sobre a Revolução Cultural. Tradução de Márcio Bilharinho Naves. In: NAVES, Márcio Bilharinho (Org.). *Presença de Althusser*. Campinas: Instituto de Filosofia e Ciências Humanas, 2010, p. 165.
30 "Não tenho especial apreço pelo termo *sobredeterminação* (emprestado de outras disciplinas), mas emprego-o na falta de melhor, ao mesmo tempo como um índice e um *problema*, e também porque permite bastante bem ver porque lidamos com *outra coisa que não a contradição hegeliana*." (Id. *Por Marx*. Tradução de LOUREIRO, Maria Leonor F. R.

Althusser esclarece que "a contradição Capital-Trabalho nunca é simples, mas ela é sempre especificada pelas formas e pelas circunstâncias históricas concretas nas quais se exerce".[31]

O conceito contradição sobredeterminada[32] em Althusser – com o qual ele se opõe ao economicismo que apregoa um nível de contradição puro e simples – pode ser definido como "a *acumulação de determinações eficazes* (oriundas das superestruturas e das circunstâncias particulares, nacionais e internacionais) *sobre a determinação em última instância pelo econômico*". Cabe esclarecer que, para o filósofo, a sobredeterminação não se trata de uma exceção, mas da regra. Nesse sentido ele se manifesta textualmente: "é preciso então ir até o fim, e dizer que essa sobredeterminação não se deve às situações aparentemente singulares ou aberrantes da história [...], mas que ela é universal, que a dialética econômica nunca joga no estado puro".[33]

No contexto da "metáfora arquitetônica", para Althusser, ao nos utilizarmos dela, "queremos dizer que o ideológico

---

Campinas: UNICAMP, 2015, p. 79).
31 Ibid., p. 82.
32 "A introdução dos conceitos de contradição e sobredeterminação constituíram a grande contribuição de Althusser para o materialismo histórico (ciência da história, como ele mesmo define) da análise sobre as crises de conjuntura das formações sociais. Para Pascale Gillot, o conceito de sobredeterminação, como também o de causalidade estrutural, sendo ambos extraídos da psicanálise, ocupam uma função muito importante no projeto de uma releitura do marxismo e do materialismo histórico que restitua sua cientificidade, assim como sua originalidade teórica, releitura empreendida particularmente em *Pour Marx* e *Lire le Capital* [...] Stuart Hall diverge de Gillot num aspecto, pois, para ele, 'ao pensar sobre os distintos níveis e tipos de determinação, *Pour Marx* forneceu-nos aquilo que falta em *Lire le Capital*: a capacidade de teorizar sobre eventos históricos concretos, ou textos específicos, ou formações ideológicas específicas (o humanismo) como algo determinado por mais de uma estrutura (ou seja, pensar o processo de sobredeterminação). Creio que 'contradição' e sobredeterminação' são conceitos teóricos muito ricos – um dos empréstimos mais felizes de Althusser a Freud e Marx'. [...] Os conceitos de contradição e de sobredeterminação são analisados e desenvolvidos nos textos 'Contradição e Sobredeterminação' e 'Sobre a dialética materialista', publicados em *Pour Marx* e no livro *Ler o Capital* (no capítulo 'O objeto do capital'), embora neste último o foco de Althusser seja mais centrado na problemática da causalidade estrutural." (MOTTA, Eduardo Luiz. *A favor de Althusser: revolução e ruptura na Teoria Marxista*. Rio de Janeiro: FAPERJ, 2014, p. 50-51).
33 ALTHUSSER, Louis. *Por Marx*. Tradução de LOUREIRO, Maria Leonor F. R. Campinas: UNICAMP, 2015, p. 89.

representa um dos níveis da superestrutura. É para indicar ao mesmo tempo sua posição na estrutura social [...], sua autonomia relativa [...] e suas relações de dependência em relação ao político e ao econômico".[34]

No entanto, o mestre da *rue d'Ulm* salienta que:

> Se, ao contrário, quisermos nos referir à forma de existência concreta da ideologia, é melhor a compararmos a um "cimento", mais do que a um andar de um prédio. A ideologia se infiltra, com efeito, em todos os cômodos do edifício [...]. O ideológico é isto que, em uma sociedade, distingue e cimenta, sejam distinções técnicas, sejam distinções de classe. O ideológico é uma realidade objetiva indispensável à existência de toda sociedade.[35]

Nesse ponto, cabe destacar a materialidade da ideologia. Ela é constituída pela reiteração de práticas materiais e, ao mesmo tempo, constitui os sujeitos dessas práticas, garantindo a reprodução das relações sociais a ela atreladas.

E, no que tange à ideologia jurídico-moral, observa-se que ela desempenha papel crucial nas formações sociais capitalistas, haja vista que o aparelho ideológico de Estado jurídico é "o aparelho específico que articula a superestrutura a partir da e na infraestrutura".[36]

Para Althusser, "uma classe social não é definida [...] unicamente pela posição de seus membros nas relações de produção, portanto, pelas relações de produção; ela é definida também e, ao mesmo tempo, por sua posição nas relações políticas e nas relações ideológicas".[37] A luta de classes, na visão de Althusser,

---

34 Id. Sobre a Revolução Cultural. Tradução de Márcio Bilharinho Naves. In: NAVES, Márcio Bilharinho (Org.). *Presença de Althusser*. Campinas: Instituto de Filosofia e Ciências Humanas, 2010, p. 165.
35 Id., Ibid.
36 ALTHUSSER, Louis. *Sobre a Reprodução*. Tradução de Guilherme João de Freitas Teixeira. 2. ed. Rio de Janeiro: Vozes, 2008, p. 192.
37 Id. Sobre a Revolução Cultural. Tradução de Márcio Bilharinho Naves. In: NAVES,

não obstante tenha suas raízes nas relações de produção, trava-se em diversos níveis, inclusive, no campo ideológico.[38] Humanismo e direito pertencem ao arcabouço ideológico da burguesia, classe dominante da sociedade capitalista, distorcendo a realidade e, ao mesmo tempo, processando-a como pensamento.

Assim, nessa ótica, temos que os defensores do humanismo e do direito como instrumentos de transformação social estão sendo engodados pela ideologia burguesa, pois, para ser efetiva e para de fato alterar a materialidade das relações sociais, a mudança deve primeiro ocorrer nas relações de produção, na concretude das relações sociais,[39] para que, numa nova organização de sociabilidade, no caso, a socialista, possa-se, daí sim, atingir a modificação da concretude ideológica.[40]

Márcio Bilharinho (Org.). *Presença de Althusser*. Campinas: Instituto de Filosofia e Ciências Humanas, 2010, p. 162.
38   Ibid., 2010, p. 163.
39   "Ainsi pour le marxisme, se reporter à une situation concrète, c'est précisement examiner 'l'ensemble des tendances contradictoires en les ramenant aux conditions d'existence et de production, nettement précisées, des diverses *classes* de la société' (Lénine, *Karl Marx*, Oevres, t. XXI, p. 51), c'est par conséquent, non seulement s'en tenir à l'examen de l'état des forces productives, mais prendre en compte ce qui les *freine*, c'est-à-dire les *contient* (structurer e retenir), les rapports de production, et à partir des rapports de production définir la forme et le contenu de la lutte de classes et par consequent les formes de la transition. [...] Il s'agit donc [...] de partir des *rapports contradictoires*. 'Cela veut dire, comme l'écrit Althusser, que la puissance révolutionnaire des masses n'est puissance qu'en fonction de la lutte de classes. Mais alors, il ne suffit pas de considérer ce qui se passe du côté des classes exploiteuses' [...] et Althusser ajoute que la 'materialité' de cette lutte de classe se donne dans 'l'unité des rapports de production donnés dans une formation sociale concrète' (Ibid)." (THÉVENIN, Nicole-Edith. *Révisionnisme et philosophie de l'aliénation*. Paris: Christian Bourgois, 1977, p. 239).
40   Aqui cabe destacar alguns esclarecimentos de Sampedro sobre a concepção de ideologia em Althusser: "[...] faz-se necessário pensar na ruptura que Althusser efetua em relação à concepção da ideologia (sempre dentro de sua vertente prática, que é a que estamos tratando agora) como 'erro' ou como 'bela mentira', consubstancial a toda uma tradição anterior. Segundo Althusser, o marxismo deve romper com tal identificação para passar a considerar a necessária existência de uma ideologia matricial, sobre a qual [...] a sociedade de classes exercerá a sua dominação. A consideração da ideologia como erro, ignorância, 'mentira útil', ou como mito forjado por um grupo ou classes – tal era a concepção dos filósofos da Ilustração –, levaria ao desconhecimento do funcionamento mesmo da estrutura social. É preciso reconhecer que a ideologia é parte integrante dessa estrutura, ainda que se trate de

Nesse sentido, afirma Althusser: "não existe Direito além de mercantil e, portanto, burguês".[41]

Destarte, "medidas jurídicas não podem nunca afetar a natureza das relações de produção, que são relações sociais de classe, não são relações jurídicas, e cuja transformação não pode ser outra coisa senão o movimento pelo qual vem a ocorrer a cessação do processo de valorização do valor".[42]

Nessa esteira, a postura reformista deve ser encarada como, no mínimo, insuficiente, do ponto de vista prático, e extremamente prejudicial, do ponto de vista da teoria marxista, na medida em que o direito burguês e a ideologia jurídica burguesa, de caráter humanista, mascaram e, ao mesmo tempo, sancionam a relação de produção capitalista, em sua prática exploratória, permitindo sua reprodução.

Desse modo, no âmbito do marxismo, não há que se falar em um direito socialista, pois, "todo Direito, sendo em última instância o Direito de relações mercantis, permanece definitivamente marcado por essa tara burguesa: portanto, todo direito é, por essência, em última instância, desigualitário e burguês".[43]

---

uma representação deformada necessariamente, por ser ela efeito, precisamente, da causalidade estrutural da totalidade social da qual forma parte inseparável. Daí que nas sociedades de classe exista uma deformação suplementar, que determina a primeira, a justificação da dominação. A via escolhida por Althusser é a do abandono dos esquemas platônico e hobbesiano, que consideravam a ideologia derivada da ignorância das massas, ou consequência da susceptibilidade destas à imposição dos amos. [...] A ideologia forma parte da vida histórica das sociedades, de todas as sociedades. [...] para Althusser, nas sociedades de classe, essa primeira função da ideologia (a matricial) subsiste, mas está dominada pela função social específica que lhe impõe a existência da divisão em classes, portanto, a exploração e sua reprodução." (SAMPEDRO, Francisco. A teoria da ideologia de Althusser. In: NAVES, Márcio Bilharinho (Org.). *Presença de Althusser*. Campinas: Instituto de Filosofia e Ciências Humanas, 2010, p. 38-39; 45).

41 ALTHUSSER, Louis. *Sobre a Reprodução*. Tradução de Guilherme João de Freitas Teixeira. 2. ed. Rio de Janeiro: Vozes, 2008, p. 86.

42 NAVES, Márcio Bilharinho. Althusser e a Revolução. In: NAVES, Márcio Bilharinho (Org.). *Presença de Althusser*. Campinas: Instituto de Filosofia e Ciências Humanas, 2010, p. 148-149.

43 ALTHUSSER, Louis. *Sobre a Reprodução*. Tradução de Guilherme João de Freitas Teixeira. 2. ed. Rio de Janeiro: Vozes, 2008, p. 87.

No capitalismo, "tudo é mercadoria", logo, a tão apregoada liberdade, no âmbito jurídico, na realidade, consiste na liberdade de o indivíduo proletário, constituído sujeito de direito, vender-se a si mesmo no mercado, e a igualdade jurídica possui caráter meramente formal, encobrindo a desigualdade real, numa sociedade em que apenas uma classe é a detentora dos meios de produção.[44]

Nas palavras do filósofo francês:

> Assim as relações jurídicas fazem abstração do homem concreto para o considerar simples "portador da relação" jurídica, simples sujeito de direito, capaz de propriedade, mesmo se apenas detém a sua força de trabalho. (...) As relações ideológicas fazem abstração do homem vivo para o considerar simples sujeito submisso, ou rebelde, às ideias dominantes. Mas todas essas relações que fazem do homem concreto seu suporte não deixam de marcar, assim como a relação de produção, os homens na sua carne na sua vida.[45]

5.3. Forma jurídica e forma política estatal

Na sociedade capitalista, conforme assevera o cientista político alemão Joachim Hirsch, "os indivíduos não podem nem escolher livremente as suas relações mútuas, tampouco dominar as condições sociais de sua existência através de sua ação direta", portanto, "sua relação social se exterioriza bem mais em *formas sociais* coisificadas, exteriores e opostas a eles".[46]

Pode-se definir formas sociais, segundo o jusfilósofo brasileiro Alysson Leandro Mascaro, como "modos relacionais constituintes de interações sociais, objetificando-as", num "processo

---

44 Ibid, p. 190.
45 Id. Defesa da Tese de Amiens. In: *Posições*. Tradução de João Paisana. Lisboa: Horizonte, 1977, p. 168.
46 HIRSCH, Joachim. *Teoria Materialista do Estado*. Tradução de Luciano Cavini Matorano. Rio de Janeiro: Revan, 2010, p. 27.

de mútua imbricação: as formas sociais advêm das relações sociais, mas acabam por ser suas balizas necessárias".[47]

Nesse ponto, cumpre ainda destacar o didático esclarecimento de Mascaro: "se se assemelhar forma à fôrma que pode ser preenchida por conteúdos variados, a transposição de tal perspectiva ao plano social dirá respeito aos moldes que constituem e configuram os sujeitos, atos e suas relações".[48]

As formas sociais não são preexistentes às relações sociais, mas são constituídas socialmente, historicamente e de maneira relacional, ou seja, "é por meio das interações sociais que elas mesmas se formalizam" e, ao mesmo tempo, tem-se que as formas sociais permitem, ensejam a si e jungem as relações sociais.[49]

Pachukanis é categórico ao afirmar que "a forma jurídica, em sua forma desenvolvida, corresponde precisamente a relações sociais burguesas-capitalistas",[50] retomando, por conseguinte, o pensamento de Marx, que aponta a necessidade do reconhecimento mútuo dos "guardiões das mercadorias" como proprietários privados, de modo a que elas possam ser trocadas no mercado, ou seja, os indivíduos não se apoderam das mercadorias pela força, mas "reconhecem-se mutuamente como proprietários, como pessoas cuja vontade impregna suas mercadorias. Em decorrência, entra aqui o momento jurídico da pessoa e da liberdade";[51] sendo que, "essa relação jurídica, cuja forma é o contrato, seja ela legalmente desenvolvida ou não, é uma relação volitiva, na qual se reflete a condição econômica".[52]

---

47 MASCARO, Alysson Leandro. *Estado e forma política*. São Paulo: Boitempo, 2013, p. 21.
48 Ibid., p. 21.
49 Id., Ibid.
50 PACHUKANIS, Evgeny. *Teoria Geral do Direito e Marxismo*. Tradução de Silvio Donizete Chagas. São Paulo: Acadêmica, 1988, p. 68.
51 MARX, Karl. *Grundrisse*. Tradução de Mario Duayer e Nélio Schneider. São Paulo: Boitempo, 2011, p. 187.
52 Id. *O Capital*. Tradução de Rubens Enderle. São Paulo: Boitempo Editorial, p. 159.

Numa análise atenta do pensamento de Marx, veremos que, para ele, a relação jurídica antecede o direito posto. Portanto, a relação jurídica é o reflexo da relação econômica.[53]

Nessa linha de raciocínio, temos que "o núcleo da forma jurídica, o sujeito de direito, não advém do Estado. [...] A dinâmica do surgimento do sujeito de direito guarda vínculo, necessário e direto, com as relações de produções capitalistas". A chancela do Estado ocorre em momento posterior, no qual se dá o "acoplamento derradeiro entre forma jurídica e forma política". Tal conjugação se processa no plano técnico, uma vez que forma política estatal e forma jurídica guardam suas especificidades, sendo ambas derivadas, cada qual, das relações capitalistas.[54]

Desse modo, constata-se que a normatividade estatal não constitui a forma jurídica, pois a forma jurídica é um dado social, sendo que, na sociedade capitalista, os agentes da produção já se apresentam estruturalmente como sujeitos de direito, constituídos a partir de relações sociais concretas. Logo, a atuação estatal opera de modo a traçar os contornos peculiares de tais sujeitos, conformando a forma jurídica em termos quantitativos, mas não alterando a sua qualidade. Isso posto, podemos concluir que:

> Não é errado encontrar um vínculo próximo entre forma política e forma jurídica, porque, de fato, no processo histórico contemporâneo, o direito é talhado por normas estatais e o próprio Estado é forjado por institutos jurídicos. Ocorre que o vínculo entre forma política e forma jurídica é de *conformação*, realizando entre si uma espécie de derivação de segundo grau, a partir de um fundo primeiro e necessário que é derivado diretamente da forma-mercadoria. [...] Pode-se entender, então, que as formas política e jurídica, ambas singulares, são derivadas de formas sociais comuns e apenas posteriormente conformadas, reciprocamente. Em tal processo de conformação, os limites nucleares das duas formas são necessariamente

---

53 Ibid., p. 159.
54 MASCARO, Alysson Leandro. *Estado e forma política*. São Paulo: Boitempo, 2013, p. 40.

mantidos em sua especificidade, como estruturas fundamentais da reprodução do capital.⁵⁵

5.4. Forma política estatal e capitalismo

Nos dizeres de Pachukanis, "o Estado jurídico é uma miragem que muito convém à burguesia, uma vez que substitui a ideologia religiosa em decomposição e esconde aos olhos das massas a realidade do domínio da burguesia".⁵⁶

Portanto, no âmbito de uma perspectiva marxista, o Estado não é visto como mero instrumento neutro de pacificação social, como decorrência de um processo de evolução natural, ou como oriundo de um contrato social, mas sim como forma política do capitalismo, surgido e atrelado ao modo de produção capitalista, garantindo a sua reprodução.

Tal como esclarece Hirsch: "o Estado é a expressão de uma *forma social* determinada que assumem as relações de domínio, de poder e de exploração nas condições capitalistas".⁵⁷

A célebre indagação de Pachukanis nos fornece a chave para a compreensão do papel do Estado na sociedade capitalista:

> [...] por que é que o domínio da classe não se mantém naquilo que é, a saber, a subordinação de uma parte da população a outra? Por que é que ele reveste a forma de um domínio estatal oficial ou, o que significa o mesmo, por que é que o aparelho de coação estatal não se impõe como aparelho privado da classe dominante, por que é que ele se separa desta última e reveste a forma de um aparelho de poder público impessoal, deslocado da sociedade?⁵⁸

---

55 MASCARO, Alysson Leandro. *Estado e forma política*. São Paulo: Boitempo, 2013, p. 41.
56 PACHUKANIS, Evgeny. *Teoria Geral do Direito e Marxismo*. Tradução de Silvio Donizete Chagas. São Paulo: Acadêmica, 1988, p. 100.
57 HIRSCH, Joachim. *Teoria Materialista do Estado*. Tradução de Luciano Cavini Matorano. Rio de Janeiro: Revan, 2010, p. 24.
58 PACHUKANIS, Evgeny. *Teoria Geral do Direito e Marxismo*. Tradução de Silvio Donizete Chagas. São Paulo: Acadêmica, 1988, p. 95.

Pode-se ter a resposta na especificidade do modo de produção capitalista, caracterizado pela separação entre os produtores diretos e os meios de produção. O trabalhador, desse modo, se vê obrigado a vender sua força de trabalho no mercado, constituído em sujeito de direito livre para tanto. O trabalho se torna mercadoria e para que ocorra a sua "comercialização", ou seja, para que a troca de mercadorias se opere, a dominação já não pode mais se dar de modo direto, por meio da força. Surge a necessidade de uma instância apartada tanto dos proprietários da força de trabalho quanto dos proprietários dos meios de produção. Tal instância é o Estado, que se consubstancia em forma política específica da sociedade capitalista, sendo ao mesmo tempo um derivado necessário e um aparato garantidor da reprodução capitalista, assegurando a troca de mercadorias e a exploração da força de trabalho, na modalidade assalariada.[59]

Tal concepção da forma política estatal se choca frontalmente com a concepção burguesa amplamente difundida de que o Estado, tal como se apresenta em nossa sociedade, constitui uma conquista civilizatória, na sua condição de portador do monopólio da força. Na perspectiva marxista, a forma política estatal é desnudada e apresentada como efetivamente é, ou seja, como "forma histórica específica de relações sociais de exploração e de opressão".[60]

Nessa esteira, pode-se afirmar que apenas com o advento da forma política estatal é que as relações capitalistas puderam se formar plenamente, ou seja, "quando a força de coerção física se separa de *todas* as classes sociais, inclusive das economicamente dominantes".[61]

---

[59] HIRSCH, Joachim. *Teoria Materialista do Estado*. Tradução de Luciano Cavini Matorano. Rio de Janeiro: Revan, 2010, p. 28-29; Mascaro, 2013, p. 18-19).
[60] Ibid, p. 29.
[61] Id., Ibid.

A ligação entre Estado e burguesia não se dá de modo direto, mas se opera de modo indireto, ou seja, não é a eventual contingência da captura do Estado pela burguesia, ou por um determinado extrato desta, que caracteriza a ligação entre Estado e capitalismo. Logo, pode-se concluir que o foco para a compreensão do papel do Estado na sociedade capitalista está atrelado à forma pela qual ele se apresenta, haja vista que "a forma estatal faz com que as ações políticas sejam necessariamente configuradas com base na fôrma da reprodução contínua do valor", ou seja, o Estado é capitalista por sua forma.[62]

Cabe ainda salientar que "o fenômeno político, no capitalismo, não se limita ao Estado, mas nele se condensa. O Estado é o núcleo material da forma política capitalista".[63]

Como já vimos, a sociedade capitalista é calcada num processo de individualização, ou seja, de constituição de sujeitos, os quais não mais se apresentam divididos em estamentos, como por exemplo, no modo de produção feudal, mas se apresentam de maneira atomizada e, ao mesmo tempo, livre para trocarem mercadorias. Nesse contexto, "o Estado funda-se nessa individualização das pessoas, que surgem como aglomerado de competitivos proprietários de mercadorias e de bens. Ele confirma e reforça isso por meio de suas instituições e de seus mecanismos próprios".[64]

Tal forma de individualização é característica da sociedade capitalista e a ela inerente, porém, a ideologia burguesa opera de modo a apresentá-la como qualidade perene das sociabilidades humanas e, por conseguinte, como justificativa da atual organização social na consciência das pessoas.[65]

---
62 MASCARO, Alysson Leandro. *Estado e forma política*. São Paulo: Boitempo, 2013, p. 46.
63 Ibid., p. 38.
64 HIRSCH, Joachim. *Teoria Materialista do Estado*. Tradução de Luciano Cavini Matorano. Rio de Janeiro: Revan, 2010, p. 80.
65 Ibid., p. 80.

Desse modo, a coação se apresenta como "proveniente de uma pessoa coletiva e abstrata e que é exercida não no interesse do indivíduo donde provém [...], porém, no interesse de todos os membros que participam das relações jurídicas".[66]

Dentre os diversos mitos para a explicação do fenômeno político estatal, apresentam-se diversas falácias, como por exemplo, a ideia de nação pressuposta à organização política estatal, sendo assim, o Estado, o produto de uma nação. Na realidade, "a "nacionalidade" é o produto de aparelhos estatais centralizados de força, de suas estratégias de unificação e de delimitação".[67]

Nesse ponto, podemos observar a ideologia burguesa constituindo as subjetividades dos indivíduos, que se percebem como pertencentes a uma pátria e a uma nação e não necessariamente a uma determinada classe social. Com isso se opera uma notória desarticulação da classe trabalhadora em suas lutas no plano internacional.

Marx, ao discorrer sobre os momentos e métodos da acumulação primitiva, aponta que todos eles "lançaram mão do poder do Estado, da violência concentrada e organizada da sociedade, para impulsionar artificialmente o processo de transformação do modo de produção feudal em capitalista e abreviar a transição de um para outro".[68]

Assim sendo, tal como assinala o economista italiano Giovanni Arrighi, "a ascensão e a expansão do moderno sistema interestatal foi tanto a principal causa quanto um efeito da interminável acumulação de capital".[69]

---

66 PACHUKANIS, Evgeny. *Teoria Geral do Direito e Marxismo*. Tradução de Silvio Donizete Chagas. São Paulo: Acadêmica, 1988, p. 98.
67 HIRSCH, Joachim. *Teoria Materialista do Estado*. Tradução de Luciano Cavini Matorano. Rio de Janeiro: Revan, 2010, p. 84.
68 MARX. Karl. *O Capital*. Tradução de Rubens Enderle. São Paulo: Boitempo Editorial, p. 821.
69 ARRIGHI, Giovanni. *O Longo século XX*. Tradução de Vera Ribeiro. São Paulo: UNESP, 2009, p. 32.

Logo, temos que "o capitalismo e o Estado moderno surgiram no curso de um complexo processo histórico, e seu desenvolvimento foi condicionado reciprocamente".[70]

Com o advento do capitalismo, o trabalho adquire o caráter abstrato, passando a conectar-se ao circuito de trocas mercantis e a assumir universalmente a forma da mercadoria,[71] ou seja, "o trabalho passa a ser assalariado, isto é, estruturado a partir de seu valor como mercadoria".[72]

O capitalismo estrutura-se por meio de formas sociais necessárias à sua reprodução, sendo a forma-valor, expressa no dinheiro, uma delas.[73] Tal forma, específica da sociedade capitalista, por ser uma decorrência da mercantilização do trabalho, apresenta-se atrelada à forma jurídica e à forma política estatal.

O valor é o dado que constitui o ponto de igualdade genérica de todas as coisas que se trocam no mercado, assumindo a forma de valor de troca e permeando o trabalho abstrato, sendo que "dessa generalização e abstração do trabalho estabelecem-se os parâmetros da forma-valor".[74]

Não se constitui o valor num atributo intrínseco à mercadoria, mas "só pode surgir em termos de uma relação entre mercadorias".[75]

Insta salientar, nesse ponto, a elucidação de Mascaro:

> Como as trocas são um circuito geral, as mercadorias trocam-se todas por todas, assumindo a forma de uma equivalência universal. O dinheiro se constitui, a partir daí, como elemento central de tal equiparação. As mercadorias

---

70   HIRSCH, Joachim. *Teoria Materialista do Estado*. Tradução de Luciano Cavini Matorano. Rio de Janeiro: Revan, 2010, p. 61.
71   MARX. Karl. *O Capital*. Tradução de Rubens Enderle. São Paulo: Boitempo Editorial, p. 167.
72   MASCARO, Alysson Leandro. *Estado e forma política*. São Paulo: Boitempo, 2013, p. 22.
73   HIRSCH, Joachim. *Teoria Materialista do Estado*. Tradução de Luciano Cavini Matorano. Rio de Janeiro: Revan, 2010, p. 30.
74   MASCARO, Alysson Leandro. *Estado e forma política*. São Paulo: Boitempo, 2013, p. 23.
75   Id., Ibid.

assumem a forma de um valor de troca universal, referenciado em dinheiro. Nesse processo todo, do trabalho abstrato ao dinheiro, a mercadoria se talha na fôrma do valor, valor de troca.[76]

Desse modo, o dinheiro não deve ser entendido como "um simples meio técnico de pagamento e de troca", porém como "a expressão objetiva e coisificada de uma relação social específica".[77]

Nesse contexto, para que o dinheiro logre adquirir o caráter de equivalência universal nas trocas mercantis, surge a necessidade da constituição de um espaço de garantia de tal universalidade que não esteja restrito apenas a determinados produtores e "guardiões" de mercadorias. Esse espaço apresenta-se na figura do Estado, constituindo-se no "garante necessário dessa reprodução social".[78]

Pode-se dizer, portanto, que a valorização do valor, em termos capitalistas, torna-se possível e, portanto, está atrelada ao surgimento dessa forma política em que "a força da coerção física se separa de *todas* as classes sociais, inclusive das classes economicamente dominantes".[79] Logo, "a forma política, ou o Estado, é ela mesma parte integrante das relações de produção capitalistas",[80] sendo que "a forma-valor explica a forma política estatal como sua derivada".[81]

O Estado é o produto de relações sociais concorrentes e conflitivas, desse modo, "não pode ser tomado como um elemento fixo do domínio de uma classe", sendo, por conseguinte, "atravessado necessariamente, pela luta de classes e pelas dinâmicas das relações sociais em disputa".[82]

---

76 Id., Ibid.
77 HIRSCH, Joachim. *Teoria Materialista do Estado*. Tradução de Luciano Cavini Matorano. Rio de Janeiro: Revan, 2010, p. 27.
78 MASCARO, Alysson Leandro. *Estado e forma política*. São Paulo: Boitempo, 2013, p. 23.
79 HIRSCH, Joachim. *Teoria Materialista do Estado*. Tradução de Luciano Cavini Matorano. Rio de Janeiro: Revan, 2010, p. 29.
80 Ibid., p. 31.
81 MASCARO, Alysson Leandro. *Estado e forma política*. São Paulo: Boitempo, 2013, p. 45.
82 Ibid., p. 47.

No que tange à atuação estatal, ela visa, em última instância, garantir a continuidade da dinâmica do capital, considerando a imbricação estrutural entre capitalismo e forma política estatal. Insta salientar que "a reprodução social capitalista e suas crises demandam ação estatal, que se faz e se apresenta de modo contraditório e incoerente muitas vezes".[83] Desse modo, "o Estado capitalista é necessariamente um Estado interventor".[84]

A intervenção estatal na sociedade se dá não somente para garantir a propriedade privada, a liberdade e a igualdade perante a lei, mas também para cerceá-las, em determinadas circunstâncias, "em favor ou desfavor de determinados indivíduos, grupos ou classes e em benefício da manutenção, da requalificação ou da mudança do circuito geral de valorização do valor".[85]

Assim, não se pode falar em omissão absoluta da ação estatal, mas sim em mudança no modo de manejo da atuação estatal, a qual, no entanto, encontra-se sempre presente, conforme elucida Mascaro:

> Se há, em determinado tempo histórico, uma reiteração de um padrão econômico-político-social – tempos do liberalismo, do intervencionismo de bem-estar social, do capitalismo de Estado, do neoliberalismo –, esse tempo não é de omissão, mas sim de constante manejo estatal para a sustentação da reprodução de tal padrão. Do mesmo modo, a mudança de padrão econômico-político-social é um tipo possível de atuação estatal, apenas mais explícito, no seio da contradição social.[86]

Nesse ponto cabe traçar uma importante distinção entre forma política estatal e instituições políticas.

---

83 Ibid., p. 48.
84 HIRSCH, Joachim. *Teoria Materialista do Estado*. Tradução de Luciano Cavini Matorano. Rio de Janeiro: Revan, 2010, p. 41.
85 MASCARO, Alysson Leandro. *Estado e forma política*. São Paulo: Boitempo, 2013, p. 48.
86 Ibid., p. 48.

A derivação das instituições políticas em relação à forma política estatal não se dá de maneira direta e padronizada, mas sim de maneira complexa, mutável e até mesmo contraditória. As instituições políticas burguesas apresentam-se historicamente variáveis e sujeitas às mais diversas contingências, contudo, estão sempre, em última instância, atreladas à constrição da forma.

O Estado é necessariamente capitalista no que tange à forma. Portanto, dotado de uma autonomia relativa, na medida em que se encontra estruturalmente vinculado ao modo de produção capitalista. Assim sendo, não se deve "buscar a autonomia do Estado nas suas instituições, funções e manifestações concretas de poder conjuntural", sob pena de se "tomar o fenômeno político contemporâneo pelo efeito e não pela causa".[87] Por conseguinte , "a forma política capitalista não pode ser confundida com o aparelho estatal concreto, pois esse é apenas a expressão institucional de estruturas sociais existentes atrás dele".[88]

Destarte, pode-se concluir que "determinadas formas sociais, como por exemplo na figura do Estado, não podem ser eliminadas enquanto siga existindo a estrutura da sociedade capitalista"[89] e, ao mesmo tempo, "estruturalmente não há ação estatal que venha a proceder à superação do capitalismo em favor do socialismo, porque tal empreendimento corrói o tipo específico de relação social que sustenta tal aparato político".[90]

5.5. Sujeito de direito, Estado e capitalismo

A sociedade capitalista é caracterizada pela universalização da forma-mercadoria, conforme esclarece Karl Marx em *O Capital*:

---

87 Ibid., p. 45.
88 HIRSCH, Joachim. *Teoria Materialista do Estado*. Tradução de Luciano Cavini Matorano. Rio de Janeiro: Revan, 2010, p. 46.
89 Ibid., p. 109.
90 MASCARO, Alysson Leandro. *Estado e forma política*. São Paulo: Boitempo Editorial, 2013, p. 83.

O que caracteriza a sociedade capitalista é, portanto, que a força de trabalho assume para o próprio trabalhador a forma de uma mercadoria que lhe pertence, razão pela qual seu trabalho assume a forma do trabalho assalariado. Por outro lado, apenas a partir desse momento universaliza-se a forma-mercadoria dos produtos do trabalho.[91]

O pensador alemão ainda elucida que:

> [...] a força de trabalho só pode aparecer como mercadoria no mercado na medida em que é colocada à venda ou é vendida pelo seu próprio possuidor, pela pessoa da qual ela é a força de trabalho. Para vendê-la como mercadoria, seu possuidor tem de poder dispor dela, portanto, ser o livre proprietário de sua capacidade de trabalho, de sua pessoa. Ele e o possuidor de dinheiro se encontram no mercado e estabelecem uma relação mútua como iguais possuidores de mercadorias, com a única diferença de que um é comprador e o outro, vendedor, sendo ambos, portanto, pessoas juridicamente iguais.[92]

Logo, o trabalhador assalariado, ao contrário do escravo, surge como livre possuidor de sua força de trabalho, desse modo, a constituição dos possuidores de mercadorias como sujeitos de direito torna-se a matriz da reprodução capitalista. Nesse contexto, conforme afirma Pachukanis, "tanto o valor como o direito têm origem num único e mesmo fenômeno: a circulação dos produtos tornados mercadorias".[93]

Diante desse quadro, surge a necessidade de um aparelho de coerção apartado do domínio direto das classes dominantes e tal se consubstancia na forma política estatal, que conferirá chancela formal ao sujeito de direito e, por conseguinte, às relações

---
91 MARX, Karl. *O Capital*. Tradução de Rubens Enderle. São Paulo: Boitempo Editorial, 2013, p. 245.
92 Ibid., p. 242.
93 PACHUKANIS, Evgeny. *Teoria Geral do Direito e Marxismo*. Tradução de Silvio Donizete Chagas. São Paulo: Acadêmica, 1988, p. 82.

jurídicas. Portanto, tem-se que "a forma política estatal se estabelece definitivamente apenas quando a sociabilidade geral se torna jurídica", assim sendo, "a forma jurídica já se institui como dado social presente e bruto quando o Estado lhe dá trato".[94]

Em relação à imbricação entre sujeito de direito, Estado e capitalismo, reveste-se de muita propriedade a assertiva de Mascaro:

> O caráter terceiro do Estado em face da própria dinâmica da relação entre capital e trabalho revela sua natureza também afirmativa. Não é apenas um aparato de repressão, mas sim de constituição social. A existência de um nível político apartado dos agentes econômicos individuais dá a possibilidade de influir na constituição das subjetividades e lhes atribuir garantias jurídicas e políticas que corroboram a própria reprodução da circulação mercantil e produtiva. E, ao contribuir para tornar explorador e explorado sujeitos de direito, sob um único regime político e um território unificado normativamente, o Estado constitui, ainda afirmativamente, o espaço de uma comunidade, no qual se dá o amálgama de capitalistas e trabalhadores sob o signo de uma pátria ou nação.[95]

As normas jurídicas estatais exercem um papel de conformação dos sujeitos de direito de modo a que possam realizar vínculos contratuais dentro de determinados parâmetros, contudo, a forma sujeito de direito advém de relações sociais concretas, portanto, antecede o direito posto.[96]

No que tange ao sujeito de direito, retomando o pensamento de Althusser, insta salientar o papel da ideologia jurídica, que atua na constituição das subjetividades jurídicas, por um processo de interpelação. Nesse ponto cabe destacar o esclarecimento de Balibar:

---

94 MASCARO, Alysson Leandro. *Estado e forma política*. São Paulo: Boitempo, 2013, p. 40-41.
95 Ibid., p. 19.
96 Ibid., p. 40-41.

A ideologia burguesa se esforça (com êxito) em fazer crer que o próprio Estado está acima das classes, e só tem a ver com os indivíduos. [...] o poder do Estado não pode ser o domínio exclusivo de uma classe, pois esta expressão, efetivamente, *não tem sentido jurídico*. A ideia de domínio de uma classe se opõe, na ideologia jurídica, mais precisamente à representação do Estado como a esfera da organização dos interesses público e do poder público, em oposição aos interesses *privados* de indivíduos ou grupos dos indivíduos, ao seu poder *privado*. [...] a distinção entre "público" e "privado" é uma relação jurídica muito real, básica em qualquer direito, cujos efeitos materiais são irreversíveis, enquanto exista o direito. Mas a ideia de que o Estado (e o poder do Estado) deve ser definido por esta distinção, como a esfera ou sector "público", o órgão do serviço "público", da segurança e da ordem "públicas", da administração "pública", do ministério "público" etc., representa uma formidável mistificação ideológica. A distinção jurídica entre "público" e "privado" é o *meio* pelo qual o Estado pode subordinar todos os indivíduos aos interesses da classe que representa, deixando-os – na época burguesa – plena liberdade "privada" para vender e comprar, plena liberdade de "negociar" ... ou vender a sua própria força de trabalho no mercado."[97]

---

97 No original: "La ideología jurídica burguesa se esfuerza (con éxito) en hacer creer que el Estado mismo está por encima de las clases, y sólo tiene que ver con los individuos. [...] el poder de Estado no puede ser el dominio exclusivo de una clase, pues esta expresión, efectivamente, *es un sinsentido jurídico*. A la idea de dominio de una clase se opone, en la ideología jurídica, más precisamente la representación del Estado como la esfera, la organización de los intereses *públicos y* del poderío público, por oposición a los intereses *privados* de los individuos o de los grupos de individuos, a su poderío *privado*. [...] la distinción entre «público» y «privado» es una relación jurídica muy real, básica en cualquier derecho, cuyos efectos materiales son irreversibles mientras exista el derecho. Pero la idea de que el Estado (y el poder de Estado) deba ser definido *por* esta distinción, como la esfera o sector «público», el órgano del servicio «público», de la seguridad y del orden: «públicos», de la administración «pública», del ministério «público» etc., representa una formidable mistificación ideológica. La distinción jurídica entre lo «público» y lo «privado» es *el medio* por el cual el Estado puede subordinar todos los individuos a los intereses de la clase que representa, dejándoles — en la época burguesa — plena libertad «privada» de vender y comprar, plena libertad de «negociar» ... o la de vender su fuerza de trabajo propia en el mercado." (BALIBAR, Étienne. *Sobre la dictadura del proletariado*. Madri: Siglo XXI, 1977, p. 51-52).

Direito e Estado operam tanto por meio da repressão estatal quanto por meio da ideologia jurídica. Na perspectiva althusseriana, temos a construção teórica dos aparelhos ideológicos de Estado, os quais possuem existência concreta e somam-se aos aparelhos repressivos de Estado. Diferentemente dos aparelhos repressivos, que atuam, predominantemente, por meio da coerção física, os aparelhos ideológicos de Estado operam por meio da ideologia, constituindo as subjetividades.

Cabe destacar, no que tange aos aparelhos ideológicos de Estado, que eles se consubstanciam em práticas materiais efetivas, constituintes e constituídos por relações sociais concretas.

Pode-se dizer que "as sociedades capitalistas, além de gerar sistemas de expectativas relacionais, constituem subjetividades intrinsecamente mergulhadas na lógica da mercadoria".[98] Desse modo, tem-se que a ideologia jurídica e, por conseguinte, os aparelhos ideológicos de Estado se mostram fundamentais para garantir a reprodução capitalista.

No que concerne à conexão entre Estado e democracia, impende tecer algumas considerações.

Não há um vínculo necessário e inexorável entre democracia e capitalismo, na medida em que, numa simples análise histórica, é possível constatar que a autoproclamada democracia burguesa não se mostra sempre atrelada ao modo de produção capitalista, pelo contrário, até mesmo reveste-se do caráter de certa excepcionalidade. No entanto, ao mesmo tempo, na forma política estatal inerente ao capitalismo, o domínio burguês não se exerce de modo direto, desse modo, "a dinâmica econômica dos agentes pulverizados no mercado impulsiona uma organização política democrática como seu modelo próprio, na medida da miríade de antagonismos que põe em relação".[99]

---

98 MASCARO, Alysson Leandro. *Estado e forma política*. São Paulo: Boitempo, 2013, p. 127.
99 Ibid., p. 85.

Com efeito, "a exploração da força de trabalho para a produção da mais-valia está ligada à concorrência entre capitais e à existência dos assalariados como sujeitos livres no mercado e como cidadãos".[100] Destarte, "o mesmo padrão que instaura a subjetividade jurídica também instaura a democracia eleitoral. A livre disposição, no plano político, constrói-se de modo similar à autonomia da vontade do sujeito de direito".[101] Conforme assinala Balibar:

> Toda questão da "democracia" e da "ditadura" está profundamente enraizada na ideologia jurídica, que reaparece no seio mesmo do movimento obreiro, sob a forma de oportunismo; é surpreendente ver até que ponto, de um período a outro, mantém-se os termos nos quais se forma. Não se compreende isto sem remontar-se à sua condição: a reprodução pelos aparatos de Estado burguês da ideologia jurídica.[102]

Entretanto, é importante observar que "o nexo entre capitalismo, Estado nacional e democracia é mesmo estreito, porém de nenhum modo lógico e estruturalmente necessário. Ele permanece altamente contraditório e controverso."[103]

Ainda cumpre destacar que a dita liberdade da vontade democrática tem seu campo de atuação limitado pela forma política estatal. No mais, tem-se evidenciado ao longo da história que "as situações de crise do capitalismo fazem explodir as lutas do capital contra a própria democracia".[104]

---

100 HIRSCH, Joachim. *Teoria Materialista do Estado*. Tradução de Luciano Cavini Matorano. Rio de Janeiro: Revan, 2010, p. 35.
101 MASCARO, Alysson Leandro. *Estado e forma política*. São Paulo: Boitempo, 2013, p. 86.
102 No original: "Toda la cuestión de la «democracia» y de la «dictadura» está profundamente enraizada en la ideología jurídica, que reaparece en el mismo seno del movimiento obrero, bajo la forma de oportunismo; es sorprendente ver hasta qué punto, de un período a otro, se mantienen los términos en los cuales se fomma. No se comprende esto sin remontarse a su condición: la reproducción por los aparatos del Estado burgués de la ideología jurídica." (BALIBAR, Étienne. *Sobre la dictadura del proletariado*. Madri: Siglo XXI, 1977, p. 44).
103 HIRSCH, Joachim. *Teoria Materialista do Estado*. Tradução de Luciano Cavini Matorano. Rio de Janeiro: Revan, 2010, p. 96.
104 MASCARO, Alysson Leandro. *Estado e forma política*. São Paulo: Boitempo, 2013, p. 89.

O capitalismo estrutura-se necessariamente em crise, por ser permeado por múltiplas contradições, enraizado num sistema de desigualdades reais, em lutas de classes, caracterizado pela exploração e por apresentar-se constituído e atravessado por formas sociais, as quais são necessárias e ao mesmo tempo podendo se mostrar contrárias aos interesses imediatos dos múltiplos agentes da produção e da troca.

As crises atreladas ao modo de produção capitalista "podem se revelar tanto na dinâmica econômica – crise de acumulação – quanto na consecução institucional da sociedade – crise de regulação". Já as "crises estruturais são aquelas que comprometem a própria reprodução econômica geral do capitalismo", por não envolverem apenas "descontinuidades no regime de acumulação e insuficiências nos modos de regulação, mas também contradições profundas entre acumulação e regulação".[105]

Nesse ponto, cabe salientar a observação de Mascaro:

> O poder do capital cresce e se renova em momentos de crise capitalista, justamente pela fraqueza geral e sistemática dos demais agentes sociais e, também, pelo caráter quase sempre reativo ou meramente reformista das instituições políticas.[106]

Com efeito, "como elemento fundamental da reprodução da dinâmica capitalista, o Estado é menos um meio de salvação social do que, propriamente, um dos elos da própria crise". Pelo Estado "passa a crise remediada, majorada ou reelaborada", pois eventuais alterações de "circunstâncias econômicas e sociais que, se ensejam novas articulações, quase sempre são parciais, mantendo as bases gerais da valorização do valor". Do mesmo modo, a forma jurídica, também se mantém, em regra, incólume, sem se romper, não obstante eventuais rearranjos,

---
105   Ibid., p. 126.
106   Ibid., 2013, p. 127.

consubstanciados em aumentos ou diminuições de direitos, pois "o sujeito de direito continua sendo base para a reprodução social, garantindo assim o circuito mercantil e o capital".[107]

5.6. Humanismo, direito e transição socialista[108]

Conforme ensina Armando Boito Jr., "os autores que se apegam aos escritos de juventude de Marx têm uma concepção de socialismo e de transição diferente daqueles que mostram a ruptura promovida pela obra de maturidade".[109]

De fato, como já vimos, os textos do jovem Marx foram concebidos na chave teórica da ideologia jurídica. Apenas em sua maturidade, Marx logrou romper com esse constructo ideológico. Destarte, na conjugação de uma leitura althusseriana e pachukaniana do marxismo, tem-se que a transição socialista não passa pelo direito, ou seja, não se chegará ao comunismo por meio do direito.

---

107 Ibid., 2013, p. 127.
108 Não nos utilizamos da expressão "transição ao socialismo", considerando as observações feitas por Maria Turchetto: "O aspecto da *coexistência de vários modos de produção*, como característica dos períodos de transição é apresentado em diversas versões, algumas das quais decididamente revisionistas. Referimo-nos àquelas posições que falam da "transição" como de um processo no qual, no interior da formação social dominada pelo capitalismo, começam a emergir – aguzando as contradições do desenvolvimento capitalista – "elementos de socialismo". A esse propósito pode-se observar sobretudo que, não por acaso, nessa interpretação, fala-se de "transição ao *socialismo*" e não ao *comunismo* (como nós fizemos, identificando o "socialismo com a própria fase de transição). Não se trata de um simples problema terminológico: nessa diversa terminologia se exprime o fato de que a interpretação em questão tende a eliminar o problema do "salto revolucionário" necessário para iniciar a transição (a tomada do poder estatal por parte do proletariado), e configura, ao contrário, uma passagem mais ou menos gradual – ou, pelo menos, não marcada por pontos de ruptura precisos – do capitalismo ao "socialismo", considerando este último como um novo sistema de relações sociais estavelmente constituído, que se trataria somente de "aperfeiçoar" no "grau superior" do comunismo. É claro que, nessa visão (de resto, largamente majoritária na "tradição" marxista), os conceitos de "transição", de "comunismo", de "socialismo" terminam, entre outras coisas, por tornarem-se pouco precisos. (TURCHETTO, Maria. As características específicas da transição ao comunismo. Tradução de Márcio Bilharinho Naves. In: NAVES, Márcio Bilharinho. *Análise Marxista e Sociedade de Transição*. Campinas: UNICAMP, 2005, p. 25).
109 BOITO JR., Armando. Emancipação e revolução: crítica à leitura lukacsiana do jovem Marx. *Crítica Marxista*, n. 36. São Paulo: UNESP, 2013, p. 51.

O socialismo apresenta-se como etapa de transição entre o modo de produção capitalista e o modo de produção comunista, portanto, trata-se de período em que as relações de produção de caráter capitalistas devem ser destruídas, de modo a possibilitar que a transição se complete. Nesse sentido, esclarece Márcio Bilharinho Naves:

> Se as relações de produção capitalistas repousam na constituição desse "núcleo duro" de existência do capital – a organização do processo de trabalho sob a base técnica das formas produtivas e especificamente capitalistas –, o socialismo, deve necessariamente ser o período no qual essas relações de produção são destruídas. Como o processo capitalista de trabalho é organizado de modo a possibilitar a expropriação objetiva e subjetiva do operário pelo capital, o socialismo deve implicar um processo de reapropriação das condições objetivas e subjetivas da produção por parte dos trabalhadores.[110]

As leituras humanistas do marxismo mostram-se inexoravelmente atreladas ao economicismo. Por sua vez, as leituras economicistas tendem a reconhecer o primado das forças produtivas sobre as relações de produção.[111] Tal visão, de caráter economicista, foi apresentada, por exemplo, na *Conférence sur le capitalisme monopoliste d'Etat* de Choisy-le-Roy e em Argenteuil em 1966 por Henri Jourdain, membro do comitê central do PCF. Para Jourdain, as forças produtivas constituem o "motor da história", logo, ao referir-se à possibilidade de transição na França, ele afirma: "a transição ao socialismo pela via democrática e pacífica [...] é vislumbrável entre nós pelo desenvolvimento das forças produtivas, por um lado, de nossas tradições democráticas, por outro.[112]

---
110 NAVES. Márcio Bilharinho. *Ciência e Revolução*. São Paulo: Quartier Latin, 2008, p. 127.
111 TURCHETTO, Maria. As características específicas da transição ao comunismo. Tradução de Márcio Bilharinho Naves. In: NAVES, Márcio Bilharinho. *Análise Marxista e Sociedade de Transição*. Campinas: UNICAMP, 2005, p. 7.
112 No original: "Si en effet Henri Jourdain affirme bien la dialectique rapports de produc-

Contudo, conforme destaca Maria Turchetto, uma das grandes contribuições da "escola althusseriana" foi a crítica ao economicismo, reafirmando, assim, na esteira de Marx, "o *primado das relações de produção* como elemento "dinâmico" e determinante em relação a essas mesmas forças produtivas".[113]

O par humanismo/economicismo termina por consubstanciar uma visão evolucionista da história. Nesse sentido, aponta Étienne Balibar: "reconstituir-se-á assim uma *teleologia*, de aparência "materialista", mas de aparência somente (e de fato, o evolucionismo é a teleologia sob uma aparência materialista".[114] Desse modo, tem-se que:

> A revolução social que destrói as relações de produção capitalistas aparece como um simples *caso particular* do mecanismo geral de contradição/reajustamento das relações de produção e das forças produtivas. E seu resultado específico, a abolição de *todas as formas* de dominação e de exploração de classe, permanece inexplicável e mesmo impensado, sem conteúdo próprio.[115]

Com efeito, tal como aponta Turchetto, nas leituras economicistas, a sucessão de eventos históricos é vista numa

---

tion/forces productives, il ne prend en comte dans son analyse que les seules forces productives pour en fair le 'moteur' de l'histoire. Le passage au socialisme par la voie démocratique et pacifique, écrit-il, est envisageable chez nous par le développement des forces productives d'une part, et de nos traditions démocratiques d'autre part." (THÉVENIN, Nicole-Edith. *Révisionnisme et philosophie de l'aliénation*. Paris: Christian Bourgois, 1977, p. 234).
113 TURCHETTO, Maria. As características específicas da transição ao comunismo. In: NAVES, Márcio Bilharinho. *Análise Marxista e Sociedade de Transição*. Campinas: UNICAMP, 2005, p. 7-8.
114 No original: "On reconstituera ainsi une téléologie, d'apparence « matérialiste », mais d'apparence seulement (et de fait, l'évolutionnisme, c'est bien la téléologie sous une apparence matérialiste)." (BALIBAR, Étienne. *Cinq études du matérialisme historique*. Paris: François Maspero, 2006, p. 242).
115 "La révolution sociale qui détruit les rapports de production capitalistes apparaît comme un simple cas particulier du mécanisme général de contradiction/réajustement des rapports de production et des forces productives. Et son résultat spécifique, l'abolition de toutes les formes de domination et d'exploitation de classe, demeure inexplicable et même impensé, sans contenu propre." (Ibid., p. 242).

perspectiva continuísta e linear, na qual os modelos de sociedade se sucedem em processos de crise diante da alteração de "um determinado nível das forças produtivas, e na remodelação das relações sociais face ao novo nível das forças produtivas". Por sua vez, em uma abordagem não economicista, tal como a proposta pela "escola althusseriana", tem-se uma visão da sucessão dos diversos "modos de produção" – "compreendidos como diversas formas de estruturação dos elementos do processo produtivo (forças produtivas) determinados pelas diversas formas das relações de produção" –, afastando, desse modo, qualquer caráter de linearidade, continuidade ou evolucionismo histórico.[116]

Dessa maneira, não é possível, portanto, uma "teoria geral da transição". Pelo contrário, "tem-se que *cada 'transição' histórica é diferente*, materialmente e, portanto, conceitualmente, e é precisamente esta diferença necessária que permite compreender a problemática do materialismo histórico".[117]

Há, por conseguinte, substancial diferença entre a análise marxista da transição ao capitalismo e da transição ao comunismo, haja vista que "na transição para o comunismo não é possível que se estabeleçam, previamente à transformação

---

116 "A transformação histórica, portanto, não é nem desenvolvimento linear e progressivo ('progresso' evolucionista, de grau em grau, das forças produtivas), nem sucessão de 'formas sociais' puras (formas de relações sociais 'exteriores' em relação ao aspecto 'natural' da produção, enquanto processo de apropriação da natureza). Isso significa que a apreensão das diversas 'formas' das relações sociais de produção que se sucedem implica *imediatamente* também a apreensão dos diversos conteúdos, da 'qualidade', das relações recíprocas dos elementos da apropriação da natureza (das forças produtivas); conteúdos, qualidade, relações que são determinadas pela forma de relações sociais de produção e que representam parte integrante de sua 'realidade'. É claro que, nessa abordagem, são as relações de produção que decidem sobre o tipo de desenvolvimento das forças produtivas e sobre a passagem de uma forma da produção social a outra" (TURCHETTO, Maria. As características específicas da transição ao comunismo. In: NAVES, Márcio Bilharinho. *Análise Marxista e Sociedade de Transição*. Campinas: UNICAMP, 2005, p. 8-9).

117 No original: "il s'avère que chaque « transition » historique est différente, matériellement et donc conceptuellement, et c'est précisément cette différence nécessaire que permet de comprendre la problématique du matérialisme historique (BALIBAR, Étienne. *Cinq études du matérialisme historique*. Paris: François Maspero, 2006, p. 243).

do processo de trabalho capitalista, relações de produção de natureza comunista".[118]

Portanto, conforme destaca Nicole-Edith Thévenin:

> [...] a satisfação das necessidades da transição não responde nem a uma necessidade natural, nem a um imperativo "moral" *e assim como o "fetichismo"* da "necessidade natural" (como necessidade das forças) conduz seja a subestimar "a função da classe operária e de suas organizações", quer dizer que a luta de classes esteja a se colocar sobre posições voluntaristas. [...] Não há necessidades "naturais", necessidades "em geral", e "historicizar" as necessidades segundo a evolução das forças produtivas acreditando assim demonstrar sua origem social, é permanecer em uma dialética hegeliana.[119]

Roger Garaudy também busca afastar essa "concepção de necessidade natural", porém, na chave teórica do humanismo, ou seja, destacando o papel do homem como sujeito e motor da história.[120]

---

118 NAVES. Márcio Bilharinho. *Ciência e Revolução*. São Paulo: Quartier Latin, 2008, p. 127.
119 No original: "[...] la satisfaction des besoins dans la transition ne répond ni à une necessite naturelle, ni à un imperatif 'moral' *et qu'ainsi le "fetichisme"* de la 'nécesité naturelle' (comme necessite des forces) conduit soit à sous-estimer 'le rôle de la classe ouvrière et de ses organisations', c'est-à-dire la lutte des classes, soit à se poser sur des 'positions volontaristes [...]. Il n'y a pas de besoins 'naturels', de besoins 'en géneral', et 'historiciser' les besoins selon l'évolution des forces productives en croyant ainsi démontrer leur origine sociale, c'est en rester à une dialectique hégelienne." (THÉVENIN, Nicole-Edith. *Révisionnisme et philosophie de l'aliénation*. Paris: Christian Bourgois, 1977, p. 234-235).
120 "A passagem do capitalismo ao socialismo não é um processo de história natural. Desejaria evitar qualquer confusão sobre a noção de 'necessidade histórica'. Essa palavra foi empregada em dois sentidos diferentes: quando Marx fala das leis necessárias do capitalismo, quando estuda, por exemplo, em O Capital, as leis de acumulação do capitalismo, ele mostra que, em razão da alienação, do fetichismo da mercadoria, alguns processos do desenvolvimento capitalista se parecem com processos de história natural. Mas, quando Marx diz, e quando dizemos nós, que o advento do socialismo é necessário, a palavra necessidade tem, aqui, um outro sentido. Significa isto: as contradições do capitalismo são tais que não há outra solução não o socialismo para resolvê-las. Mas isso não exclui que, durante um longo período, se nós não lutássemos ou lutássemos mal, poderia ocorrer, segundo a expressão de Lenine, 'um apodrecimento da história', como já se produziu em épocas em que não houve uma classe capaz de resolver esses problemas. Aí está, creio eu, por exemplo, quando

Para Althusser, porém, como já vimos, na perspectiva marxista, a história, enquanto processo sem sujeito, tem como motor a luta de classes. Rechaça-se, desse modo, a concepção humanista, que apregoa o homem como sujeito da história. Sequer as massas são o sujeito da história. Não há sujeito da história. O foco está na luta de classes e não nas classes pura e simplesmente, sendo esse, inclusive, o diferencial de Marx em relação aos teóricos burgueses, consoante destaca o filósofo francês:

> Marx pensa em uma concepção completamente diferente. Contrariamente aos teóricos burgueses que colocam uma diferença entre as classes e a luta de classes, e colocam, em geral, o primado das classes sobre a luta de classes, Marx coloca a identidade da luta de classes e, no interior dessa identidade, o primado da luta de classes sobre as classes. Eu me desculpo por empregar esta fórmula, que é abstrata e parece difícil para compreender. Ela significa que a luta de classes, longe de ser um efeito derivado e mais ou menos contingente da existência das classes, faz com que se divida as classes em classes, e reproduz a divisão de classes na luta de classes. Filosoficamente falando isso se diz: segundo os diferentes períodos históricos, primado da contradição sobre os contrários, ou identidade da contradição e dos contrários.[121]

da passagem da sociedade escravagista à sociedade feudal, uma ideia essencial, pois, se assim não fosse, se a história fôsse totalmente, inclusive o advento do socialismo, um processo de história natural, nós não teríamos verdadeiramente, razão de ser como militantes. O desenvolvimento da história se operaria então como se opera a evolução biológica, como se operam os processos físicos da natureza, isto é, sem nós. Ora, nossa concepção da necessidade histórica é tal que ela requer, para sua realização, nossa ativa, criadora participação." (GARAUDY, Roger et al. *Marxismo e Existencialismo: Controvérsia sobre a Dialética*. Rio de Janeiro: Tempo Brasileiro, 1966, p. 101).

121 No original: "Marx pense dans une toute autre conception. Contrairement aux théoriciens bourgeois qui posent une différence entre les classes et la lutte des classes, et posent en général le primat des classes sur la lutte des classes, Marx pose l'identité de la lutte des classes et, à l'intérieur de cette identité, le primat de la lutte des classes sur les classes. Je m'excuse d'employer cette formule, qui est abstraite et semble difficile à comprendre. Elle signifie que la lutte des classes, loin d'être un effet dérivé et plus ou moins contingent de l'existence des classes, fait un avec ce qui divise les classes en classes, et reproduit la division en classes dans la lutte des classes. Philosophiquement parlant cela se dit: selon les différentes périodes

O processo sem sujeito também não tem fim, assim sendo, a chegada ao socialismo não se apresenta como uma finalidade inexorável, mas como possibilidade.

O mestre da *rue d'Ulm* destaca que não existe um modo de produção socialista, haja vista se tratar de um período de transição entre os modos de produção capitalista e comunista. Por conseguinte, no socialismo, a luta de classes persiste.[122] Althusser, inclusive, é explícito ao afirmar que não existe um direito socialista:

> Para Marx e Lênin não há modo de produção socialista, não há relações socialistas de produção, direito socialista etc. O socialismo se identifica com a ditadura do proletariado, quer dizer, com uma nova *dominação de classe*, em que a classe trabalhadora assegura seu papel de dirigente sobre seus aliados mediante a mais ampla democracia de massa para liquidar a burguesia, expulsa do poder Estado, mas ainda poderosa. O socialismo é o "período de transição" (o único de que falam Marx e Lênin) entre o capitalismo e o comunismo, um período contraditório em que coexistem em maneiras conflitantes elementos capitalistas (por exemplo, o regime salarial) e elementos comunistas (por exemplo, novas organizações de massas). Trata-se de um período essencialmente instável, em que a luta de classe subsiste em *"formas transformadas"*

---

historiques, primat de la contradiction sur les contraires, ou identité de la contradiction et des contraíres." (ALTHUSSER, Louis. Conferénce sur la dictature du prolétariat à Barcelone. Disponível em: <http://revueperiode.net/un-texte-inedit-de-louis-althusser-conference-sur-la-dictature-du-proletariat-a-barcelone>. Acesso em: 12 mar. 2016).

122 "Car enfin on n'a pas pris au sérieux, vraiment au sérieux ce que Marx disait du socialisme : période de transition entre le mode de production capitaliste et le mode de production communiste. On n'a pas pris au sérieux cette simple réalité: il n'existe pas de mode de production socialiste, mais une transition, la forme inférieure du communisme, qu'on appelle socialisme (Marx). Et par voie de conséquence, on n'a pas non plus pris au sérieux cette autre réalité : pas plus qu'il n'existe de mode de production socialiste, il n'existe (c'est juste) de rapports de production socialistes. Et on n'a pas non plus pris au sérieux cette idée de Marx et de Lénine : la lutte de classe se poursuit dans la période de transition appelée socialisme (et la preuve en est que l'État y subsiste) sous de nouvelles formes, sans rapport visible avec les formes familières au mode de production capitaliste, mais réellement (Id., Ibid.).

inimagináveis a partir da perspectiva da nossa própria luta de classes, difíceis de decifrar, e que podem, segundo qual for a correlação de forças e a "linha" seguida, ou *retroceder* para o capitalismo ou *fossilizar-se* em formas petrificadas ou *progredir* em direção ao comunismo.[123]

No socialismo se apresenta a ditadura do proletariado, termo revestido de fundamental importância, para Althusser, pois pertencente ao arcabouço teórico marxista, possuindo, portanto, caráter científico. Assim, para o filósofo, o termo estaria longe de ser ultrapassado como queriam os dirigentes do PCF, em 1976, quando por ocasião do XXII Congresso, o Partido abandonou oficialmente o conceito.[124]

Interessante observar que a própria expressão "ditadura do proletariado" já demonstra o primado da luta de classes, na perspectiva marxista, conforme elucida Thévenin:

---

[123] No original: "Para Marx y Lenin *no existe modo de producción socialista*, no hay *relaciones de producción socialistas*, derecho socialista etc. El socialismo se identifica con la dictadura del proletariado, es decir, con una nueva *dominación de clase*, en la que la clase obrera asegura su papel dirigente sobre sus aliados mediante la más amplia democracia de masas para liquidar a la burguesía, expulsada del poder de Estado, pero aún poderosa. El socialismo es el 'período de transición' (el único del que hablan Marx y Lenin) entre el capitalismo y el comunismo, un período *contradictorio* en que coexisten de manera conflictiva elementos capitalistas (por ejemplo, el régimen salarial) y elementos comunistas (por ejemplo, las nuevas organizaciones de masas). Se trata de un período esencialmente inestable, en el que la lucha de clases subsiste bajo '*formas transformadas*' inimaginables desde la perspectiva de nuestra propia lucha de clases, difíciles de descifrar, y que pueden, según cual sea la correlación de fuerzas y la 'línea' seguida, o bien *retroceder* hacia el capitalismo, o bien *fosilizarse* en formas petrificadas, o bien *progresar* hacia el comunismo." (Id. *Seis Iniciativas Comunistas: Sobre el XXII Congreso del PCF*. Tradução de Gabriel Albiac. Siglo XXI, 1977, p. 40-41).

[124] Althusser se manifesta explicitamente sobre a questão: "Si l'expression dictature du prolétariat est un concept scientifique de la théorie marxiste, désignant de manière adéquate comme dit Spinoza son objet, c'est-à-dire fournissant la connaissance objective de son objet, l'interprétation historiciste de la dictature du prolétariat, défendue par les dirigeants du Parti communiste français, est évidemment un non-sens. Un concept scientifique, une vérité objective ne peut être, comme l'a dit un dirigeant du Parti communiste français, dépassée « par la vie ». Pour tous les hommes qui ont vécu, depuis que les mathématiques ont fourni la démonstration que 2 + 2 = 4, la vérité 2 + 2 = 4 ne peut jamais être dépassée, ne peut jamais être « dépassée par la vie ». Il en va de même du concept de dictature du prolétariat." (Id. Conferénce sur la dictature du prolétariat à Barcelone. Disponível em: <http://revueperiode.net/un-texte-inedit-de-louis-althusser-conference-sur-la-dictature--du-proletariat-a-barcelone>. Acesso em: 12 mar. 2016).

> Nós veremos que uma das consequências últimas, que não pode ser em nenhum caso admitida pela burguesia e que o oportunismo sempre se esforçou para apagar ou minimizar, é a doutrina da *"ditadura do proletariado"*. [...] Aqui, o espírito e a letra formam corpo. [...] Reduzir a ditadura do proletariado a uma "pequena palavra", e não ver que ela constitui o "próprio fundo" da doutrina de Marx, "o principal problema de todos da luta de classes proletária", é renegar o marxismo, é substituir a dialética pelo ecletismo e cair no oportunismo.[125]

A filósofa althusseriana ainda destaca que, no socialismo, ao contrário do que poderia pensar, a luta de classes persiste, embora sob "outras formas", inclusive, de maneira mais acirrada, justamente por se tratar de um período de transição.[126]

No que concerne à ditadura do proletariado, assevera também Thévenin:

> Isso quer dizer que o proletariado, *organizando-se em classe dominante*, deve desarranjar a máquina do Estado para fazê-la funcionar para sua própria conta – isso quer dizer ainda que a "organização proletária", em todos os níveis, apenas pode tornar-se *efetiva* senão colocando ao mesmo tempo a questão central da desagregação da "cidadela principal do capital financeiro" (Lenin): o aparelho repressivo de Estado.[127]

---

125 No original: "Nous verrons que l'une des conséquences ultimes qui ne peut en aucun cas admettre la bourgeoisie et que l'opportunisme s'est toujours efforcé d'effacer ou de minimiser, c'est la 'doctrine' de la *dictature du prolétariat*. [...] Ici, l'esprit et la lettre font corps. [...] Reduire la dictature du prolétariat à un 'petit mot', et ne pas voir qu'elle constitue le 'fond même' de la doctrine de Marx, 'le principal problème de tout de la lutte de classe prolétarienne', c'est renier le marxisme, c'est substituer l'éclétisme à la dialectique et tomber dans l'opportunisme." (THÉVENIN, Nicole-Edith. *Révisionnisme et philosophie de l'aliénation*. Paris: Christian Bourgois, 1977, p. 236-237).
126 "[...] la lutte de classes prend d' 'autres formes' mais continue d'autant plus acharnée, que désespérée, et possédant encore d'énormes moyens de pression (le capital international, les relations, le savoir, une certain propriété privée, l'expérience de l'art militaire...), la bourgeoisie est prête à tout." (Ibid., p. 237).
127 No original: "Ce qui veut dire que le prolétariat, *s'organisant en classe dominante*, doit briser la machine d'Etat pour la faire fonctionner pour son propre compte – ce qui veut dire

Assim, a transição socialista caracteriza-se pelo enfraquecimento progressivo das formas sociais burguesas. Portanto, ainda que a forma jurídica persista no socialismo, "sua existência não tem outra função do que esgotar-se definitivamente".[128]

A transição socialista não se consubstancia por meio do direito e do Estado, desse modo, não é suficiente, por exemplo, a simples estatização dos meios de produção ou a instauração de uma "democracia operária", para que se logre a chegada ao comunismo. Para que a transição se opere, faz-se mister "uma *revolucionarização das relações de produção e a instauração de novas forças produtivas, de caráter comunista*, sem o que qualquer controle operário ou democrático seria uma ilusão".[129]

Nesse sentido, pode-se dizer que experiências de países ditos socialistas no século XX, tais como a União Soviética, nada mais foram do que capitalismo de Estado, considerando que, não obstante, tenham até mesmo logrado colocar o poder estatal nas mãos de grupos de trabalhadores, mantiveram a dinâmica da reprodução capitalista, "ao se movimentarem politicamente por uma forma estatal".[130] No mais, a forma jurídica permaneceu inalterada, considerando que se operou "a simples transferência da titularidade dos meios de produção da burguesia privada para o Estado".[131]

Os críticos ao regime soviético como, por exemplo, Garaudy, em sua fase humanista, não lograram compreender o cerne da questão, de modo que suas críticas permaneceram apenas na

---

encore que 'l'organisation prolétarienne', à tous les niveaux, ne peut devenir *effective* que si on pose en même temps la question centrale de la désagrégation de 'la citadelle principal du capital financier' (Lénine): l'appareil répressif d'État." (Ibid., p. 238).
128 PACHUKANIS, Evgeny. *Teoria Geral do Direito e Marxismo*. Tradução de Silvio Donizete Chagas. São Paulo: Acadêmica, 1988, p. 89.
129 NAVES, Márcio Bilharinho. *A Questão do Direito em Marx*. São Paulo: Outras Expressões; Dobra Universitário, 2014, p. 94.
130 MASCARO, Alysson Leandro. *Estado e forma política*. São Paulo: Boitempo, 2013, p. 46.
131 NAVES, Márcio Bilharinho. Stalinismo e Capitalismo. In: NAVES, Márcio Bilharinho (Org.). *Análise Marxista e Sociedade de Transição*. Campinas: UNICAMP, 2005, p. 56.

superfície, apegando-se a conceitos como homem, dignidade humana, emancipação, humana etc. Uma crítica de profundidade deve escapar à ideologia jurídica que apregoa direitos do homem e vê neles um papel a ser desempenhado na transição socialista.

Ao se pensar a transição socialista, a partir de uma leitura conjugada de Althusser e Pachukanis, o ponto de partida não é o homem ou o sujeito de direito, mas é a tomada de poder por uma classe, mediante uma ação revolucionária. Essa ação, na realidade, não se esgotará em um ato, mas em um processo revolucionário, por meio do qual ocorrerá a transformação das relações de produção.

Tal processo revolucionário, como todo processo histórico, será um processo sem sujeito, sendo que, nele, o direito não se apresenta como protagonista. A existência das relações de produção capitalistas é "indiferente" às medidas de natureza jurídica, independentemente do caráter com as quais se apresentem, pois não tem o condão de colocar fim à exploração da classe operária. Nesse sentido, esclarece Márcio Bilharinho Naves:

> [...] somente com a "desmontagem" da organização capitalista do processo de trabalho, com a superação da divisão entre o trabalho intelectual e o trabalho manual, e entre as tarefas de direção e as tarefas de execução, é que será possível à classe operária a reapropriação das condições materiais da produção e a consequente extinção do processo de valorização. [...] Ora, essa *revolucionarização das relações de produção depende inteiramente da luta da classe operária* contra a dominação burguesa, ela se verifica *fora do campo de intervenção do direito burguês*, em um terreno que é rigorosamente *não-jurídico*.[132]

Por conseguinte, a identificação de marxismo com humanismo – e esse, por sua vez, inexoravelmente atrelado à

---

132 NAVES, Márcio Bilharinho. Stalinismo e Capitalismo. In: NAVES, Márcio Bilharinho (Org.). *Análise Marxista e Sociedade de Transição*. Campinas: UNICAMP, 2005, p. 59.

ideologia jurídica – não é capaz de fornecer o ferramental teórico adequado à real compreensão do funcionamento do sistema capitalista, bem como dos mecanismos de sua superação.

Assim sendo, falar-se em "um direito socialista é uma contradição em termos",[133] na medida em que forma jurídica e ideologia jurídica mostram-se imbricadas e necessárias à própria reprodução do capital. Portanto, na transição socialista, a primazia não estará no terreno jurídico, mas na concretude das relações sociais. A possibilidade de chegada ao comunismo dar-se-á por meio da luta revolucionária da massa trabalhadora, que culminará com a extinção do direito.

---

133 MASCARO, Alysson Leandro. *Filosofia do Direito*. 5. ed. São Paulo: Atlas, 2016, p. 481.

CONCLUSÃO

Em nosso trabalho, por meio do estudo do debate sobre o humanismo entre os filósofos marxistas franceses Roger Garaudy e Louis Althusser, buscamos uma compreensão sobre o papel do direito na sociedade capitalista.

Iniciamos a nossa trajetória, analisando, no primeiro capítulo, o embate entre os filósofos Jean-Paul Sartre e Martin Heidegger acerca da questão do humanismo, numa perspectiva existencial. O problema da subjetividade tem papel crucial nesse debate.

O existencialismo é um humanismo, tal é o título de uma famosa conferência de Sartre que se transformou em livro. A identidade entre humanismo e existencialismo, para o filósofo francês, consubstancia-se no fato de que o homem se encontra presente num universo humano, sendo ao mesmo tempo livre e responsável por suas escolhas.

Já Heidegger, em seu texto *Carta sobre o humanismo*, sustenta que os humanismos, em suas mais diferentes vertentes, têm em comum o fato de estarem lastreados numa metafísica ou de converterem-se em metafísicas. O filósofo questiona o próprio uso do vocábulo humanismo e traz uma concepção nova sobre a questão, numa perspectiva classificada por muitos como anti-humanista.

Assim, enquanto Sartre constrói um pensamento filosófico baseado na subjetividade humana, Heidegger, por sua vez, propõe uma superação da dicotomia sujeito-objeto.

Roger Garaudy dialoga em alguns momentos com Sartre. Para o filósofo marxista, Sartre propugnava um humanismo de caráter burguês e individualista. De outra parte, Louis Althusser chega a admitir a influência heideggeriana em sua leitura anti-humanista do marxismo.

Traçadas breves linhas sobre o debate entre Sartre e Heidegger, passamos a uma sucinta contextualização histórica da controvérsia sobre o humanismo, já em terreno marxista, no âmbito do Partido Comunista Francês. O debate mobilizou os principais intelectuais do Partido e ganhou bastante popularidade especialmente na década de 1960.

Diversos pensadores vinculados ao Partido, célebres à época, engajaram-se na discussão, no entanto, pode-se dizer que os grandes protagonistas do debate foram os filósofos Roger Garaudy e Louis Althusser, tanto pela participação destacada do pensamento de ambos nas discussões quanto pelo fato de que cada um deles pode ser apontado como o extrato mais puro de leituras completamente antagônicas sobre o marxismo, no que concerne à questão do humanismo, na esfera do PCF.

Garaudy, filósofo de grande notoriedade e membro do *Bureau* político do Partido, apresentava uma visão consubstanciada na identificação do marxismo com um humanismo de caráter intrínseco e peculiar. Por sua vez, Althusser sustentava uma leitura anti-humanista do marxismo.

Os debates sobre o humanismo ganharam proeminência do Partido e isso pode ser medido, por exemplo, pelo espaço concedido na revista *Nouvelle Critique*, bem como pelas discussões ocorridas em Choisy-le-Roy e em Argenteuil. Em paralelo a isso, diversas publicações trataram do tema. Garaudy e Althusser, inclusive, publicaram livros específicos sobre o assunto, os quais adquiriram grande repercussão, até mesmo no plano internacional.

Os principais pensadores do Partido estiveram presentes em Choisy-le-Roy, entre 22 e 26 de janeiro de 1966, numa jornada de estudos, cujo tema central era a questão do humanismo marxista. Garaudy, na ocasião, mostrou-se ardoroso defensor da identidade entre marxismo e humanismo e, por conseguinte, combateu as ideias de Althusser, o qual, por sua vez, não compareceu às reuniões, mas teve um de seus textos lidos por Michel Verret.

Nos dias 11 a 13 de março de 1966, as reuniões ocorreram em Argenteuil. Dessa vez, o *bureau* político do Partido estava no comando. As discussões prosseguiram na mesma toada de combate ao anti-humanismo teórico althusseriano por parte de Garaudy. Althusser não esteve presente, pois não era membro do *bureau* político do PCF.

Dessa sessão em Argenteuil, desdobrada nos dias mencionados, resultou uma Resolução, a qual, em seu texto, "tomou partido" da leitura humanista do marxismo. Isso motivou a escrita de uma Carta ao Comitê Central do PCF, por parte de Althusser, na qual ele combate veementemente o texto da Resolução. Contudo, não há notícia de que a mencionada carta tenha sido realmente enviada.

Embora Garaudy tenha saído "vencedor" do debate sobre o humanismo na esfera do PCF, pode-se dizer que tal não se deu de modo pleno. As duras críticas desferidas a Althusser, muitas delas carentes de um substrato teórico consistente, pelo menos na visão de muitos membros do Partido, terminaram por enfraquecer a imagem do filósofo. Além disso, as posições políticas de Garaudy foram, ao longo do tempo, distanciando--se daquelas propostas pelo Partido. Na realidade, o humanismo marxista no PCF possuía muito mais um caráter retórico do que efetivamente prático. Como exemplo disso, é possível citar eventos como a falta de oposição do Partido à invasão da Hungria pela União Soviética e a ausência de contestação ao ostracismo político ao qual fora condenado Alexander Dubcek na Tchecoslováquia, justamente ele que era o defensor da ideia de um "socialismo com rosto humano".

Assim, as crescentes divergências políticas entre Garaudy e o PCF culminam com a expulsão do filósofo do Partido, em 1970. Althusser, por sua vez, permanece membro do Partido por toda a vida, embora não comungasse das posições "stalinistas" do Partido, bem como se apresentasse, ao longo tempo, contrário a muitas das posturas teóricas adotadas pelo PCF.

No segundo capítulo de nossa dissertação, empreendemos um mergulho no humanismo marxista apregoado por Garaudy. Para o filósofo, o humanismo é inerente ao marxismo. Tal humanismo, no entanto, na ótica garaudyana, é distinto de todas as outras formas de humanismo já concebidas. Trata-se de humanismo distante de qualquer caráter metafísico, mas atrelado à concretude das relações sociais. Nessa leitura, o homem se apresenta como sujeito da história. Assim, a subjetividade ganha papel preponderante. Contudo, ela é concebida de modo relacional, e muito diverso, portanto, do individualismo burguês, segundo Garaudy. O "nós" mostra-se anteposto ao "eu", embora não negue o "eu".

O humanismo marxista é definido, pelo filósofo, como "metodologia da iniciativa histórica para a realização do homem total". Para Garaudy, o homem total é o homem comunista, ou seja, apenas o comunismo permitirá que o homem atinja tal condição. No capitalismo, tem-se a alienação do homem, cujo fundamento encontra-se nas condições de vida do trabalhador. O homem se apresenta despojado de sua dimensão humana, deixa de ser sujeito e torna-se objeto. A raiz de todas as formas de alienação encontra-se na separação do trabalhador dos meios de produção. Assim, a superação da alienação do trabalho representará a superação de todas as outras espécies de alienação.

A revolução, portanto, tem papel fundamental, a qual não necessariamente deve consubstanciar-se numa ação violenta, mas poderá desencadear-se de diversas maneiras, de conformidade com a relação de forças existente em cada situação concreta. Assim, essa revolução se caracteriza pela transformação tanto das relações de produção quanto do próprio homem. Desse modo, uma revolução para a sociedade é o mesmo que a conversão para o indivíduo.

A transcendência, um dos conceitos fundamentais no pensamento garaudyano, representa a possibilidade de superação da alienação, ou seja, de superar a realidade concreta em busca de novos horizontes possíveis. Tais horizontes não são de caráter metafísico, mas devem ser materialmente construídos.

O diálogo com as religiões é uma das grandes propostas de Garaudy. Para ele, tanto o cristianismo quanto o marxismo são formas de humanismos, ainda que distintas. Em ambos, a noção de subjetividade é fundamental, embora, no marxismo, ela adquira um caráter relacional e concreto.

O anti-humanismo teórico proposto por Althusser foi o objeto de análise do terceiro capítulo de nosso trabalho. Para o filósofo, o marxismo é um anti-humanismo teórico, pois, os conceitos de base do marxismo não tem qualquer relação com noções humanistas. O filósofo propugna a existência de um corte epistemológico no pensamento de Marx. Para ele, Marx inaugura um novo continente ao conhecimento. Assim, as obras do filósofo alemão podem ser divididas em obras da juventude (1840-1844), obras do corte (1845), obras da maturação (1845-1857) e obras da maturidade (1857-1883). Ao longo do tempo, Althusser reelabora sua concepção de corte, apresentando-a como um processo, no entanto, ele sempre permaneceu fiel à ideia da existência de uma ruptura no pensamento de Marx.

Para Althusser, o marxismo não é um humanismo, a análise marxista não parte do homem, mas da causalidade estrutural que produz esse efeito ideológico. Desse modo, o homem não se apresenta como sujeito da história. Para ele, "o par pessoa/coisa está na base de toda ideologia burguesa". Assim, o humanismo é, na realidade, uma ideologia. Logo, o marxismo jamais pode ser identificado como um humanismo, sob pena de se entravar o desenvolvimento da teoria marxista.

A subjetividade, para Althusser, possui caráter ideológico, ou seja, a categoria sujeito é constitutiva de toda a ideologia, cujo advento se dá a partir da concretude das relações sociais. Ao mesmo tempo, a ideologia tem como função definidora e condição de existência a constituição dos indivíduos em sujeitos, mediante um processo de internalização ideológica, o qual opera no nível do inconsciente. Althusser, ao longo de seus desenvolvimentos teóricos, irá apontar o caráter basilar da ideologia jurídica, no capitalismo. Portanto, o sujeito por excelência é o sujeito de direito.

Um cotejo mais direto entre o pensamento de Garaudy e Althusser foi trazido no quarto capítulo. A chave para a compreensão da divergência teórica entre os filósofos está na leitura que cada um deles faz do percurso intelectual de Marx. Enquanto Garaudy entende haver uma continuidade no pensamento do filósofo alemão, especialmente a partir dos *Manuscritos de 1844* – embora reconheça a existência de melhores elaborações teóricas ao longo do tempo –, Althusser vislumbra a existência de um corte epistemológico na produção intelectual de Marx, de modo que o referido texto fora concebido por Marx, em seu período de juventude, quando ainda não era marxista, ou seja, quando não havia fundado ainda a ciência da história.

As percepções de Garaudy e Althusser, em relação à caminhada intelectual de Marx, são totalmente opostas. Enquanto Garaudy entende que Marx percorrerá um trajeto de construção de um humanismo novo e peculiar, para Althusser, Marx irá se distanciar do humanismo e trabalhará a partir de uma nova problemática, deixando para trás conceitos como os de homem, alienação, trabalho alienado, dentre outros.

A visão acerca da subjetividade é um ponto de divergência profunda entre os filósofos franceses. Para Garaudy, o marxismo é o único caminho teórico e prático capaz de colocar o homem na condição de sujeito da história. Por sua vez, Althusser entende que o conceito de sujeito é ideológico. Para ele, a história, cujo motor é a luta de classes, apresenta-se como um processo sem sujeito. Logo, não há sujeito da história, ainda que existam sujeitos na história.

Assim, para Althusser, o humanismo é uma ideologia, logo, uma leitura humanista do marxismo não é científica. Marx, em seu método de investigação, após o corte epistemológico, não parte do homem. Portanto, Garaudy, ao lastrear seu estudo e embasar suas construções teóricas a partir do homem, não avançou numa compreensão científica do marxismo. Desse modo, para Althusser, Garaudy nunca chegou a ser marxista.

No quinto capítulo, abordamos o ponto nodal da nossa dissertação: o direito no debate marxista sobre o humanismo. Nele pudemos perceber a profunda influência desse debate para a compreensão do próprio direito numa perspectiva marxista.

Garaudy – embora teça críticas à universalidade abstrata constante, por exemplo, na Declaração dos Direitos do Homem de 1789, bem como à ideologia da liberdade e da igualdade jurídicas, as quais, para ele, na prática, mascaram as desigualdades reais e permitem a continuidade da exploração da classe trabalhadora pela burguesia – não logra compreender fundamentos da ideologia jurídica e do direito. Isso se dá, numa perspectiva althusseriana, justamente pelo fato de

Garaudy não se desapegar de uma leitura humanista do marxismo, focada no papel da subjetividade. Além disso, o fato de Garaudy apontar os *Manuscritos de 1844* como o "ato de fundação do marxismo", por si só, demonstra que ele, não obstante tenha uma postura crítica em face do direito, essa crítica ainda permanece na chave teórica da ideologia jurídica.

Portanto, avançando por uma linha de pensamento althusseriana, tem-se que Garaudy não consegue chegar ao cerne da questão do papel do direito no capitalismo. O jovem Marx e, por conseguinte, Garaudy, ao basear sua crítica ao capitalismo na crítica da alienação, caminha no horizonte da ideologia jurídica. Isso ocorre, pois a alienação caracteriza-se por ser uma relação entre sujeito e objeto, concebida como ato jurídico contratual, sob o modelo da compra e venda. Por conseguinte, a propriedade privada termina por ocupar um papel central nessa leitura empreendida por Marx nos *Manuscritos de 1844*. Na realidade, a visão de Garaudy sobre o marxismo ainda se encontra atrelada à subjetividade jurídica.

Ainda seguindo por um caminho de matriz althusseriana, tem-se que a relação "sujeito/objeto" – enquanto relação de propriedade, consubstanciada no sujeito de direito constituído pela ideologia jurídica – estrutura e dá forma universal as ideologias em geral. A partir daí, podemos compreender o par "humanismo/economicismo" presente na obra do jovem Marx, na qual o próprio comunismo é pensado em categorias "retiradas" da ideologia burguesa.

Destarte, a leitura humanista do marxismo, empreendida por pensadores como Garaudy, termina por impedir uma compreensão do fenômeno jurídico em sua plenitude.

É verdade que a grande contribuição da leitura althusseriana encontra-se em possibilitar uma compreensão da ideologia jurídica como atrelada e necessária à própria reprodução do capital. Contudo, Althusser não avança no que tange ao entendimento da forma jurídica enquanto forma social do capitalismo. Para isso, precisamos recorrer à obra do jurista russo Evgeny Pachukanis. No entanto, até para que possamos lançar mão da obra de Pachukanis de maneira eficaz – o qual lastreia seu estudo sobre o direito nas obras de maturidade de Marx –, a leitura althusseriana do marxismo é fundamental, pois permite que enxerguemos a mudança de problemática existente na obra do pensador alemão.

Portanto, a partir dessas constatações, em nosso último capítulo, seguimos por uma trilha althusseriana e pachukaniana, de modo a lançar alguma luz no que se refere ao papel do direito no capitalismo, bem como para procurar demonstrar a impossibilidade teórica e, por conseguinte prática, de um "socialismo jurídico".

Para Althusser, o "funcionamento" do direito se perfaz tanto por meio da repressão estatal quanto por meio da ideologia jurídica. A eficácia material da ideologia burguesa é assegurada pelo direito e o fundamento dessa ideologia é, em última instância, constituído pela subjetividade jurídica e pelas categorias a ela atreladas. Assim, a estruturação da ideologia burguesa é dada pela ideologia jurídica, assegurando a permanência das formas sociais burguesas, especialmente da forma jurídica e da forma política estatal.

Pachukanis avança na compreensão da forma jurídica "como equivalente e reflexo da forma da mercadoria". A relação entre ambas as formas se elabora e se perfaz nas relações de produção, num processo de *sobredeterminação*, tal como observa Naves.

Destarte, conforme destaca Edelman, a realização das forças produtivas capitalistas é concretamente realizada no sujeito de direito. A eficácia da circulação no capitalismo é assegurada pelo direito.

A figura do sujeito de direito é peculiar e necessária ao capitalismo, na medida em que permite ao indivíduo proletário, apartado da propriedade dos meios de produção, vender sua força de trabalho no mercado. Assim, liberdade e igualdade se apresentam como condições imprescindíveis à circulação econômica.

No capitalismo, o trabalho passa a ser assalariado, desse modo, assume caráter abstrato, conectado ao circuito das formas mercantis. Em suma, o trabalho toma a forma da mercadoria de maneira universal.

O capitalismo é estruturado a partir de formas sociais a ele inerentes, tais formas advêm da concretude das relações sociais. Capitalistas e proletários assumem a forma sujeito de direito. Nesse quadro surge a necessidade da forma política estatal enquanto aparato social específico e apartado do domínio direto da burguesia. Portanto, o circuito das relações sociais de produção engendra a forma jurídica e a forma política estatal, ambas, desse modo, derivadas da forma da mercadoria. Forma jurídica e forma política estatal realizam entre si um "vínculo de *conformação*", numa espécie de "derivação de segundo grau", tal como observa Mascaro. O acoplamento definitivo entre ambas dar-se-á com a chancela formal do Estado, num momento posterior, normativo.

Por conseguinte, numa perspectiva marxista, no que tange ao direito, é possível perceber claramente que não será por meio de normas jurídicas que se logrará uma efetiva transformação das estruturas sociais, haja vista que a ideologia jurídica e a forma jurídica são atreladas e necessárias à reprodução capitalista.

A identificação entre marxismo e humanismo termina por encerrar a leitura marxista sobre o direito no leito de Procusto da ideologia jurídica. A mirada em uma possível transição socialista apenas se torna viável quando desatrelada do horizonte jurídico, pois todo direito é, intrinsecamente, capitalista e burguês.

REFERÊNCIAS

ALMEIDA, Silvio Luiz de. *Sartre: direito e política*. 2011. Tese (Doutorado em Filosofia e Teoria Geral do Direito) - Faculdade de Direito, Universidade de São Paulo, São Paulo, 2011. Disponível em: <http://www.teses.usp.br/teses/disponiveis/2/2139/tde-19092012-144850/>. Acesso em: 07 jul. 2016.

ALTHUSSER, Louis. *Por Marx*. Tradução de LOUREIRO, Maria Leonor F. R. Campinas: Unicamp, 2015.

_____. Marxismo, Ciência e Ideologia. In: *Marxismo Segundo Althusser*. São Paulo: Sinal, 1967.

_____. L'objet du "Capital". In: ALTHUSSER, Louis; BALIBAR, Étienne. *Lire le Capital I*. Paris: François Maspero: 1973.

_____. *Élements d'auto-critique*. Paris: Hachette, 1974.

_____. *Freud e Lacan. Marx e Freud*. Tradução de Walter José Evangelista. Rio de Janeiro: Graal, 1991.

_____. Ideologia e aparelhos ideológicos de estado. In: *Posições*. Tradução de João Paisana. Lisboa: Horizonte, 1977.

_____. Sobre a Revolução Cultural. Tradução de Márcio Bilharinho Naves. In: NAVES, Márcio Bilharinho (Org.). *Presença de Althusser*. Campinas: Instituto de Filosofia e Ciências Humanas, 2010.

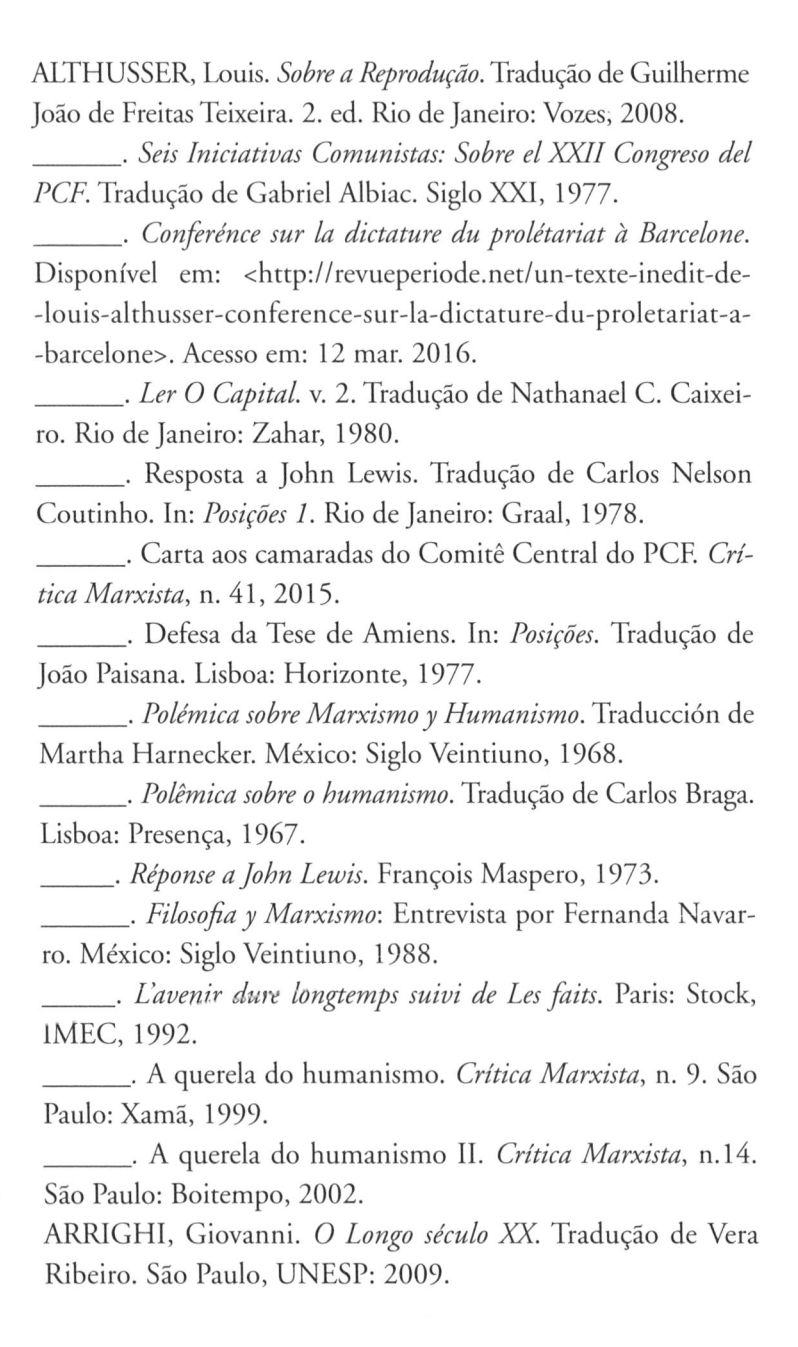

ALTHUSSER, Louis. *Sobre a Reprodução*. Tradução de Guilherme João de Freitas Teixeira. 2. ed. Rio de Janeiro: Vozes, 2008.

_____. *Seis Iniciativas Comunistas: Sobre el XXII Congreso del PCF*. Tradução de Gabriel Albiac. Siglo XXI, 1977.

_____. *Conferénce sur la dictature du prolétariat à Barcelone*. Disponível em: <http://revueperiode.net/un-texte-inedit-de-louis-althusser-conference-sur-la-dictature-du-proletariat-a-barcelone>. Acesso em: 12 mar. 2016.

_____. *Ler O Capital*. v. 2. Tradução de Nathanael C. Caixeiro. Rio de Janeiro: Zahar, 1980.

_____. Resposta a John Lewis. Tradução de Carlos Nelson Coutinho. In: *Posições 1*. Rio de Janeiro: Graal, 1978.

_____. Carta aos camaradas do Comitê Central do PCF. *Crítica Marxista*, n. 41, 2015.

_____. Defesa da Tese de Amiens. In: *Posições*. Tradução de João Paisana. Lisboa: Horizonte, 1977.

_____. *Polémica sobre Marxismo y Humanismo*. Traducción de Martha Harnecker. México: Siglo Veintiuno, 1968.

_____. *Polêmica sobre o humanismo*. Tradução de Carlos Braga. Lisboa: Presença, 1967.

_____. *Réponse a John Lewis*. François Maspero, 1973.

_____. *Filosofía y Marxismo*: Entrevista por Fernanda Navarro. México: Siglo Veintiuno, 1988.

_____. *L'avenir dure longtemps suivi de Les faits*. Paris: Stock, IMEC, 1992.

_____. A querela do humanismo. *Crítica Marxista*, n. 9. São Paulo: Xamã, 1999.

_____. A querela do humanismo II. *Crítica Marxista*, n.14. São Paulo: Boitempo, 2002.

ARRIGHI, Giovanni. *O Longo século XX*. Tradução de Vera Ribeiro. São Paulo, UNESP: 2009.

AZZARO, Salvatore. Garaudy e gli "ortodossi". In: *Althusser e la critica*. Roma: Studium, 1979.
BALIBAR, Étienne. L'objet d'Althusser. In: LAZARUS, Sylvain (Org.). *Politique et Philosophie dans l'ouvre de Louis Althusser*. Paris: PUF, 1993.
_____. *Cinq études du matérialisme historique*. Paris: François Maspero, 2006.
_____. *Sobre la dictadura del proletariado*. Madri: Siglo XXI, 1977.
_____. *Althusser et Mao*. Disponível em: <http://revueperiode.net/althusser-et-mao/>. Acesso em: 17 mar. 2016.
BELLOIN, Gerard. Le Comité Central d'Argenteuil. *Le parti communiste français: archives et objet d'histoire*, n. 76/77, 2003/2004, p. 81.
BOFF, Leonardo. Atualidade da Profecia. In: GARAUDY, Roger. *Rumo a uma Guerra Santa?* Rio de Janeiro: Jorge Zahar, 1995.
BOITO JR., Armando. *Estado, política e classes sociais*. São Paulo: UNESP, 2007.
_____. Emancipação e revolução: crítica à leitura lukacsiana do jovem Marx. *Crítica Marxista*, n. 36. São Paulo: UNESP, 2013.
CRANSTON, Maurice. The Thought of Roger Garaudy. *Problems of Communism* 19, n. 5, September/October 1970.
DOMESGUE, Raymond. O Marxismo é um Humanismo? In: *Marxismo Segundo Althusser*. São Paulo: Sinal, 1967.
EDELMAN, Bernard. *O Direito Captado pela Fotografia: Elementos para uma teoria marxista do direito*. Tradução de Soveral Martins e Pires de Carvalho. Coimbra: Centelha, 1976.
ELLIOTT, Gregory. *Althusser: The detour of the theory*. Boston: Brill, 2006.
EVANGELISTA, Walter José. Althusser e a psicanálise. In: ALTHUSSER, Louis. *Freud e Lacan. Marx e Freud*. Rio de Janeiro: Graal, 1991.

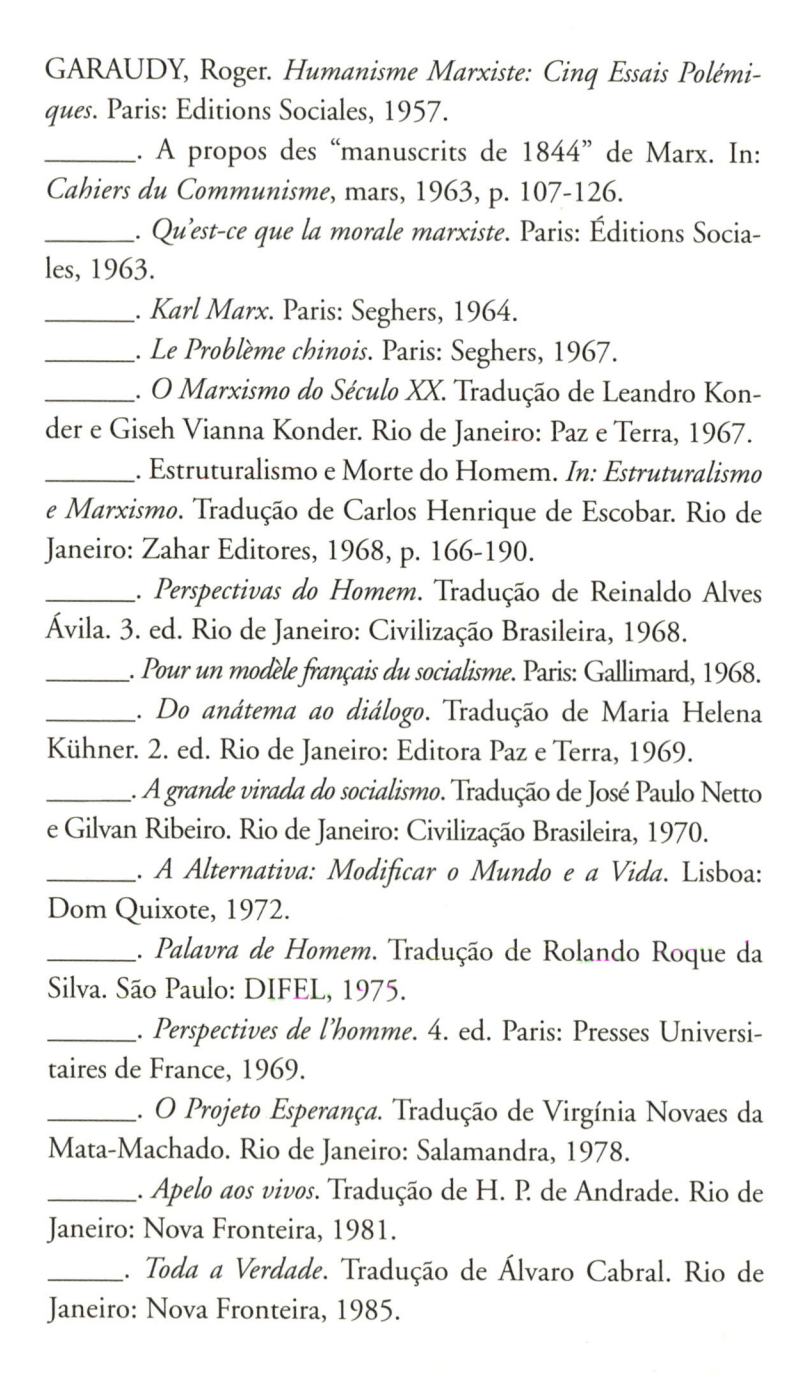

GARAUDY, Roger. *Humanisme Marxiste: Cinq Essais Polémiques*. Paris: Editions Sociales, 1957.

_____. A propos des "manuscrits de 1844" de Marx. In: *Cahiers du Communisme*, mars, 1963, p. 107-126.

_____. *Qu'est-ce que la morale marxiste*. Paris: Éditions Sociales, 1963.

_____. *Karl Marx*. Paris: Seghers, 1964.

_____. *Le Problème chinois*. Paris: Seghers, 1967.

_____. *O Marxismo do Século XX*. Tradução de Leandro Konder e Giseh Vianna Konder. Rio de Janeiro: Paz e Terra, 1967.

_____. Estruturalismo e Morte do Homem. In: *Estruturalismo e Marxismo*. Tradução de Carlos Henrique de Escobar. Rio de Janeiro: Zahar Editores, 1968, p. 166-190.

_____. *Perspectivas do Homem*. Tradução de Reinaldo Alves Ávila. 3. ed. Rio de Janeiro: Civilização Brasileira, 1968.

_____. *Pour un modèle français du socialisme*. Paris: Gallimard, 1968.

_____. *Do anátema ao diálogo*. Tradução de Maria Helena Kühner. 2. ed. Rio de Janeiro: Editora Paz e Terra, 1969.

_____. *A grande virada do socialismo*. Tradução de José Paulo Netto e Gilvan Ribeiro. Rio de Janeiro: Civilização Brasileira, 1970.

_____. *A Alternativa: Modificar o Mundo e a Vida*. Lisboa: Dom Quixote, 1972.

_____. *Palavra de Homem*. Tradução de Rolando Roque da Silva. São Paulo: DIFEL, 1975.

_____. *Perspectives de l'homme*. 4. ed. Paris: Presses Universitaires de France, 1969.

_____. *O Projeto Esperança*. Tradução de Virgínia Novaes da Mata-Machado. Rio de Janeiro: Salamandra, 1978.

_____. *Apelo aos vivos*. Tradução de H. P. de Andrade. Rio de Janeiro: Nova Fronteira, 1981.

_____. *Toda a Verdade*. Tradução de Álvaro Cabral. Rio de Janeiro: Nova Fronteira, 1985.

GARAUDY, Roger et al. *Marxismo e Existencialismo: Controvérsia sobre a Dialética*. Rio de Janeiro: Tempo Brasileiro, 1966.
GEERLANDT, Robert. *Garaudy et Althusser: Le débat sur l'humanisme dans le parti communiste français et son enjeu*. Paris: PUF, Travaux et Recherches de l'Université du Droit et de la Santé de Lille, série Droit Public et Science Politique, 1978.
HANDFAS, Anita. *Uma leitura crítica das pesquisas sobre as mudanças nas condições capitalistas de produção e a educação do trabalhador*. Tese (Doutorado em Educação) - Faculdade de Educação da Universidade Federal Fluminense, Niterói, 2006. Disponível em: <http://www.uff.br/pos_educacao/joomla/images/stories/Teses/handfast2006.pdf>. Acesso em: 29 ago. 2016.
HEIDEGGER, Martin. *Sobre o Humanismo*. Tradução de Emmanuel Carneiro Leão. 3. ed. Rio de Janeiro: 2009.
ILLAS, Edgar. The Procrustean Bed of Class Struggle. *Décalages*: v. 1. Disponível em: <http://scholar.oxy.edu/decalages/vol1/iss3/2>. Acesso em: 23 jun. 2016.
KAKKORI, Leena; HUTTUNEN. The Sartre-Heidegger Controversy On Humanism and the Concepty. *Educational Philosophy and Theory*, v. 44, n. 2, 2012.
HIRSCH, Joachim. *Teoria Materialista do Estado*. Tradução de Luciano Cavini Matorano. Rio de Janeiro: Revan, 2010.
KARSZ, Saül. Marxisme et Humanisme. In: *Théorie et Politique: Louis Althusser*. Paris: Fayard, 1974.
LECOURT, Dominique. *Marxism and Epistemology*. Translated from de French by Ben Brewster. Londres: NLB, 1975.
LEWIS, Willian S. *Louis Althusser and the Traditions of French Marxism*. Oxford: Lexington Books, 2005, E-Book.
_____. Editorial Introduction to Louis Althusser's 'Letter to the Central Committee of the PCF, 18 March 1966'. In: *Historical Materialism 15*, 2007.

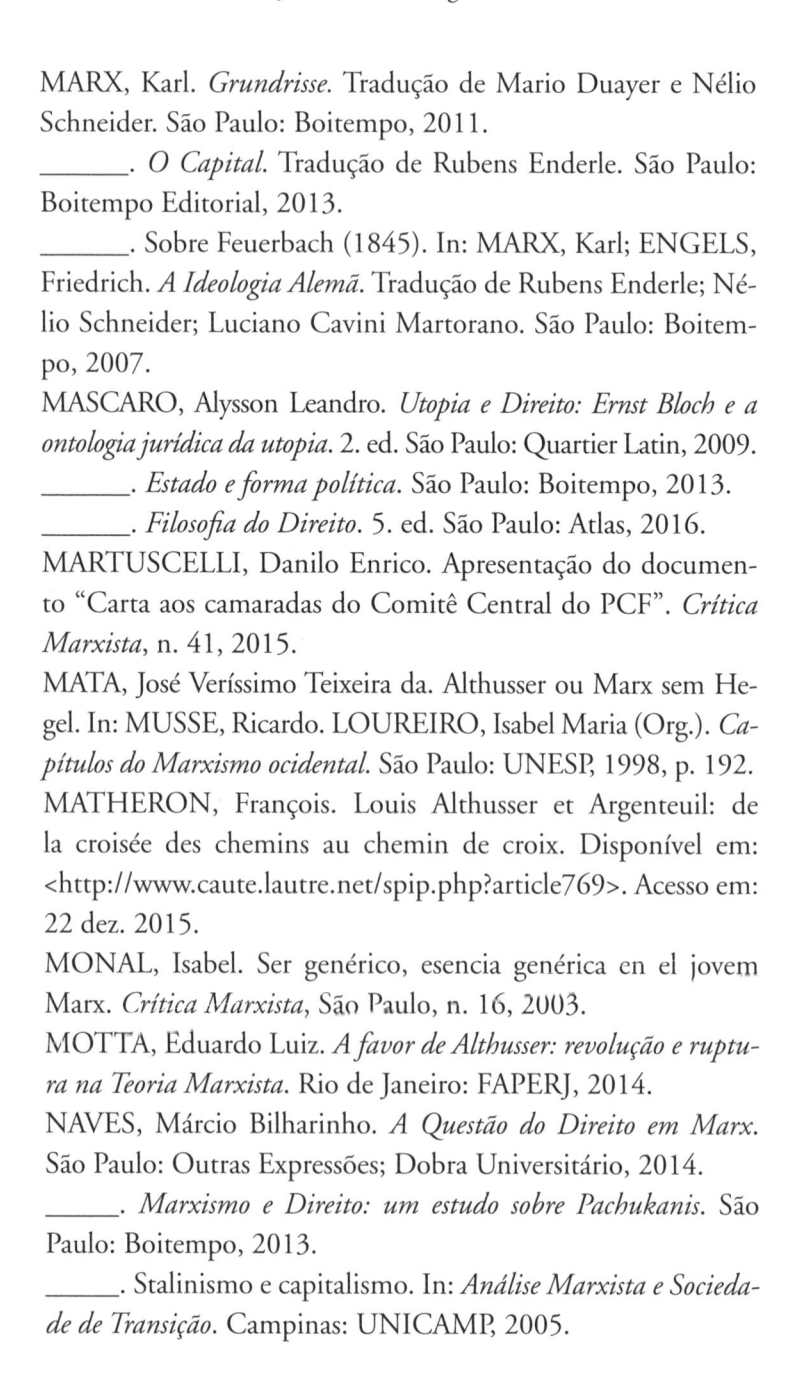

MARX, Karl. *Grundrisse*. Tradução de Mario Duayer e Nélio Schneider. São Paulo: Boitempo, 2011.

_____. *O Capital*. Tradução de Rubens Enderle. São Paulo: Boitempo Editorial, 2013.

_____. Sobre Feuerbach (1845). In: MARX, Karl; ENGELS, Friedrich. *A Ideologia Alemã*. Tradução de Rubens Enderle; Nélio Schneider; Luciano Cavini Martorano. São Paulo: Boitempo, 2007.

MASCARO, Alysson Leandro. *Utopia e Direito: Ernst Bloch e a ontologia jurídica da utopia*. 2. ed. São Paulo: Quartier Latin, 2009.

_____. *Estado e forma política*. São Paulo: Boitempo, 2013.

_____. *Filosofia do Direito*. 5. ed. São Paulo: Atlas, 2016.

MARTUSCELLI, Danilo Enrico. Apresentação do documento "Carta aos camaradas do Comitê Central do PCF". *Crítica Marxista*, n. 41, 2015.

MATA, José Veríssimo Teixeira da. Althusser ou Marx sem Hegel. In: MUSSE, Ricardo. LOUREIRO, Isabel Maria (Org.). *Capítulos do Marxismo ocidental*. São Paulo: UNESP, 1998, p. 192.

MATHERON, François. Louis Althusser et Argenteuil: de la croisée des chemins au chemin de croix. Disponível em: <http://www.caute.lautre.net/spip.php?article769>. Acesso em: 22 dez. 2015.

MONAL, Isabel. Ser genérico, esencia genérica en el jovem Marx. *Crítica Marxista*, São Paulo, n. 16, 2003.

MOTTA, Eduardo Luiz. *A favor de Althusser: revolução e ruptura na Teoria Marxista*. Rio de Janeiro: FAPERJ, 2014.

NAVES, Márcio Bilharinho. *A Questão do Direito em Marx*. São Paulo: Outras Expressões; Dobra Universitário, 2014.

_____. *Marxismo e Direito: um estudo sobre Pachukanis*. São Paulo: Boitempo, 2013.

_____. Stalinismo e capitalismo. In: *Análise Marxista e Sociedade de Transição*. Campinas: UNICAMP, 2005.

NAVES, Márcio Bilharinho. *Ciência e Revolução*. São Paulo: Quartier Latin, 2008.

NETTO, José Paulo; RIBEIRO, Gilvan P. Nota dos tradutores. In: GARAUDY, Roger. *A Grande Virada do Socialismo*. Tradução de José Paulo Netto e Gilvan P. Ribeiro. Rio de Janeiro: Civilização Brasileira, 1970.

PACHUKANIS, Evgeny. *Teoria Geral do Direito e Marxismo*. Tradução de Silvio Donizete Chagas. São Paulo: Acadêmica, 1988.

PEROTTINO, Serge. *Garaudy e o Marxismo do Século XX*. Lisboa: Estudios Cor, 1972.

PINTO, José Rui da Costa. Marxismo e subjetividade: O contributo de Roger Garaudy. *Revista Portuguesa de Filosofia*. T. 40. Fase 1/2, Marxismo-III (jan. – jun. 1984), p. 103-130.

ROCKMORE, Tom. *Heidegger and French Philosophy: Humanism, antihumanism and being*. Londres: Routledge: 1995.

RODRÍGUEZ V., Julián. *La transcendencia en el marxismo de Roger Garaudy*. Caracas: Salesiana, 1984.

SAMPEDRO, Francisco. A teoria da ideologia de Althusser. In: NAVES, Márcio Bilharinho (Org.). *Presença de Althusser*. Campinas: Instituto de Filosofia e Ciências Humanas, 2010.

SARTRE, Jean-Paul. *O Existencialismo é um Humanismo*. Tradução de João Batista Kreuch. Rio de Janeiro: Vozes, 2014.

_____. *Marxismo e Existencialismo*. Rio de Janeiro: Tempo Brasileiro, 2003.

THÉVENIN, Nicole-Edith. Ideologia jurídica e ideologia burguesa (ideologias e práticas artísticas). Tradução de Márcio Bilharinho Naves. In: NAVES, Márcio Bilharinho (Org.). *Presença de Althusser*. Campinas: Instituto de Filosofia e Ciências Humanas, 2010.

_____. O itinerário de Althusser. In: NAVES, Márcio Bilharinho (Org.). *Presença de Althusser*. Tradução de Márcio Bilharinho Naves. Campinas: Instituto de Filosofia e Ciências Humanas, 2010.

THÉVENIN, Nicole-Edith. *Révisionnisme et philosophie de l'aliénation*. Paris: Christian Bourgois, 1977.

TURCHETTO, Maria. As características específicas da transição ao comunismo. Tradução de Márcio Bilharinho Naves. In: *Análise Marxista e Sociedade de Transição*. Campinas: UNICAMP, 2005.

VINCENT, Jean-Marie. La lecture symptomale chez Althusser. In: LAZARUS, Sylvain (Org.). *Politique et Philosophie dans l'ouvre de Louis Althusser*. Paris: PUF, 1993.

Esta obra foi composta em CTcP
Capa: Supremo 250g – Miolo: Pólen Soft 80g
Impressão e acabamento
Gráfica e Editora Santuário